DRC

十八大以来

国务院发展研究中心优秀成果选粹

# 高质量发展

## 宏观经济形势展望与打好三大攻坚战

High-Quality Development

Macro-Economic Outlook and Fighting Three Critical Battles

王一鸣　陈昌盛 等　著

**图书在版编目（CIP）数据**

高质量发展：宏观经济形势展望与打好三大攻坚战/王一鸣等著. —北京：中国发展出版社，2022. 9

ISBN 978 - 7 - 5177 - 1241 - 1

Ⅰ. ①高… Ⅱ. ①王… Ⅲ. ①中国经济—经济发展—研究 Ⅳ. ①F124

中国版本图书馆 CIP 数据核字（2021）第 277963 号

**书　　　名**：高质量发展：宏观经济形势展望与打好三大攻坚战
**著作责任者**：王一鸣　陈昌盛 等
**责 任 编 辑**：葛 伟　梁婧怡
**出 版 发 行**：中国发展出版社
**联 系 地 址**：北京经济技术开发区荣华中路 22 号亦城财富中心 1 号楼 8 层（100176）
**标 准 书 号**：ISBN 978 - 7 - 5177 - 1241 - 1
**经　销　者**：各地新华书店
**印　刷　者**：河北鑫兆源印刷有限公司
**开　　　本**：710mm × 1000mm　1/16
**印　　　张**：23
**字　　　数**：328 千字
**版　　　次**：2022 年 9 月第 1 版
**印　　　次**：2022 年 9 月第 1 次印刷
**定　　　价**：88. 00 元

**联 系 电 话**：（010）68990535　82097226
**购 书 热 线**：（010）68990682　68990686
**网 络 订 购**：http：//zgfzcbs. tmall. com
**网 购 电 话**：（010）68990639　88333349
**本 社 网 址**：http：//www. develpress. com
**电 子 邮 件**：271799043@ qq. com

---

# 出版说明

# Publisher's Note

中国发展出版社成立30多年来，出版了大批智库类图书，涵盖经济、管理、文化、社会、民生等多个领域，受到广大读者的欢迎。为回馈读者，集中展示智库成果，强化智库型出版社品牌，我社隆重推出“高端智库策论选粹”系列丛书，计划分批分类将政府智库、民间智库、国外智库等各类重要研究成果结集出版。此次“十八大以来国务院发展研究中心优秀成果选粹”丛书作为首批系列丛书重点推出。

“十八大以来国务院发展研究中心优秀成果选粹”丛书是国家高端智库——国务院发展研究中心十八大以来的优秀研究成果，包括年度重大重点课题以及中国发展研究奖获奖课题等，共18种，内容涵盖宏观经济、改革开放、产业转型、区域发展、社会治理、绿色生态、创新共享等我国经济社会发展的热点难点问题。这些成果社会影响较大、学术价值较高，当年出版后广受读者欢迎。此次，我们将这些在今天仍具有较强理论价值和实践意义的研究成果结集再版，以新的面貌再次推出。

关于本套丛书的具体修订工作，特作以下几点说明：

1. 为了突出丛书的整体性，提升图书品质，我们统一设计了封面和版式。

2. 除对原书的疏漏之处进行修正，未对书稿内容进行大幅改动，尽可能保持原汁原味，以便读者系统掌握我国经济社会的热点难点问题的变化趋势，厘清政策的演进脉络，加深对现实的了解和把握。

3. 原书中作者信息特别是课题组成员的职务信息，如今已多有变化，但出于保持时代特点的考虑，此次再版修订未对作者信息进行更新。

本次再版，我们本着对读者负责和精益求精的态度，对系列丛书进行了修订和完善，但由于水平所限，书中难免有疏漏之处，敬请读者批评指正。

中国发展出版社

2022 年 8 月

# 按高质量发展要求推动经济持续健康发展

（代序）

2017 年末召开的中央经济工作会议强调："推动高质量发展是当前和今后一个时期确定发展思路、制定经济政策、实施宏观调控的根本要求。"按照高质量发展要求推动经济持续健康发展，就要坚持稳中求进工作总基调，坚持以供给侧结构性改革为主线，创新和完善宏观调控，坚决打好三大攻坚战，坚持问题导向展开经济工作布局。

**一、高质量发展标定中国经济发展新方位**

中国特色社会主义进入了新时代，中国经济发展也进入了新时代，已由高速增长阶段转向高质量发展阶段。国际金融危机后，中国经济出现高速增长转向中高速增长的深刻变化，经历了较长时期的波动下行。随着近两年供给侧结构性改革深入推进，市场预期有效改善，经济增速由降转稳，波动幅度明显收窄，已连续 10 个季度稳定在 6.7% ~6.9%，提高质量和效益正在成为经济发展的主旋律。

高质量发展开启了由"数量追赶"转向"质量追赶"的新阶段。经过改革开放后的快速发展，中国在 20 世纪 90 年代中后期告别了短缺经济，数量矛盾逐步缓解。随着收入水平提高和中等收入群体扩大，居民消费加快向多样化、个性化、服务化方向升级，而"数量追赶"时期迅猛扩张形成的传统产业生产能力跟不上市场需求的变化，出现严重的产能过剩，质量矛盾上升到主导地位。如果说，填补"数量缺口"是过去一个时期经济发展的动力源泉，那么，填补"质量缺口"就是高质量发展阶段经济发展的潜力所在。高质量发展阶段的主要任务就是要转向“质量追赶”，以提高供给体系质量为主攻方向，提升产业价值链和产品附加值，提高劳动生产率、投资回报率和全要素生产率，显著增强中国经济质量优势。

高质量发展开启了由“要素驱动”转向“创新驱动”的新阶段。随着近年来劳动年龄人口逐年减少，人口数量红利快速消失，土地、资源供需形势发生变化，生态环境硬约束强化，支撑经济发展的主要驱动力已由生产要素高强度投入转向提高生产效率。这个阶段，制约发展的瓶颈是创新能力不足，必须把发展基点放在创新上，依靠创新推动经济发展的质量变革、效率变革、动力变革，不断增强中国经济创新力和竞争力。

高质量发展开启了由改变“落后的社会生产”转向解决“不平衡不充分的发展”问题的新阶段。中国社会主要矛盾已经转化为人民日益增长的美好生活需要和不平衡不充分的发展之间的矛盾。“不平衡不充分的发展”本身就是发展质量不高的突出表现。因此，要针对社会生产力发展不平衡不充分的问题，推动经济发展从数量扩张为主转向质量提升为主，从主要解决“有没有”转向解决“好不好”。

## 二、坚持稳中求进工作总基调

稳中求进，体现了实事求是的思想方法和遵循经济规律的科学态度，是做好经济工作的方法论，是治国理政的重要原则。

坚持稳中求进工作总基调，才能从容应对国内外环境深刻复杂的变化。从国际看，世界经济在经历多年艰难调整后，投资、贸易和工业生产回升，呈现出自2010年以来首次覆盖范围较广、回升势头较强的复苏态势。但主要经济体货币政策收紧可能引发金融市场动荡，美国减税法案可能加剧主要经济体竞争性减税，地缘政治动荡也可能冲击全球经济复苏进程。从国内看，中国经济运行稳定性增强，经济结构出现重大变革，消费对经济增长的贡献率提高，服务业占比上升，创新支撑作用增强，质量和效益改善。但也要看到，实体经济仍面临困难，民间投资和制造业投资增势疲弱，创新能力仍不够强，金融和实体经济、金融和房地产、金融体系内部结构性失衡仍然突出，潜在风险不容小觑。在这种情况下，最重要的就是保持战略定力，坚持底线思维，把握好政策力度和节奏。

坚持稳中求进工作总基调，需要统筹各项政策，加强政策协同，形成政策合力。“稳”，重点在保持宏观政策连续性稳定性，保持经济运行环境稳定，引导和稳定市场预期。“进”，重点在更大程度上发挥结构性政策作用，更加注重解决民生问题，加大改革开放力度。这里的“稳”，强调的是遵循经济规律的“稳”；这里的“进”，强调的是“稳”基础上的“进”，是科学有序的“进”。

积极的财政政策取向不变。党的十八大以来，中国坚持实施积极的财政政策，财政赤字由1.2万亿元增加到2.38万亿元，但赤字率一直控制在3%以内。2018年要增强财政支出的公共性和普惠性，调整优化财政支出结构，重点加大对供给侧结构性改革、创新、“三农”、绿色发展、民生等领域的支持，加大对打好三大攻坚战的保障力度。继续实施减税降费，支持实体经济发展。加强地方政府债务管理，整顿“名股实债”和违法违规担保行为，制止以政府投资基金、政府和社会资本合作、政府购买服务等名义变相举债。

稳健的货币政策要保持中性。去年以来，去杠杆取得初步成效，通过加大监管力度、整治金融乱象、补齐制度短板，金融“脱实向虚”初步扭转，金融风险聚集势头得到控制。今年货币政策要保持稳健中性，管住货币供给总闸门，灵活运用多种货币政策工具，保持货币信贷和社会融资规模合理增长。健全货币政策和宏观审慎政策“双支柱”调控框架，完善金融监管体系，守住不发生系统性金融风险的底线。

在保持总量性政策连续性、稳定性的基础上，更大程度地发挥结构性政策的作用，增加优质增量供给，优化存量资源配置，加快新旧发展动能转换。增强社会政策民生导向，加强基本公共服务和基本民生保障。加大改革开放力度，以完善产权制度和要素市场化配置为重点，推进基础性关键领域改革取得新突破。

## 三、打好三大攻坚战

作为一个大规模经济体，实现长期高速增长殊为不易，转向高质量发展则更为艰难。打好防范化解重大风险、精准脱贫、污染防治三大攻坚战，是推动高质量发展的底线性、本质性要求。

打好防范化解重大风险攻坚战。金融风险的根源是宏观杠杆率上升过快。要把控制企业杠杆率和地方政府隐性债务作为防范化解金融风险的重点，以市场化、法治化方式推动国有企业去杠杆，依法依规对“僵尸企业”实施破产清算，切实有效降低企业债务水平。按照“开前门”“堵后门”的原则，加强地方政府债务的法制化管理，推进债务信息公开和债务风险的动态监管。加强对影子银行、互联网金融等薄弱环节的监管，坚决打击非法集资等违法违规金融活动。

打好精准脱贫攻坚战。精准脱贫重在“精准”，重点是瞄准特定贫困群众精准帮扶，向深度贫困地区聚焦发力，注重把扶贫同扶志、扶智结合起来，提高贫困地区和贫困群众的脱贫致富内在动力和自我发展能力。严格考核评估，让脱贫成效真实可信，做到脱真贫、真脱贫。

打好污染防治攻坚战。强化大气、水、土壤等污染防治，使主要污染物排放总量逐年减少，生态环境质量总体改善。重点打赢蓝天保卫战，明显改善大气环境质量。调整产业结构、能源结构和运输结构，从源头上解决问题。污染防治攻坚战是一场持久战，必须保持战略定力，久久为功。

## 四、坚持问题导向展开经济工作布局

按照高质量发展要求推进经济持续健康发展，必须坚持问题导向展开经济工作布局，落实好中央经济工作会议确定的主要任务。

深化供给侧结构性改革。供给侧结构性改革是推动高质量发展的主线。近两年来，供给侧结构性改革取得积极进展，钢铁、煤炭去产能超额完成年度目标任务，房地产库存明显减少，企业杠杆率稳中有降，减税降费成效显现，生态环保、社会事业、基础设施等短板加快补齐。但也要看到，要素市场发育滞后、价格扭曲和市场壁垒仍是深化供给侧结构性改革的重要制约因素。要推进要素市场化配置改革，以处置“僵尸企业”为突破口，建立市场化法治化退出通道，将沉淀的生产要素从过剩领域转移到有市场需求的领域、从低效领域转移到高效领域，解决“退不出、死不了”的问题，真正实现市场出清。大力培育新动能，强化科技创新，推动互联网、大数据、人工智能和实体经济深度融合，在中高端消费、创新引领、绿色低碳、共享经济、现代供应链等领域培育新增长点，真正实现产业升级。大力降低制度性交易成本，在降低显性门槛基础上减少隐性障碍，清理各类“红顶中介”，改善政商关系，真正降低实体经济成本。

激发各类市场主体活力。市场主体是推动高质量发展的微观基础。要深化国有企业改革，发展混合所有制经济，提高国有企业生产效率和竞争力。改革国有资本授权经营体制，优化国有经济布局，推动国有资本做强做优做大。大力支持民营企业发展，切实落实保护产权政策，依法甄别纠正社会反映强烈的产权纠纷案件，消除保护产权的所有制歧视，激发和保护企业家精神。

实施乡村振兴战略。实施乡村振兴战略是“三农”领域推动高质量发展的总抓手。要根据农村发展实际，科学制定乡村振兴战略规划，分类推进，避免一哄而起、盲目攀比。健全城乡融合发展体制机制，破除妨碍城乡间生产要素流动的体制机制障碍。推进农业供给侧结构性改革，实施质量兴农战略，加快推进农业由增产导向转向提质导向，不断提高农业创新力和竞争力。

实施区域协调发展战略。实施区域协调发展战略是区域层面推动高质量发展的重要途径。要加大力度支持革命老区、民族地区、边疆地区、贫困地区加快发展，按照区域发展总体战略的新要求新任务，推进西部大开发，加快东北等老工业基地振兴，推动中部地区崛起，支持东部地区率先实现高质量发展。以疏解北京非首都功能为重点推动京津冀协同发展，以生态优先、绿色发展为引领推动长江经济带发展。以城市群建设带动区域协调发展，构建大中小城市网络化发展新格局。

推动形成全面开放新格局。扩大开放有利于深化国际合作与竞争，为推动高质量发展创造新机遇。要以“一带一路”建设为重点，创新对外投资方式，以投资带动贸易和产业发展。有序放宽市场准入，加大服务业特别是金融业开放力度。促进贸易平衡，更加注重提升出口质量和附加值，根据国内产业发展和消费升级需要，积极扩大进口。引导对外投资健康发展，促进国际产能合作，防范境外投资风险。

提高保障和改善民生水平。坚持以人民为中心的发展思想是推动高质量发展的出发点和落脚点。要注重解决突出民生问题，特别是教育、就业、养老、医疗等领域的突出问题。住房问题事关人民群众切身利益，要加快建立多主体供应、多渠道保障、租购并举的住房制度，积极探索多主体住房供应，改变供应主体过于单一的状况；动员更多社会力量进入，实现住房保障渠道多元化；发展住房租赁特别是长期租赁市场，支持专业化住房租赁企业发展。

加快推进生态文明建设。生态文明程度是衡量高质量发展水平的重要标准。要引导企业、社会组织和公众等各方面投入和参与生态建设与环境保护，研究建立市场化、多元化生态补偿机制。加快生态文明体制改革，健全环境损害赔偿和责任追究制度，完善生态环境监管体制。

王一鸣

国务院发展研究中心副主任、研究员

# 前言

Preface

国务院发展研究中心是直属国务院的政策研究和咨询机构，主要职能是研究国民经济、社会发展和改革开放中的全局性、战略性、前瞻性、长期性以及热点、难点问题，开展对重大政策的独立评估和客观解读，为党中央、国务院提供政策建议和咨询意见。

跟踪分析宏观经济形势，研究提出宏观走势判断、调控思路和政策建议，是国务院发展研究中心的一项重要职能。为了加强与同行和学界的交流，并为政策制定部门提供参考，继 2016 年出版《重构新平衡：宏观经济形势展望与供给侧结构性改革》和 2017 年出版《聚力供给侧：宏观经济形势展望与深化供给侧结构性改革》后，今年我们又结集出版《高质量发展：宏观经济形势展望与打好三大攻坚战》一书，书中选录了国务院发展研究中心宏观形势分析小组 2017 年完成的部分研究报告和文章，大多数是第一次公开发表。

本书包括宏观经济形势、高质量发展、三大攻坚战三大板块。第一板块聚焦宏观经济形势，主要分析经济运行的国内外环境，预测展望 2018 年经济走势，对转型期宏观调控、供给侧结构性改革等问题进行讨论，并提出政策建议。第二板块围绕高质量发展，对推动经济转向高质量发展的思路和要求，特别是对如何迈向高质量的服务、消费、投资、出口等问题进行探讨。第三板块聚焦三大攻坚战，对打好防范化解重大风险、精准脱贫、污染防治攻坚战进行讨论，并提出政策建议。

本书的出版得到了国务院发展研究中心领导和各研究部所的大力支持。李伟主任对多份报告提出了指导意见，王安顺、张军扩、张来明、隆国强、余斌等领导对有关报告提出了修改意见，发展部、农村部、产业部、社会部、外经部、市场所、企业所、金融所、资环所等部所提供了不可或缺的帮助。本书的顺利出版，也离不开中国发展出版社的支持和编辑的辛勤工作。在此一并表示衷心感谢。

唯实求真，守正出新。我们力求恪守专业精神，对宏观经济和主要领域的阶段性、趋势性变化给出客观分析和判断，提出对策建议，但受理论水平、经验积累和不确定因素的影响，有的观点、判断难免有不当之处，还望各位专家学者和广大读者批评指正。

国务院发展研究中心<br>宏观形势分析小组<br>2018 年 3 月

# 目录 Contents

## 第一部分　宏观经济形势报告

### 第一章



### 第二章



### 第三章

## 第四章



## 第五章



## 第六章



## 第七章

## 第八章



## 第九章



# 第二部分　迈向高质量发展

## 第十章



## 第十一章

## 第十二章



## 第十三章



## 第十四章



## 第十五章

## 第十六章



## 第十七章



# 第三部分 打好三大攻坚战

## 第十八章



## 第十九章

# 第一部分

# 宏观经济形势报告

第一章

# 稳步迈向高质量发展

## ——中国经济运行分析与2018年展望

2017年，在以习近平同志为核心的党中央的坚强领导下，各地区各部门坚持稳中求进工作总基调，坚持以推进供给侧结构性改革为主线，加强预期引导，中国经济增速在连续下滑六年之后首次回升，增速与就业、物价、效益等指标更趋匹配，结构发生积极转变，增长动力稳步转换，中高增长平台基本确立，为推动高质量发展创造了更多有利条件。展望2018年，世界经济有望延续普遍积极的增长态势，但美国、欧元区等货币政策加快正常化、投资和贸易保护加剧、地缘政治动荡仍可能引发新的风险。国内经济增速将继续围绕中高增长平台波动，供求关系进一步改善。要抓住世界经济景气延续、国内经济中高增长平台基本确立的机遇期，继续坚持稳中求进工作总基调，坚持新发展理念，坚持以供给侧结构性改革为主线，紧扣中国社会主要矛盾变化，大力推进改革开放，创新和完善宏观调控，推动质量变革、效率变革、动力变革，打好防范化解重大风险、精准扶贫和污染防治三大攻坚战，促进经济持续健康增长，进一步夯实高质量发展基础。

## 一、中国经济转向高质量发展的特征更趋明显

过去一年，中国经济运行呈现宏观趋稳、微观向好的积极变化，经济

增速稳的态势更加巩固。2017 年 GDP 增速小幅回升至 6.9%，并连续 10 个季度保持在 6.7% ~6.9%。经济增速与就业、物价、效益等指标更趋匹配，并已逐步调整至与中高速增长潜力相适应的水平。同时，结构发生积极转变，增长动力稳步转换，中高增长平台基本确立，经济转向高质量发展的特征更趋明显。

一是增长从投资驱动为主转向消费驱动为主。2017 年固定资产投资增长 7.2%，实际增速低于 GDP 增速，投资对经济增长的贡献也降至 32.1%，这些都是自 2001 年以来从未有过的现象。投资驱动特征逐步弱化的同时，经济增长更加依靠消费驱动的特征进一步凸显。中国社会消费品零售总额超过 5.4 万亿美元，规模第一次与美国最终销售的商品总额相当。投资和消费作用对比发生转折性变化，是在经济增速总体平稳和全要素生产率增速回升情况下实现的，说明经济从投资驱动转向消费驱动，投资边际回报有望改善，增长的内在稳定性不断提高。

二是劳动供求由数量矛盾转向质量矛盾。过去五年，中国每年城镇新增就业人数均在 1300 万左右，GDP 每增长一个百分点，对应新增就业人数在 180 万左右。2017 年，城镇登记失业率和调查失业率均创新低，表明经济增长对就业的吸纳能力增强，总量层面的就业压力并不明显。但与此同时，劳动力市场分割、就业环境不佳、就业相关的公共服务不完善等质量短板，与创新驱动、产业升级不相适应的问题更为突出，说明随着发展阶段不断提升，新旧动能转换不断加快，经济运行对要素的质量提出了更高要求，对高素质人力资本的需要不断增强，劳动力供求的数量矛盾已经转化为质量矛盾。

三是企业经营逐步从速度效益型转向质量效益型。长期以来，中国企业经营具有明显的速度效益型特点，经济增速升，企业效益好，经济增速降，企业效益差。但近两年，供给侧结构性改革效应不断释放，市场自发调整出清过程加快，企业成本控制、新产品服务开发能力增强，行业的集中度明显提升，传统与新兴发展的融合发展也不断深入，企业利润显著改善，市场化主体对经济增速下行的适应性逐步增强。2017 年与 2015 年相比，GDP 同比均增长 6.9%，但 2017 年规模以上工业企业利润同比增长 21%，2015 年则下降了 2.3%。在相对低速的增长环境下，企业盈利出现明显改善，表明经济增长的微观活力不断增强。

四是经济风险从不断聚集转向逐步释放。2017 年，通过去杠杆、规范举债行为和严格金融监管，金融体系内部资金空转的现象得到一定遏制，非金融企业的资产负债率持续下降，宏观杠杆率上升幅度明显放缓，资金“脱实向虚”问题有所缓解，风险快速积累态势得到初步遏制。根据国际清算银行测算，2017 年上半年中国非金融债务占 GDP 比重为 255.9%，略高于 2016 年同期水平，杠杆呈现由升转稳的态势。其中，非金融企业杠杆率（负债与 GDP 的比值）甚至呈现一定下降态势。与此相对应，金融业增加值连续两年增速均为 4.5%，创下 1980 年以来新低，实体经济与金融失衡程度有所减轻。特别值得注意的是，加大防范化解重大风险力度的同时，经济运行在宏观层面和微观层面都表现出了积极的迹象，经济增长的韧性不断增强。

五是市场预期和企业家信心逐步转向恢复。民间投资、制造业投资增长能否企稳，是判断中高增长是否可持续的一个关键指标。2017 年，随着企业盈利好转、产能利用率提升、传统领域供求关系改善，再加上新经济部门快速发展，市场预期和企业增扩产能的信心有所恢复，市场化程度高、内生性强的民间和制造业投资增长由持续下降逐步转稳。与此同时，2017 年，治理决心之坚决前所未有，环境治理力度之大前所未有，治理效果之显著前所未有。环保门槛提高、环保执法趋严，进一步巩固了绿色转型的预期。在新的约束条件下，行业优胜劣汰、转型升级步伐正在不断加快，经济增长的质量和内涵不断优化。

六是世界经济从复苏乏力转向普遍复苏。2008 年以后，世界经济和贸易增长持续低迷，复苏乏力。但从 2016 年下半年开始，主要经济体共同复苏力度和广度均超预期。2017 年，国际货币基金组织三次上调对全球增长的预期，OECD 监测的 45 个经济体全部实现正增长，GDP 排名前 50 的经济体有32个在2017年增速预计超过2016年。世界经济复苏范围的拓展，为中国增长阶段转换创造了有利的外部条件。2017年，中国出口增长按美元计价增长7.9%，增幅较上年提升15.6个百分点。而且，从相对竞争力角度看，2014年以来中国在发达经济的市场份额不降反升，在“一带一路”沿线国家的出口也保持较快增长，经济增长的新空间不断拓展。

总的来说，过去的一年，经济增长的稳定性、韧性、活力、可持续性不断提升，增长的内涵不断优化，增长空间不断拓展，促进经济高质量发展的有利条件不断增多。在经济下行压力不大的同时，我们将更有条件把工作的重心转向防范风险、推动改革和提升发展质量。

## 二、2018年经济运行有望呈现多稳局面

展望2018年，全球经济广泛积极的增长态势有望延续，尤其是实体回暖、金融条件适宜、预期转好等多重因素叠加，新兴市场国家复苏步伐可能加快，世界经济景气上行将继续带动中国外需稳步增长，并将为国内防范化解重大风险和推进关键领域改革提供难得的时间窗口。国内方面，投资下行幅度逐步放缓，消费增速大体稳定，库存投资进入下行周期，经济运行总体呈现在中高增长平台附近小幅回落的态势。综合来看，就业稳、物价稳、效益稳的多稳局面有望继续保持。

### （一）全球经济延续普遍和积极的增长态势

全球主要经济体增长预期持续改善。受特朗普税改短期刺激效应、欧元区和部分新兴经济体经济状况逐步改善等多重因素的影响，全球经济增长预期升温。对参加达沃斯论坛的近1300位CEO调查显示，认为今后12个月经济增长会改善的受访者比例达到57%，为2012年以来新高。美国经济预计将稳步增长，尽管对于特朗普税改中期影响的评估，各方还存在一定争议，但短期而言，税改对美国经济的提振及其外溢效应比较显著。

受益于个税调整和公司税下调，截至2020年，美国经济规模与不实施税改相比，预计将提升1.2%。2018年年初国际货币基金组织再次上调对全球经济的预期，其中预期向上修正部分的一半贡献来自税改刺激。与此同时，欧元区国家特别是外围国家政治风险下降、财政状况逐步好转，欧元区稳步的复苏步伐有望延续。受出口带动和宽松货币政策刺激，日本企业投资信心也有所恢复。

新兴经济体增长有望接棒发达国家。从不同经济体增长的周期轮动看，2013年以来，以美国为代表的发达国家复苏势头更为明显，发达经济体消费信心恢复明显、制造业较为活跃。与此同时，前期大宗商品价格大幅下调，美元快速升值，新兴经济体表现相对较弱。但2017年以来，情况有所变化。随着大宗商品价格改善，新兴经济体国际收支和财政状况逐步改善，资本持续净流入新兴市场，泰铢、越南盾、印度卢比、卢布等货币纷纷升值，印度、东盟等工业化、城镇化空间较大的新兴经济体增长呈现加速势头，2018年新兴市场整体增速有望超过2017年，并将成为全球持续增长的重要动力源。

全球投资和贸易有望稳步改善。2017年，适宜的金融条件，叠加企业资产负债表的持续修复和大宗商品价格震荡回升，企业资本支出信心有所增强。过去的一年，美国私人部门投资增速为5.8%，欧元区和日本前三季度投资增速分别为4.6%和3.9%，均超过了同期GDP增速。与此同时，全球主要经济投资增长具有很强的同步性，巴西、印度、俄罗斯等主要新兴经济体资本扩张也有所提速。如果说之前全球经济的复苏，很大程度上受益于消费信心的恢复和库存的增加，当前投资信心的逐步恢复，将进一步带动全球经济稳定增长。投资品贸易活跃，2018年全球贸易增速有望继续超过经济增速。

### （二）中国经济有条件保持在中高增长平台附近运行

投资下行幅度放缓。2017年，基础设施在增量上对投资总量的贡献接近60%，接近亚洲金融危机期间的水平，考虑到投资结构和投资回报的合理性等因素，这种情况可能难以持续。同时，规范地方政府举债，也可能影响部分项目的资金来源，进而拉低投资增速。受限购、限价、限售、限贷影响，商品房销售可能出现负增长，并因此拖累房地产投资。不过，由于近期土地购置活跃，房地产库存去化相对充分，以及租赁房建设提上日程，房地产整体投资增速可能高于商品房销售增速。此外，随着资产负债表的修复和产能利用率的回升，制造业投资信心逐步恢复，2018 年增速有望企稳甚至小幅回升，并对冲整体投资增速的下行压力。综合来看，投资整体增速全年有望稳定在 7% 附近，略低于 2017 年。

消费基础性作用继续凸显。近年来，中国居民可支配收入实际增速连续超过 GDP 增速，随着服务业比重提升和人力资本投入对经济增长的贡献增加，这一态势预计还将延续，并有助于消费的稳定增长。初步估计，中国居民储蓄率仍高达 35% 左右，随着养老和医疗保障覆盖面扩大，保障水平稳步提升，居民预防性储蓄倾向逐步下降，消费支出意愿将有所上升。与此同时，消费和服务结构升级态势不减，居民恩格尔系数降至 29. 3%，旅游、医疗、教育等服务支出明显快于商品类消费。电子商务、新零售、共享经济等新型消费业态也不断涌现，线上线下融合不断加深，更多中等收入人群能够享受到高品质的产品和服务。2018 年，消费整体增速预计将在 10% 左右。

库存周期下行冲击有限。从历史经验来看，过去 20 年间，中国大致经历六轮库存周期。中国库存周期大体上为三年至三年半，其中库存回补大体一年，库存去化大致两年。本轮库存周期的回补始于 2016 年第三季度，在 2017 年第二季度前后达到周期高点，之后逐步转入库存去化阶段。考虑供给侧结构性改革对产能出清和库存调整的持续影响，当前库存冗余并不突出，库存投资下行对经济整体增速的冲击较为有限。

展望 2018 年，中国经济有望延续多稳的局面，经济运行呈现内需增速小幅回调、外部需求走稳、价格温和上涨的特征。如果扣除存货波动，

2018 年中国总需求增长与 2017 年大体相当。如果能够守住不发生系统性风险的底线，2018 年全年增速有望保持在 6.5% 左右。

## 三、转向高质量发展需切实加大风险防范化解力度

向高质量发展转变的过程注定不会一帆风顺，必须守住不发生系统性风险的底线，避免经济运行大起大落，中断高质量发展进程。有序排除长期积累的风险隐患，有效应对外部不确定性的冲击，将为高质量发展创造更多有利条件和环境。着眼 2018 年，还需要切实应对好国际上的三大不确定性和国内五大挑战。

从国际看，一是国际宏观政策调整的溢出效应。2018 年 2 月头 9 天，受美股股市调整冲击，全球资本市场大幅震荡，其中美股标普指数、日经指数、英国富时指数和沪深 300 指数累计下调幅度分别达到 7.2%、7.4%、5.9% 和 10.2%，一度引发市场担忧类似 1987 年的股灾重现。目前，全球经济复苏步伐相对稳健，主要经济体货币政策正常化的步伐预计不会停止。其中，美联储货币政策正常化步伐提速，2018 年加息三次的概率很大，同时“缩表”进程也可能加快。欧洲经济基本面持续改善，有望在 2018 年下半年开启“缩表”进程。英国、加拿大等其他发展经济体货币政策也转向收紧。尽管经过短期大幅度调整，部分经济体资产价格估值有所修复，但利率中枢上升叠加顺周期交易行为，全球金融市场动荡的风险并没有解除。同时，美国税改引起全球广泛关注，中长期影响评估存在较大争议，不排除造成新一轮的税收竞争，由此产生的影响还有待观察。

二是贸易投资保护主义。受单边化、内顾化、民粹主义倾向的影响，一些主要经济体采取了变相的贸易投资保护主义行动，甚至通过价格、税收等途径限制外国产品进口，加强安全审查限制外国投资，由此引发的经贸摩擦可能会打击正在复苏的全球贸易和投资。2017 年中国加入世界贸易组织满 15 年后，即自 2016 年 12 月 11 日起，所有 WTO 成员都必须终止对

中国出口产品反倾销调查中适用“替代国”方法，但一些国家通过替代性标准，变相违反 WTO 成员国的条约义务，实质都是贸易保护主义的表现。2018 年年初，美国政府援引 201 条款，对进口洗衣机和光伏产品征收保障性关税，打响 2018 年贸易保护第一枪。中期选举临近，特朗普政府可能更多挑战现行的全球贸易规则，国际贸易摩擦不确定性增加。

三是国际地缘政治动荡对油价的冲击。朝核、伊核问题发展方向仍不明确，恐怖主义威胁仍在持续，中东局势又添新变局，部分地区的稳定问题可能对全球经济更大范围的复苏形成冲击。2018 年年初，石油价格已经回到 70 美元/桶附近，同时欧佩克减产协议延长，利比亚、尼日利亚也将限产。与此同时，全球石油部门的资本支出长期低迷，新增产能有限。如果地缘政治动荡再起，不排除油价还有进一步上升空间，增加通胀上行风险。

从国内看，一是金融风险产生的制度性根源还没有得到消除。2017 年以来，通过加大监管力度、整治金融乱象、补齐制度短板，金融业“脱实向虚”的态势得到初步扭转，金融去杠杆取得一定成效。但要看到，宏观杠杆率（总债务/GDP）上升幅度趋缓，很大程度上是因为价格效应。2017 年 GDP 平减指数比 2016 年高约 3.1 个百分点。各种形式的金控公司、产融结合、互联网金融、资管产品纷纷涌现，金融创新速度不断加快，对现行的分业监管体系造成了很大挑战。只要监管套利、道德风险、刚性兑付的制度性基础还在，仅仅依靠行政性整顿，难以抑制金融机构规模过度扩张的冲动，已取得的去杠杆成果也可能不牢固，金融严监管任务依然很重。

二是房地产大起大落的问题尚未根本缓解。近年来，房地产与实体经济失衡的矛盾比较突出，房地产贷款占全国新增贷款接近一半，个人住房贷款余额快速增长，并推动房价快速上升，造成市场资源配置严重扭曲。2017 年以来，一、二线和部分三、四线城市密集出台了限购、限价、限售、限贷等行政性措施，房价快速上涨的势头有所减缓。但部分城市房价下降，客观上还是因为需求被抑制。在人口继续向大中城市流动、产业在空间上进一步聚集的背景下，如果不能够加快建立适应市场规律的基础性制度和长效机制，部分重点区域或城市的房价上涨压力仍不小，市场出现大幅波动不无可能。

三是地方举债的风险约束机制尚不完善。经过三年多债务置换，地方政府债务偿还压力总体有所减轻，但从近期的发展看，地方财政风险在快速变形，且呈现更加复杂化的特点。有些地方政府通过 PPP 模式、政府购买服务、政府引导基金等变相举债，隐性债务较快增长问题比较突出。而且，不同地区虽然表面上宏观指标差异不大，但在发展质量、财政能力方面存在明显差异，地方债务风险区域分化的特征比较明显。地方债务风险上升，究其根源，还在于政府与企业、市场的关系不清楚，上级政府与下级政府的权责不对等，地方仍有追求 GDP 的政绩观和问责不到位，因此违规融资行为屡禁不止。

四是通胀抬头可能增加政策调整压力。粮食总体增产背景下，不同品种价格走势出现分化。其中，受最低收购价调整和国内外价格倒挂影响，国内稻谷和小麦价格仍有可能走弱，但玉米年度供求逐步趋于平衡，国内价格持续上升，部分地区农户出现一定惜售心理。2018 年年初原油价格一度接近每桶 70 美元，原油减产协议延长一年，利比亚和尼日利亚也将纳入限产范围，全年原油价格预计呈现震荡走高的态势。消费商品供给充裕，但服务特别是公共服务有效供给不足，服务价格涨幅明显。随着总供求关系的持续改善，产出缺口会逐步收窄，社会总体物价水平上涨的压力也将逐步凸显，通胀预期抬头值得关注。

五是部门间政策协调需要加强。不同部门的政策出发点都是好的，但由于获取的信息不同，或者选取的分析框架不同，或者部门利益和立场不同，采取的政策力度有所差异，所以释放的信号可能前后不一致甚至是矛盾。“铁路警察，各管一段”，形成了较大的套利空间。同时，不一致的政策信号也会让微观主体难以形成长期稳定的预期，逐利行为更趋短期化，间接造成了经济运行和市场运行大幅波动。金融监管、财政规范、产业政策、环境治理等方面的措施，看似归属不同领域，但实际上背后都有复杂的演进和关联机制，只有根本上加强政策协调，才能避免政策合力结果不及预期的问题。

## 四、把握有利时间窗口加快推动高质量发展

高质量发展是一场“耐力赛”，把握好长期工作和当前工作的关系十分重要。推动高质量发展，既要防风险、补短板，也要强基础、增后劲。要抓住当前经济增速中高增长平台基本确立、经济运行呈现更多质量特征这一难得的时间窗口，处理实体与金融、投入与产出、政府与市场、公平与效率、国际与国内等五对关系，着力推动并实现高质量的供给、需求、配置、投入产出、收入分配和经济循环。

推动实现高质量的供给。中国拥有全球门类最齐全的产业体系和配套网络，其中220多种工业品产量居世界第一。但许多产品仍处在价值链的中低端，部分关键技术环节仍然受制于人。推动高质量的供给，就是要提高商品和服务的供给质量，更好满足日益提升、日益丰富的需求，跟上居民消费升级步伐。

推动实现高质量的需求。中国已形成最大规模的中等收入人群，城市化水平不断提升，内需市场十分广阔，但是就业质量不高，居民收入水平偏低，公共服务供给不足，养老、医疗、教育等给居民带来的负担还比较重，人民群众缺乏稳定预期，消费能力和意愿受到明显抑制。促进高质量的需求，必须解决这些问题，释放被抑制的需求，进而带动供给端升级，促进供需在更高水平实现平衡。

推动实现高质量的配置。我们过去的高增长很大程度上得益于资源在城乡、行业、区域之间的重新配置。当前，中国产能过剩问题仍较突出，部分“僵尸企业”死不了、退不出，大量资源和要素被锁定在低效率部

门。同时，部分基础领域和服务领域的开放度不够，民间资金进入受限。实现高质量的配置，就是要充分发挥市场配置资源的决定性作用，完善产权制度，理顺价格机制，减少配置扭曲，打破资源由低效部门向高效部门配置的障碍，提高资源配置效率。

推动实现高质量的投入产出。用有限的资源创造更多的财富，实现成本最小化或产出最大化，是经济学的基本问题，也是衡量发展质量高低的重要标准。实现高质量投入产出，就是要更加注重内涵式发展，扭转实体经济投资回报率逐年下降的态势；在人口红利逐步消退的同时，进一步发挥人力资本红利，提高劳动生产率；提高土地、矿产、能源资源的集约利用程度，增强发展的可持续性；最终实现全要素生产率的提升，推动经济从规模扩张向质量提升转变。

推动实现高质量的收入分配。收入分配既是经济运行的结果，也是经济发展的动力，收入分配质量的好坏，直接反映经济结构的优劣。实现高质量的分配，就是要推动合理的初次分配和公平的再分配。初次分配环节，要逐步解决土地、资金等要素定价不合理的问题，促进各种要素按照市场价值参与分配，促进居民收入持续增长。再分配环节，要发挥好税收的调节作用、精准脱贫等措施的兜底作用，注意调节存量财富差距过大的问题，形成高收入有调节、中等收入有提升、低收入有保障的局面，提高社会流动性，避免形成阶层固化。

推动实现高质量的经济循环。经济循环是生产、流通、分配与消费，虚拟与实体，国内和国外互动与周转的总过程。提高循环质量，是实现生产要素高效配置的途径。中医古话说，“痛则不通，通则不痛”，把循环搞好了，经济发展就具有可持续性。近年来中国经济出现的三大失衡——供给和需求失衡、金融和实体经济失衡、房地产和实体经济失衡，根本上说都是经济循环不畅的外在表现。促进高质量的循环，就是要畅通供需匹配的渠道，畅通金融服务实体经济的渠道，落实“房子是用来住的，不是用来炒的”，逐步缓解经济运行当中存在的突出失衡，确保经济平稳可持续运行。

2018 年是落实党的十九大精神的开局之年，是改革开放的 40 周年，也是创造良好条件开启高质量发展的重要之年。根据世界银行与国务院发展研究中心的合作研究，“二战”以后的 100 多个中等收入经济体中只有 13 个成功迈入高收入行列，这 13 个经济体有一个共性特点，就是都实现了由量到质的转型。中国当前处在从中高收入向高收入迈进的关键期，处在转变发展方式、优化经济结构、转换增长动力三大攻关期，必须针对高质量发展目标和面临的突出风险挑战，继续坚持稳中求进工作总基调，坚持新发展理念，紧扣中国社会主要矛盾变化，坚持以供给侧结构性改革为主线，坚持积极财政政策和稳健中性的货币政策，加大财政、金融、国企、土地等重要领域改革力度，扎实推进质量变革、效率变革和动力变革，促进经济健康平稳发展。

执笔人：王一鸣　陈昌盛　许　伟　江　宇　李承健

## 第二章

# 在实践中推进中国特色社会主义经济理论创新*

党的十八大以来，以习近平同志为核心的党中央根据时代和实践的要求，把马克思主义政治经济学与中国改革开放和经济建设的最新实践结合起来，围绕社会主义经济建设提出了一系列新的重大战略思想和理论观点，推进中国特色社会主义经济理论创新，形成新发展阶段政治经济学，进一步丰富、发展了中国特色社会主义政治经济学，书写了当代中国马克思主义政治经济学的新篇章。

新发展阶段政治经济学具有鲜明的时代性实践性，以中国特色社会主义经济建设和发展实践为对象，提出中国特色社会主义经济的发展战略、发展理念、发展动力、发展路径、发展政策。特别是根据新的时代特点和发展阶段变化，作出中国经济发展进入新常态的重大判断，形成以新发展理念为指导、以供给侧结构性改革为主线的政策体系，将稳中求进工作总基调作为经济工作方法论，形成了新常态、新理念、新战略、新路径、新政策、新方法的逻辑体系，为中国在国际金融危机后全球经济变局和国内“三期叠加”带来的错综复杂变化中牢牢把握发展的主动权，开创中国特色社会主义经济建设新局面提供了思想武器和行动指南。

---

* 本文发表于《经济日报》2017 年 10 月 13 日。

## 一、对中国经济发展作出进入新常态的重大判断

经济发展进入新常态，是对中国经济发展阶段性变化的重大判断，揭示了增速换挡是新常态的外在表现形式，本质特征是结构调整和发展方式转变，带来的是中国经济发展向更高阶段迈进的战略机遇。

新常态是对经济发展阶段性变化的重大判断。2008 年爆发的国际金融危机，引发世界经济自二战以来最严重的衰退，外部需求急剧收缩，造成中国出口下滑，工业生产大幅回落。与此同时，中国经济发展内在条件深刻变化，劳动年龄人口数量开始减少，人口抚养比逐步提高，储蓄率和投资率趋于下降，全要素生产率增速放缓。在外部冲击和内在条件变化的交互作用下，中国经济增速从 2007 年的 14.2% 放缓至 2008 年的 9.6% 和 2009 年的 9.2%，之后，进一步回落到 2016 年的 6.7%。

国际上各种唱衰中国的声音泛起，国内各种悲观情绪也多了起来。对中国经济发展态势怎么看？习近平同志综合分析世界经济长周期和中国发展阶段性特征，作出经济发展进入新常态的重大判断，强调经济发展进入新常态，是我国经济发展阶段性特征的必然反映，是不以人的意志为转移的，并要求把认识、把握、引领新常态作为做好经济工作的大逻辑，统一思想，增强信心，避免重大战略误判，构建了有效应对经济发展阶段性变化的逻辑起点。

新常态是倒逼调结构转方式的重大机遇。进入新常态的中国经济，主要经济变量关系深刻调整，经济下行压力增大。面对新常态，是消极应对还是主动作为，将会带来截然不同的结果。经济下行是挑战，更是倒逼转方式调结构的重大机遇。实践证明，近年来，正是按照新常态的大逻辑推进调结构转方式，推动了中国经济运行发生多方面积极变化，从 2016 年下半年开始，工业品价格指数由负转正，工业增加值增速止跌回升，企业利润由降转升，2017 年上半年，经济增长 6.9%，位居世界主要经济体前列。

需求结构调整取得重大进展，消费需求对经济增长的拉动作用增强，2013～2016年，最终消费支出对经济增长的年均贡献率为55%，2016年为64.6%，2017年上半年达63.4%，稳居“三驾马车”之首。产业结构调整加快，2015年服务业增加值占比首次突破50%，达到50.2%，2016年上升到51.6%，2017年上半年提高到54.1%。传统行业内部组织结构改善，水泥、造纸、挖掘机等行业前10名企业市场份额，较2012年分别提高31个、5.2个和17.2个百分点。创新驱动力明显增强，高速铁路、特高压输变电、电动汽车等产业技术创新取得重大突破，平台经济、共享经济、线上线下融合、跨境电商等新模式方兴未艾。这些积极变化表明，只要保持战略定力，努力使下行压力转化为调结构转方式的动力，就能引领经济发展实现新跨越。

推动经济发展迈上新台阶。当前，全球经济呈现温和复苏态势，但国际金融危机的后续影响仍在持续，发达国家宽松货币政策的逆向调整有可能引发全球资产重新配置和金融市场波动，美国经济政策的不确定性仍可能带来外部冲击。中国经济运行中仍存在不少矛盾和问题，经济提质增效的动力仍显不足，企业效益改善在相当程度上由价格上升带动，经济结构失衡的矛盾仍然突出，新经济新动能相对弱小，实现可持续中高速增长仍面临挑战。对经济运行面临的新情况新问题，要保持战略定力，按照新常态的大逻辑，坚定不移推进调结构转方式，推动经济发展进入提质增效新阶段。

## 二、新发展理念引领关系中国发展全局的深刻变革

新发展理念是在把握历史发展脉络和世界发展大势、深刻总结国内外发展经验教训基础上提出来的，实现了发展理念的新飞跃，必将引领关系中国发展全局的深刻变革。

新发展理念引领新一轮思想解放。回顾改革开放以来的发展历程，从

真理标准讨论到确立以经济建设为中心，从改革计划经济体制到建立社会主义市场经济体制，从加入世贸组织到引领经济全球化，每一次发展大跨越都是思想解放和理念创新的结果。当前和今后一个时期，中国仍处于重要战略机遇期，但战略机遇期的内涵发生变化；中国已成为世界第二大经济体，但“发展起来以后的问题不比不发展时少”，面临诸多矛盾叠加、风险隐患增多的严峻挑战。新发展理念放眼世界发展大势，把握中国发展全局，推动中国适应发展潮流和大势的理念变革，必将引领一次新的思想解放，深刻改变和重塑中国发展格局，为中国发展赢得更加光明的未来。

新发展理念开辟发展理论的新境界。新发展理念坚持以人民为中心的发展思想，提出创新、协调、绿色、开放、共享五个维度，对发展内涵做了具有新时代特点的全方位拓展，明确实现什么样的发展、如何发展的五个维度，形成各有侧重又相互支撑的逻辑体系。在发展动力上，要由要素驱动转向创新驱动；在发展布局上，要由不协调发展转向协调发展；在发展形态上，要由自然环境为代价的发展转向绿色发展；在发展空间上，要由单向开放转向双向开放；在发展目的上，要由片面追求经济总量的发展转向人民群众有更多获得感的发展。新发展理念推动了发展理论的重大创新，必将引领中国特色社会主义建设开创新局面。

新发展理念指明破解发展难题的新路径。进入经济发展新常态，有些过去行之有效的思维方式和工作套路，已经跟不上时代的步伐，有些过去难以突破的难题，比如，片面追求 GDP、拼资源拼投入、先污染后治理等必须破解。新发展理念把握发展速度变化、结构调整和动力转换的新特点，明确了破解发展难题的新路径。更加突出发展的创新性，通过创新提升发展的科技和人力资本含量，大力培育新技术、新产品、新业态、新模式，促进经济发展从速度规模型向质量效率型转换；更加突出发展的整体性、协调性，促进农业转移人口市民化，推动改变城乡二元结构，促进区域协调发展；更加突出发展的可持续性，坚定不移地走绿色低碳循环发展之路，构建绿色产业体系和空间格局，建设美丽中国；更加突出发展的内外联动性，坚持内外需协调、进出口平衡、引进来走出去并重、引资引技引智并举，推进“一带一路”建设，积极参与全球经济治理和公共品供给，提高中国在全球治理中的制度性话语权；更加突出发展的包容性、普惠性，推进共建共享，满足人民群众对美好生活的向往，指明了关系发展全局的发展思路、方向和着力点。

## 三、供给侧结构性改革推动经济实现新平衡

进入经济发展新常态，宏观调控向何处去？习近平同志指出，我国经济运行面临的突出矛盾和问题，虽然有周期性、总量性因素，但根源是重大结构性失衡，导致经济循环不畅，必须从供给侧、结构性改革上想办法，努力实现供求关系新的动态均衡。

供给侧结构性改革增强发展新动力。进入新常态，依靠扩大投资拉动经济增长的空间明显收窄，如果再像过去那样，主要采取扩大投资需求拉动经济增长的办法，不仅投资效率会继续下降，债务杠杆会继续攀升，还将增大金融风险发生的概率，也难以从根本上扭转经济短暂回升后继续下行的态势。因此，必须将经济工作的重心从需求侧转向供给侧，从结构性改革上找出路、想办法。近两年的实践证明，从“三去一降一补”着手，推进供给侧结构性改革，有效改善了供需关系，加快了市场出清，对工业企业盈利改善起到重要支撑作用，对经济企稳向好发挥了关键作用。

供给侧结构性改革推动经济实现新平衡。当前中国经济运行中存在的各种矛盾和问题，表现形式虽有不同，但根源都是重大结构性失衡。为有效应对重大经济结构性失衡，供给侧结构性改革不断拓展新领域。针对实体经济结构性供需失衡、传统产业盈利能力下降等问题，明确要求大力振兴实体经济，推动实体经济适应市场需求变化，加快产品更新换代，提高产品质量和工艺水平，增强企业创新能力和核心竞争力。针对金融和实体经济失衡、金融风险不断聚集等问题，加强和改善金融监管，抑制宏观杠

杆率过快上升，防范和化解金融风险，维护金融安全和稳定。针对房地产和实体经济失衡、高房价和高库存并存等问题，加快建立符合国情、适应市场规律的基础性制度和长效机制，促进房地产市场平稳健康发展。供给侧结构性改革在实践中不断深化，为解决重大经济结构性失衡，推动经济重构新平衡开辟了光明前景。

供给侧结构性改革推动改革不断深化。习近平同志指出，供给侧结构性改革，最终目的是满足需求，主攻方向是提高供给质量，根本途径是深化改革。深化供给侧结构性改革，最根本的是要加强市场配置资源功能，完善市场在资源配置中起决定性作用和更好发挥政府作用的体制机制。当前，最迫切的是要加快建立企业退出机制，以处置“僵尸企业”为突破口，推动企业兼并重组，建立市场化法治化退出通道，解决“退不出、死不了”的问题，真正实现市场出清；加快形成产业升级机制，健全激励创新的环境，严格知识产权保护，促进技术前沿拓展和技术扩散，以资产重组、资本整合、产业融合为路径，促进制造业和服务业融合、农业“接二连三”、传统产业嫁接新技术新模式，真正实现产业升级换代。

## 四、稳中求进是新常态下做好经济工作的方法论

党的十八大以来，习近平同志在历次中央经济工作会议上都强调稳中求进工作总基调，在2016年底召开的中央经济工作会议上进一步将之上升为治国理政的重要原则和做好经济工作的方法论。这对新常态下做好经济工作有重大意义。

稳中求进体现了实事求是的思想方法。过去一个时期，由于急于改变落后的状况，比较容易形成急于求成的思想方法，盲目强调和夸大主观能动性，不顾客观条件，不尊重经济规律，为此也付出了较大的成本和代价。历史经验一再表明，超越发展阶段和基本国情急于求成，往往事倍功半，欲速则不达。进入发展新常态，面临的内外条件更加复杂，必须坚持

稳中求进的方法论，这里的“稳”，强调的是遵循经济规律的“稳”；这里的“进”，强调的是“稳”基础上的“进”，是科学有序的“进”。只有稳中求进，才能可持续地保持中高速增长，迈上中高端水平。

稳中求进要求把防控风险放到更加重要的位置。近年来，中国金融业快速发展，但也应看到，在国内外各种复杂因素综合影响下，金融风险集聚的压力也在增大。过去几年，中国股市、汇市、房市、债市都出现过波动，各类风险的传导性也在增强，增大了风险管控的难度。稳中求进，要强化底线思维，保持清醒头脑，冷静客观地分析和评估风险。采取措施处置风险点，着力控制增量风险，积极处置存量风险，通过科学的风险处置，不断提高金融业抗风险能力和可持续发展能力，坚决守住不发生系统性风险的底线。

稳中求进要更加注重引导市场预期。新常态下的宏观调控对预期管理的要求越来越高，特别是随着改革深化和经济市场化程度提高，市场主体对政策信号更加敏感。稳定市场预期，从根本上说在于坚持改革开放，不断深化国有企业、财税、金融等基础领域和关键环节改革，加快构建开放型经济新体制，用重大改革举措落地增强市场主体信心。与此同时，还要更加注重与市场主体沟通，提高政策透明度，增强引导预期的能力。

执笔人：王一鸣

第三章

# 用新常态的大逻辑观形势谋发展*

党的十八大以来，以习近平同志为核心的党中央作出中国经济发展进入新常态的重大判断，形成以新发展理念为指导、以供给侧结构性改革为主线的政策体系，将稳中求进工作总基调作为治国理政的重要原则和做好经济工作的方法论。习近平同志多次强调，把认识、把握、引领新常态作为当前和今后一个时期做好经济工作的大逻辑。在 2017 年 4 月中共中央政治局召开的分析研究当前经济形势和经济工作的会议上，他再次强调，必须坚持用新常态的大逻辑研判经济形势，坚定不移推进经济结构战略性调整。用新常态的大逻辑观形势谋发展，是做好当前和今后一个时期经济工作的基本遵循，对巩固经济长期向好的基本面，推动中国经济向形态更高级、分工更优化、结构更合理的阶段演进具有重要意义。

## 一、新常态下中国经济总体向好的基本面没有变

中国经济进入新常态，最直观的变化是经济增速换挡，但本质特征是经济结构调整和发展方式转变，带来的是中国经济发展向更高阶段迈进的战略机遇。正如习近平同志在 2014 年所指出的那样，经济发展进入新常

---

* 本文发表于《人民日报》2017 年 8 月 22 日理论版。

态，没有改变中国发展仍处于可以大有作为的重要战略机遇期的判断，改变的是重要战略机遇期的内涵和条件；没有改变中国经济发展总体向好的基本面，改变的是经济发展方式和经济结构。

经济趋稳向好的态势更加明显。进入新常态的中国经济，主要经济变量关系深刻调整，经济下行压力加大。如何看经济发展新常态带来的新变化？习近平同志深刻指出，经济发展进入新常态，是中国经济发展阶段性特征的必然反应，是不以人的意志为转移的。经济下行是挑战，更是倒逼转方式调结构的重大机遇。经过近年来坚持不懈推进经济结构战略性调整，特别是 2016 年以来推进供给侧结构性改革，从 2016 年下半年开始，中国经济运行发生多方面积极变化，工业品价格指数由负转正，工业增加值增速止跌回升，企业利润由降转升。2017 年上半年，经济运行稳中向好的态势更趋明显，国内生产总值同比增长 6.9%，在经济总量基数不断增大的情况下，经济增速连续 8 个季度保持在 6.7%～6.9%，位居世界主要经济体前列。中国经济稳中向好态势提振了世界信心，也为中国全面深化改革和实现宏观政策目标拓展了空间。

结构调整深化带动质量效益提升。用新常态的大逻辑观形势谋发展，不能只看增长率，更要看经济结构变化和质量效益改善。从经济结构调整优化看，2017 年上半年，消费持续成为经济增长主动力，最终消费对经济增长的贡献率为 63.4%，稳居“三驾马车”之首；服务主导的经济特征更加明显，服务业增速稳定高于第二产业，服务业占经济的比重提高到 54.1%；适应消费升级的行业快速发展，工业机器人、城市轨道车辆、集成电路、太阳能电池、运动型多用途乘用车（SUV）产量分别增长 52.3%、31.6%、23.8%、21.6%、19.7%；传统行业内部组织结构改善，水泥、造纸、挖掘机等行业前 10 名企业市场份额较 2012 年分别提高约 31 个、5.2 个和 17.2 个百分点。从质量效益改善看，2017 年上半年，规模以上工业企业利润同比增长 22%，为 2012 年以来同期最高水平；居民人均可支配收入实际增长 7.3%，比同期经济增速快 0.4 个百分点；财政收入增速加快，全国一般公共预算收入增长9.8%，比2016年同期提高2.7个百分点。这些积极变化表明，只要保持战略定力，努力使下行压力转化为转方式调结构的动力，就能引领经济发展迈上新台阶。

推动经济发展进入提质增效新阶段。用新常态的大逻辑观形势谋发展，要坚持辩证法、两点论，既要看到成绩，也要看到困难，更要坚定信心、迎难而上，开辟新的发展路径。当前，全球经济继续复杂变化，主要经济体呈现温和复苏态势，但国际金融危机的后续影响仍在持续，发达国家宽松货币政策的逆向调整有可能引发全球资产重新配置和金融市场波动，美国经济政策的不确定性仍可能带来外部冲击。中国经济运行中还存在不少矛盾和问题，经济提质增效的动力仍显不足，企业效益改善在很大程度上由价格上升带动，经济结构失衡的矛盾仍然突出，行业企业地区分化的态势仍较明显，实现可持续中高速增长仍面临挑战。对经济运行出现的新变化，要保持战略定力，按照新常态的大逻辑，坚定不移抓好供给侧结构性改革，着力增强新技术、新产业、新业态、新模式等新供给力量，推动新供给进入扩张周期，巩固经济长期向好的基本面，推动经济发展进入提质增效新阶段。

## 二、供给侧结构性改革引领经济发展新常态

进入经济发展新常态，宏观经济管理向何处去？习近平同志指出，中国经济运行面临的突出矛盾和问题，虽然有周期性、总量性因素，但根源是重大结构性失衡，导致经济循环不畅，必须从供给侧、结构性改革上想办法，努力实现供求关系新的动态均衡。如果再像过去那样，主要采取扩大投资需求拉动经济增长的办法，不仅难以解决结构性失衡问题，还会加剧产能过剩，降低投资效率，提高债务杠杆，使经济循环受阻。因此，必须将经济工作的重心从需求侧转向供给侧，从结构性改革上找出路、想办法。正如习近平同志强调的那样，推进供给侧结构性改革是中国经济发展

进入新常态的必然选择，是经济发展新常态下中国宏观经济管理必须确立的战略思路。

供给侧结构性改革引领经济发展企稳向好。2016 年以来，从“三去一降一补”着手，供给侧结构性改革逐步展开，对推进供给结构优化、质量效益提升发挥了关键作用。过剩产能继续化解，在 2016 年超额完成钢铁、煤炭去产能目标任务的基础上，到 2017 年 6 月末，钢铁去产能 5636 万吨，超额完成全年目标任务；煤炭去产能 1.11 亿吨，完成年度目标的 74%。房地产去库存持续推进，到 6 月末商品房待售面积同比下降 9.6%。去杠杆取得初步成效，宏观杠杆率趋于稳定，企业资产负债表继续改善。6 月末广义货币供应量（M2）余额增速降至 9.6%。5 月末规模以上工业企业资产负债率为 56.1%，同比下降 0.7 个百分点。降成本力度不减，陆续出台减税降费措施，预计全年可为企业减负超过 1 万亿元。补短板更有针对性，上半年生态环保、教育、水利和交通投资分别增长 46%、17.8%、17.5% 和 14.7%。供给侧结构性改革有效改善了供需关系，加快了市场出清，对工业企业盈利改善起到重要支撑作用，引领经济发展企稳向好。实践证明，供给侧结构性改革的决策是完全正确的。

供给侧结构性改革推动实现经济新平衡。当前中国经济运行中存在的各种矛盾和问题，尽管表现形式不同，但根源都是重大结构性失衡，主要表现为实体经济结构性供需失衡、金融和实体经济失衡、房地产和实体经济失衡。为有效应对重大经济结构性失衡，供给侧结构性改革不断拓展新领域、丰富新内涵。针对实体经济结构性供需失衡、传统产业盈利能力下降等问题，明确要求大力振兴实体经济，推动实体经济适应市场需求变化，加快产品更新换代，提高产品质量和工艺水平，增强企业创新能力和核心竞争力。针对金融和实体经济失衡、金融风险不断聚集等问题，加强和改善金融监管，抑制宏观杠杆率过快上升，防范和化解金融风险，维护金融安全和稳定。针对房地产和实体经济失衡、高房价和高库存并存等问题，加快建立符合国情、适应市场规律的基础性制度和长效机制，促进房地产市场平稳健康发展。解决重大经济结构性失衡不可能一蹴而就，需要坚持不懈、久久为功，在实践中不断探索新路径。

供给侧结构性改革的根本途径是深化改革。习近平同志指出，供给侧结构性改革最终目的是满足需求，主攻方向是提高供给质量，根本途径是深化改革。深化供给侧结构性改革，最根本的是要加强市场配置资源功能，完善市场在资源配置中起决定性作用和更好发挥政府作用的体制机制。当前，最迫切的是要加快建立企业退出机制，以处置“僵尸企业”为突破口，建立市场化法治化退出通道，解决“退不出、死不了”的问题，真正实现市场出清；加快形成产业升级机制，以资产重组、资本整合、产业融合为路径，推动企业兼并重组，推进国有企业混合所有制改革，促进制造业和服务业融合、农业“接二连三”、传统产业嫁接新技术新模式，真正实现产业升级换代；加快健全创新激励机制，鼓励知识创造，严格知识产权保护，促进技术前沿拓展和技术扩散，真正提升全要素生产率。

## 三、坚持稳中求进工作总基调，推动中国经济发展行稳致远

党的十八大以来，习近平同志在历次中央经济工作会议上都强调稳中求进工作总基调，在2016年底召开的中央经济工作会议上进一步将之上升为治国理政的重要原则和做好经济工作的方法论。稳中求进，体现了实事求是的思想方法和遵循经济规律的科学态度。历史经验表明，脱离实际，急于求成，往往事倍功半、欲速则不达。只有坚持稳中求进，才能更好适应和引领经济发展新常态，推进供给侧结构性改革不断深化，推动中国经济发展行稳致远。

保持稳定的宏观经济运行环境。当前，保持稳定的经济运行环境，要保持宏观政策的连续性和稳定性，实施好积极的财政政策和稳健的货币政策，把握好节奏、时机、力度和平衡，注重松紧搭配，加强统筹协调，增

强政策实施的有效性。加快落实各项减税降费措施，增强企业获得感。有效规范地方政府举债融资，坚决遏制隐性债务增量。加强货币政策与金融严监管、去杠杆之间的协调配合，把握好去杠杆的力度和速度，既要防控金融风险、避免杠杆率过快上升，又要适应货币供应方式新变化，调节好货币供应量，保持金融体系流动性适度稳定。

把防控金融风险放到更加重要的位置。近年来，中国金融业快速发展，金融风险总体可控。但也要看到，在国际国内因素综合影响下，金融风险集聚释放的压力也在加大。近年来，中国股市、汇市、房市、债市都出现过波动，各类风险的传导性也在增强，增大了风险管控的难度。要强化底线思维，加强重点领域风险排查，在保持经济和金融总体稳定的前提下，下决心处置一批风险点，避免风险过度聚集，确保不发生系统性金融风险。风险是挑战，也是倒逼转方式调结构的机遇。要创新风险管理体制机制，推进风险治理体系和治理能力现代化。

更加注重稳定和引导市场预期。宏观调控在很大程度上也是预期管理。特别是随着经济市场化程度不断提高，宏观政策的外溢效应增大，市场主体对政策信号更加敏感，市场预期管理的重要性明显上升。稳定市场预期，要求提高政策透明度，加强与市场主体的沟通，增强引导预期的能力，但最根本的是坚持改革开放，深化国有企业、财税、金融等基础领域和关键环节改革，加快构建开放型经济新体制。当前，要更加重视产权保护制度建设，抓紧落实《中共中央 国务院关于完善产权保护制度依法保护产权的意见》，激发和保护企业家精神，用重大改革举措落地增强市场主体信心。

执笔人：王一鸣

第四章

# 转型期的宏观调控特征与政策思路

中国经济已经从高速增长阶段转向高质量发展阶段，宏观增速和微观结构之间的匹配关系发生重大变化，新旧增长动力交替进程加快，中国与世界的互动不断加强，存量问题和新增风险叠加局面更加突出，传统宏观管理框架面临很大挑战。要处理好速度、质量、风险三者间的关系，需准确识别经济“转型期”的特征和挑战，系统评估宏观政策空间，不断创新宏观调控方式，为高质量发展营造相对稳定的宏观环境，促进经济结构优化调整和新增长动力成长，在高杠杆、多风险和有限政策空间约束下实现经济再平衡。

## 一、转型期宏观调控面临六大挑战

近年来，中国经济运行过程中出现一些重大结构性变化，技术进步、产业结构、城乡结构、开放程度等方面也表现出不同于以往的鲜明特点。经济运行中周期性问题与结构性问题、短期问题与长期问题、国内问题与国际问题相互交织、相互影响、相互叠加，宏观调控面临的局面和挑战更加复杂。

### （一）依靠增量对冲存量问题的空间变窄

1980～2010 年，中国全要素生产率年均增长约 3.6%，2010 年以后增速逐步下降，2015 年以后再度回升，但年均增速仍低于 2%。随着资源的跨部门配置对全要素生产率的贡献下降，生产率提升更多依靠部门内部效率提高。即便要素还有进一步跨部门配置的空间，经济增长质量要上一个台阶，也面临很大的挑战。比如生产性服务业的发展，对体制机制条件的要求和制造业差别很大，更高水平的开放亦是如此。过去稳增长就是稳投资，但随着全要素生产率增速下行，外延式投资扩张将受到投资效率下降的制约。此外，随着高增长阶段逐步结束和经济转型的深入，部分群体利益受损，过去一度改善的收入和财富分配差距可能再次拉大，利益平衡的难度增加。因此，转型时期的宏观调控必须考虑宽松货币政策或者扩张性财政政策对推升债务杠杆和财富重新分配的影响。

### （二）行政性配置资源方式转变面临转型

高速追赶时期，产业和消费升级方向相对明确，而且前面有成功或者不成功地追赶型经济体经验做参考，再结合中国组织大规模基础设施建设和完善基本公共服务的体制优势，中国比较成功地应对了 1998 年亚洲金融危机和 2008 年国际金融危机，保持了经济增长大体平稳。但进入以创新驱动和要素配置效率提升为主的追赶阶段以后，经济运行中的不确定性因素明显增多，产业升级路径并不清晰，消费需求也更加多样化和个性化，看得见摸得着的硬的公共服务发展空间收窄，而看不见摸不着的软的公共服务缺口还比较明显，这就要求宏观调控更加要依靠市场化、法治化手段，从过去更多依靠稳投资向稳消费、从投资物质资本向投资人力资本转变。

### （三）构建新平衡的重点转向供给侧

中国经济增长阶段转型，表面看是经济增速变化，背后实质是产业结构、企业、社会、文化、观念、制度等多方面的变革。有些是快变量，有些是慢变量，现有经济结构的演变和体制机制的适应性调整并不完全同步，常常呈现产能过剩、杠杆和库存高企，与有效供给明显不足、供给不能适应需求相并存的情况。2012 年以来经济下行中的几次小幅回升波动表明，加大需求管理力度只能让经济增速短暂企稳，并不能改变经济潜在增速下行的趋势。经济要从高速增长的均衡顺利过渡到可持续的中高速增长平台，就必须从供给侧着力，建立一套能够适应高质量发展的体制机制，推动中国经济在更高阶段和更高水平上建立新的平衡，而宏观调控则要为供给侧改革营造良好的环境。

### （四）经济减速与结构失衡叠加背景下风险多发易发

转型时期，由于技术进步速度放缓，投资效率下降，原有的增长模式很难再持续下去，而新的增长点和空间还在孕育。同时，不同变量之间的调整速度并不一致，过去较为稳定的结构被打破之后，新的均衡还没有建立，社会预期也并不稳定。这一阶段，往往是风险多发期，高速增长阶段积累的产能过剩、企业和地方债务等风险凸显。同时，经历了 30 多年的高速增长之后，居民部门积累大量的财富，伴随实体经济的投资回报下降，资产重新配置的需求上升，更多的资金可能融入房地产、股市和债市等，如果宏观政策不当，再叠加监管不力，有可能会形成全局性的资产泡沫。尽管我们还有政策空间，而且集中力量应对风险的体制优势也比较明显，但需要对风险予以高度关注，特别要防止以一个泡沫掩盖另一个泡沫。

### （五）预期管理的重要性明显上升

随着经济市场化进程不断深化，市场主体日趋多元化，对政策信号更趋敏感，对市场预期管理的要求越来越高。尤其是在经济转型期，经济结构出现重大变化，房市、股市、汇市、债市都可能出现大幅波动并相互交叉传导，市场预期更加脆弱。如果引导不当，就会导致市场预期混乱甚至引发恐慌，并有可能触发金融领域风险。因此，宏观调控要更加注重与市场主体的沟通交流，提高政策透明度，增强在复杂局面下引导预期、管控风险的能力。

### （六）加强国际宏观政策协调紧迫性凸显

过去中国只是国际经济波动和政策变化的被动接受者，而现在中国是全球经济增长的主要动力源，对世界经济增长的贡献按购买力平价计算稳定在30%左右，经济表现会通过贸易、金融、预期等渠道对国际市场产生巨大影响。比如，2015 年 6 月底和 7 月初的股市波动，以及 8 月的汇率形成机制调整，都对全球资本市场和商品市场造成了较大冲击。同时随着贸易联系和区域供应链整合的加强，诸多东南亚经济体以及一些商品国家的货币汇率安排当中，对人民币币值是否稳定越来越看重。与此同时，中国自身也难以置身全球经济波动之外，在制定和调整宏观经济政策时，既要充分考虑和积极利用中国正在增大的外溢效应，也要有效应对可能出现的负面反馈效应，在应对大宗商品价格波动、汇率过度调整和资本跨境流动、货币政策外溢效应等方面加强国际协调。

## 二、评估转型期宏观调控政策空间

在经济转型期，潜在增速下降，并与债务水平和资产泡沫风险上升叠加，财政和货币政策的空间有所收窄，使宏观调控难度明显增大。未来一个时期，需要综合考虑经济周期、发展趋势和外部冲击的影响，强化财政、货币、宏观审慎政策与其他政策的协调配合，提高宏观调控效率，以实现最大的协同效应，确保宏观经济稳定运行。

### （一）财政短期可动用手段较多，但需注意长期收支平衡

中国政府债务占 GDP 的比重约为 40%，与多数发达国家相比并不高，总体看短期可以动用的各种财政和准财政工具较多。但从长期看，收支平

衡的压力也在不断加大，以下几个方面值得关注。第一，由于财政收入下降，民生支出刚性，而且还需要支付一定的转型成本，政府债务将继续上升。初步测算表明，假定在 GDP 增速 6%、GDP 平减指数为 2%、债务利息率为 3.5% 的情况下，未来五年政府债务与 GDP 的比值将上升 15 个百分点。第二，资产难以及时变现导致部分地方偿债能力受到约束。目前政府资产当中，非金融资产占有较大比重，而非金融资产出售时存在较多限制，不是所有的资产都可以迅速出售和变现，在危机中很难起到缓解债务压力的作用。第三，局部地区爆发偿债风险的可能性增大。部分地方政府债务甚至超过 100%，存在一定的偿债风险。尤其是，近年来区域间经济发展的分化态势十分明显，部分地区困难加重。一方面，淘汰落后产能、处理不良贷款、安置下岗职工，支出较大。另一方面，财政收入大幅下滑，甚至出现了较大幅度的负增长，偿还既有债务能力严重不足。第四，社保基金结余规模不足以覆盖收支缺口扩大速度。截至 2017 年年底，企业养老保险基金累计结余 4.12 万亿元，但养老金支出的增幅持续高于收入增幅，收支平衡压力逐步凸显。

### （二）货币政策自主性和传导机制有所完善，但面临债务和资产泡沫风险压力

与成熟发达经济体相比，中国货币政策运用仍有空间。中国潜在增长速度比较高，均衡的真实利率显著高于发达经济体，法定存款准备金率也保持在 17% 的高位，利息或者准备金率调整并不受“流动性陷阱”限制。随着中国国际收支不平衡情况的缓解和汇率弹性的增加，“不可能三角”对货币政策的限制减弱，央行通过外汇占款被动投放货币的比重逐步下降，央行流动性投放的自主性提升。2014 年 3 月，外汇占款比重一度超过 83%，而到 2017 年年末，该比重降至 59.2%。但与此同时，货币政策工具的运用也受到债务过快攀升和资产泡沫风险聚集的影响。而且中国和世界的联系更加紧密，人民币国际化背景下资本双向流动更加频繁，原来一

些行之有效的数量型政策效力可能下降，而价格型政策的传导机制并不健全，一些原来约束国内信用扩大的行政性色彩较浓的限制解除以后，宏观政策和风险管控的有效性和自主性都面临挑战。

### （三）宏观审慎管理框架逐步完善，但杠杆率攀升尚未有效缓解

2017 年以来，通过加大监管力度、整治金融乱象、补齐制度短板，金融业“脱实向虚”的态势得到初步扭转，金融去杠杆取得一定成效。目前各部门的资产负债状况不尽相同，但总体看仍然相对稳健。特别是，家庭资产负债表状况较好。2010 年以后，中国家庭部门储蓄率逐步下降，但截至 2015 年，中国家庭部门储蓄率仍超过 37%，当年储蓄规模为 15.6 万亿元。按照储蓄率的下降速度初步推算，2017 年家庭部门储蓄预计降至 35%左右，即便这样，储蓄规模可能在 17 万亿元左右。这对于应对资本外流保持国内金融体系稳定、保持必要的投资率应对经济下行具有十分重要的意义。与此同时，非金融部门当中，杠杆问题最为突出的国企资产负债状况也有所改善。截至 2017 年年底，国企资产负债率降至 65.6%，较 2016 年同期下降 0.35 个百分点。中国国有资产约 151.7 万亿元，净资产约 52 万亿元。规模庞大的国有资产，为支付转型成本、保持财政平衡，具有重要作用。

但要看到，宏观杠杆率（总债务/GDP）上升幅度趋缓，很大程度上是因为价格效应。2017 年 GDP 平减指数比 2016 年高约 3.1 个百分点。各种形式的金融创新纷纷涌现，对现行的分业监管体系造成了很大挑战。地方举债的风险约束机制尚不完善，地方财政风险在快速变形，且呈现更加复杂化的特点。有些地方政府通过 PPP 模式、政府购买服务、政府引导基金等变相举债，隐性债务较快增长问题比较突出。此外，各个部门、各个领域之间的风险传导和关联机制日益复杂，宏观审慎管理框架要加强政策协调，避免政策合力结果不及预期的问题。

## 三、中国转型期宏观调控思路与政策重点

转型时期宏观调控政策思路与框架设计，既需要考虑到中国经济增长阶段转型、向市场经济转轨，以及开放大国经济等多重特征，同时也需要借鉴典型经济体在追赶时期的经验教训，以及国际金融危机后宏观管理调整的新进展，加快完善宏观调控体系，努力在高杠杆、多风险和有限政策空间约束下走出一条经济再平衡路径。

稳妥处理中长期改革和短期宏观调控的关系。需求管理主要是保持经济运行基本平稳，避免经济失速，以空间换时间，为改革赢得时间，尤其要注意三个方面。一是保持流动性供给总体平稳，既避免流动性过度收紧，加大经济下行压力，同时又要注意不能实施大水漫灌，增加新增资产泡沫和债务风险。二是针对私人部门投资意愿不足的问题，可以适当扩大财政支出，弥补基础设施和公共服务方面的短板，同时也能够间接改善私人部门需求。三是为化解存量矛盾提供必要的流动性支持，重整企业和地方政府资产负债表，盘活存量。与短期宏观调控不同，结构性改革的重点则在于减少扭曲，改进机制，提高效率和降低成本，为稳增长打开政策空间。从长期看，通过推动投融资体制改革、国企改革和要素市场化改革，可以解放部分被束缚的生产力，对经济增长和民生改善也会起到积极作用。

更加注重质量和效益的调控目标。转型时期，中国宏观调控需要兼顾速度、质量和风险。经济增速、物价、就业、金融稳定和国际收支这几个关键变量之间并不是相互独立的，有时候相互重叠，有时候又可能存在潜在冲突，这时候就需要作出一定权衡。过去中国宏观调控目标是经济增长、物价稳定、充分就业和国际收支平衡，按照转型时期质量优于速度、速度服从质量的原则，逐步把物价稳定、充分就业、金融稳定放在更加突出的位置，并以此促进经济健康可持续发展。

更加重视提升宏观调控政策综合效率。抓住财政盈余、外汇储备和国债公开市场操作三个关键接口，提高财政、货币政策操作的透明度和规范性，确保财政、货币政策取得最大的协同效应；考虑到转型时期私人部门投资意愿下降，货币政策效力可能递减，可以实施积极财政政策，扩大政府支出或者减税；加强货币政策和宏观审慎政策的协调配合，兼顾稳定总需求和平抑资产价格的双重目标，降低杠杆过快上涨的风险；加强宏观审慎管理中各部门之间的协调，逐步从部门分段、分机构监管转变为功能性、穿透式监管，加大信息共享和协同监管，提高对金融混业经营和产融结合的监管能力。

更加注重完善市场体系和政策传导机制。首先，完善要素价格形成机制。继续推进利率市场化和汇率形成机制改革，完善货币市场、债券市场、多层次的股权市场、外汇市场、衍生品市场等多层次资本市场建设；加快农村“三块地”试点，建立城乡统一的土地市场；提高劳动力市场的灵活性和流动性；积极稳妥推进医疗服务价格改革，加快输配电价改革步伐，推动逐步放开上网电价和公益性以外的销售电价，实现成品油价格完全市场化，逐步放开天然气气源和销售价格，等等。其次，进一步硬化产权和软预算约束。国企的财务软约束，以及国有商业银行偏向国企的信贷投放，加之地方政府债务管理不完善，制约了宏观调控政策意图的传导，需要加快推进国企整体上市，推进从“管资产”向“管资本”转变；加强对金融体系宏观和微观审慎监管，增加信息披露，减少道德风险；严格地方政府债务余额管理，清理隐性担保和违规举债。

更加注重提高决策透明度和加强预期管理。尽可能事前明确各个目标在政策考量中的相对重要性，以及相应的决策程序或者规则，做到“以不变应万变”，降低政策调整可能带来的不确定性；提高政策透明度，强化政府与市场的沟通，改进舆论引导方式，重大政策出台或者发生重大突发事件时做好权威解读工作，让市场主体能够更好地理解政策意图，防止发生误判，避免市场出现过度波动。同时，也要畅通市场信息传递到决策层和预期管理主体的机制，完善政策纠偏，及时发现政策执行中可能出现的各种偏差并作出相应调整，同时避免不同部门发出不一致甚至矛盾的政策信号。

更加注重加强国际宏观协调。建立更加明确有效的分工协作体系和责任制，加强综合经济部门之间、综合部门与专业部门之间、中央与地方政府之间的宏观政策协调；以更加积极的态度参与国际经济政策沟通和交流，以更多日常性的交流为基础，谋求提高议题创设能力；引进更多有国际教育和工作背景的经济专业人才，为国际协调建立人才基础；发挥智库的作用，通过论坛等形式，广泛加强交流，为正式协调创造条件；充分利用已有的多边平台，积极创立新的双边和多边平台，逐步提高协调能力；重视中美宏观协调在全球协调中的关键作用。

更加注重建立健全决策支持体系。加快完善统计法规和制度，同时加大对统计数据造假注水行为的惩戒力度。鼓励非官方统计依法规范发展，并成为官方统计的重要补充。促进传统统计方式与互联网、遥感和大数据等手段充分融合，提高宏观数据收集的准确度和及时性。加快推进全国诚信体系建设，以及加大其在宏观经济监测和管理中的应用。增强系统性风险评估监测，建立完善早期风险预警体系。加快完善政府信息共享平台，增进信息实时共享和互通，打破政府部门信息孤岛。

执笔人：陈昌盛　许　伟

第五章

# 美国税改的主要内容和潜在影响

美国税改方案已如期变为现实。众议院和参议院相继通过各自版本的《减税和就业法案》，两院共和党代表于2017年12月15日达成一致最终法案，两院分别投票通过，当月圣诞节前已由特朗普总统签发并于2018年正式实施。这是美国过去30年力度最大的税改，成就了特朗普执政以来的最重大立法胜利。这次税改，以“增加个税包容性、降低实体部门税负、防止税基侵蚀”为重要特点，贯彻了特朗普“雇美国人、买美国货”的执政意图，在简化税制、降低税率、吸引投资回流、打击国际避税方面取得重要进展。这也表明，随着“量宽政策”逐步退出，美国正转向以税改为代表的结构性改革，对全球竞争格局将产生重要影响。美国税改使中国面临的国际竞争压力加大。由于短期对其国内经济的提振效应，对中国出口有一定拉动作用，但其大幅减税和反税基侵蚀措施，将增大资本外流和汇率贬值压力，中长期有可能影响在华跨国公司的供应链布局和商业模式，需要密切关注并综合加以应对。

## 一、美国税改的主要内容

美国税改内容主要集中在调整个人税收、降低企业税收和完善国际税收三个方面，重点涉及降低和简并税率、调整抵免规则、反税基侵蚀等内容。参众两院最初方案存在一定差异，参议院更加担心财政赤字，更多考虑了各州利益，减税方案较众议院相对保守。在参众两院方案妥协过程中，从便于方案通过的战略考虑，最终方案实际更多地向参议院方案倾斜。

### （一）调整个人税收

美国个人所得税的税前扣除项目涉及免税额、标准抵扣额、多项附加抵扣项目，本次税改将取消个人所得税的免税额和多项附加抵扣项目，并提高标准抵扣额，同时提高儿童的税收抵免额，从而简化纳税程序、降低纳税成本。税改将个人所得税最高税率从39.6%下调至37%，调整七档税率为10%、12%、22%、24%、32%、35%、37%，税改前的七档税率分别为10%、15%、25%、28%、33%、35%、39.6%。继续执行遗产税，但将遗产税的起征点由550万美元提高至1100万美元。继续执行个人替代性最低税（AMT），但提高了其标准扣除额。AMT是为防止个人过度抵扣避税而设计的一种机制，AMT计算的应缴税额与常规计算的应缴税额，按照从高原则缴税。例如，一对夫妻应税所得为16万美元，若其扣除额达到9万美元，则剩余7万美元按累进税率需正常纳税11339.5美元；而按照AMT规则，该对夫妻所得超过起征点10.94万美元的部分（5.06万美元）须按26%税率纳税，即13156美元，高于正常纳税额，所以这对夫妻实际应纳税13156美元。

### （二）降低企业税收

将企业所得税率从最高税率为35%的四档累进税率（15%、25%、34%、35%）统一调整为21%，并在2018年开始执行。取消多项税收抵扣项目和税收优惠，将利息支出可抵扣额限制在应税所得的30%以内。对于由个人缴纳所得税的企业（如个人独资公司、合伙企业），将其税率调整为25%，并设立20%的税收扣除限制。废除企业替代性最低税（AMT），原本企业替代性最低税率为20%，因此，不仅一些行业（如电信、医药）因税率从35%降至21%而受益，也使原本抵扣额高但受20%替代性最低税率限制的行业（如IT产业）能降低税负。

**（三）完善国际税收**

美国税改将目前的全球征税体制转变为属地征税体制，对从参股境外企业（持股至少10%）取得的股息100%免税。对境外子公司留存利润视同汇回，征收一次性汇回税，现金及等价物适用于15.5%税率，非流动性资产适用于8%的税率，无须再适用于以往35%的税率。最终版本没有采用众议院版本提及的20%的特别消费税（excise tax），但仍然基本保留参议院版本的反税基侵蚀措施。一旦美国企业对境外关联方支付被认定为“税基侵蚀”，须征收10%的“税基侵蚀最低税额”，例如，美国母公司向境外子公司采购一批价值100万美元的货物，货物成本为80万美元，增值部分20万美元，则应按10%向美国缴纳2万美元的“税基侵蚀最低税额”。同时，对商誉、知识产权等全球无形资产收入征收实际税率为10.5%的税收，如在境外适用税率低于10.5%，则需补齐。

## 二、美国税改对美国的影响

美国税改对其自身影响，短期利好、长期则存在较大不确定性。其中，短期对促进资本回流和促进美国经济增长，有一定积极作用。但从长期看，对外可能导致跨国企业的全球供应链和研发布局调整，进而影响全球投资和贸易格局，对内则可能扩大财政赤字、恶化国际收支、拉大贫富差距。

**（一）短期提振美国经济增长和就业**

短期看，减税有助于降低居民和企业的税负、刺激消费和投资，提振美国经济。立场相对中立的美国国会税收联合委员会（JCT）、国会预算办公室（CBO）、税收政策中心（TPC）、税收基金会（Tax Foundation）等4

个机构分别测算，税改将使2018年美国GDP增速分别提高0.8个、0.7个、0.4个、0.45个百分点，长期提振效应将逐步减弱。但主流经济学家对税改的经济提振效应并不乐观。根据里根和小布什政府时期的税改经验，税收并非影响经济增长的单一变量，减税对美国经济到底有多大刺激力度，还存在不少争议，不过相对确定的是同期联邦政府债务大幅攀升，未来增税偿还债务的预期（即李嘉图等价原理）将制约长期促进效应。此外，始于2012年历时5年的美国堪萨斯州"减税"实验以失败告终，表明仅仅减税未必能有效刺激经济。主要原因在于，减税的税率也不足以与避税天堂竞争，而富人阶层和企业大量避税迫使政府减少公共服务和基础设施供给，投资环境进一步恶化。同时，由于美国经济已经接近充分就业，通过增加财政赤字促进增长和就业的效应会大打折扣。

**（二）影响跨国公司经营布局，促进境外利润回流**

跨国公司往往选择税率较低的国家或者地区设立境外分公司，例如苹果公司在爱尔兰设立国际销售公司、在加勒比群岛设立国际运营总部、在荷兰设立欧洲运营公司，利用公司间交易和税法差异实现有效避税，据测算其缴纳的所得税实际税率仅为2%～3%。美国税改计划对这些境外利润课以一次性强制税，无论是否汇回均需课以15.5%或8%的一次性汇回税。早在2004年，美国曾经实施过一次性汇回税，当时的税率低至5.25%，使得2005年的跨国公司汇回利润由2004年的820亿美元增至3000亿美元。一次性汇回税和境外股息免税政策确实增加了利润汇回的动力，但企业还需要考虑未来投资机会、海外市场规模、境外税收环境等诸多因素，实际上难以从根本上阻挡企业总部从美国继续外迁的步伐。本次税改计划对美国本土与境外的关联交易征收10%的"税基侵蚀最低税额"，这对在美国境内外均设立企业的跨国公司经营布局冲击较大。跨国公司可选择回归美国，也可重新调整公司管理模式（如全球采购模式、知识产权授权模式）予以应对。

### （三）推高美国债务水平和影响国际收支

根据美国国会通过的 2018 财年预算法案，允许联邦政府在未来 10 年新增 1.5 万亿美元财政赤字，目前的税改计划基本与之吻合。针对相对保守的参议院税改方案，美国国会税收联合委员会、国会预算办公室、税收政策中心均预测将新增 1.4 万亿 ~ 1.5 万亿美元债务。美国联邦政府债务已突破 20 万亿美元，未来 10 年大幅增加赤字将使债务占 GDP 的比重上升超过 5 个百分点。另外，从财政赤字和贸易赤字相关性看，美国财政赤字规模扩大，也很可能推高美国贸易赤字。尽管部分观点认为，税改会有效抑制跨国公司的内部贸易、转移定价等行为，加速海外经营活动回流，进而刺激美国经济，并大幅缩减贸易赤字，但主流机构对贸易赤字缩减的估计并不乐观。

### （四）进一步拉大贫富差距

新的税法实施初期，大部分人的税收负担预计都有不同程度下降，但高收入群体获益更为明显。尤其是随着时间的推移，这种差异变得更为明显。很重要的原因就在于，本次减税对企业的减税幅度更大，包括由个人缴纳所得税的企业，实际税率将明显降低，这一部分企业的所有者收益明显高于普通工薪阶层。加之，降低个人所得税最高税率至 37%，提高遗产税和个人替代性最低税的抵扣额，这使得富人的实际税率将进一步缩减，贫富差距矛盾将更为突出。此外，减税的同时为了控制赤字规模，新税法计划削减医保领域开支，这将影响中低收入人群的实际生活质量。

## 三、美国税改对中国的影响

美国税改对中国将有多重影响，既有积极影响，也有不利影响；既有短期冲击，也有中长期影响。其降低个人所得税对中国总体利好，而降低企业所得税和调整国际税收，则显然对中国不利。具体来看，美国减税短期将刺激美国国内消费和投资，由此带动对中国商品和服务的需求。但与此同时，美国减税和反税基侵蚀措施，会提高在美国经商投资的相对吸引力，短期使得中国在国际税收竞争中处于不利地位，人民币贬值和资金跨境流出压力增加。中长期则可能影响在华跨国公司的供应链、产业链、无形资产转移，以及中国企业在美的投资决策。

### （一）对中国出口贸易有一定带动作用

对于美国税改的宏观收入效应，不同机构估计结果不一，但基本都认同一定程度上会刺激美国消费和投资，从而提振增长和就业。美国和中国都是全球经济的“火车头”，如果美国国内需求上升，同样有助于全球经济的共同复苏，从而直接或间接增加对中国商品和服务的需求。此外，减税可以增加政府收入、减少赤字的假设（拉弗曲线效应）并不一定成立，税改很可能进一步恶化美国财政状况。而财政赤字扩大一般也会导致贸易赤字增加。财政和贸易赤字规模扩大，再叠加美国在全球经济的比重逐年下降，美元难以维持强势。从历史数据看，美元走软期间，全球经济和贸易增速均高于美元走强时期，这也将有助于稳定中国贸易增速。

### （二）增大资本外流压力

税改方案降低美国企业所得税率至21%，对美国国内企业参股的境外企业（持股比例至少10%）所取得股息100%免税，而过去累积的境外盈利视同汇回，无论实际是否汇回均需课以15.5%或8%的一次性汇回税，而不再适用原来的35%税率，对在华美资回流无疑一定程度上提高了吸引力。但是，中国在税收优惠上对外资的吸引力也在增强。根据《国务院关于促进外资增长若干措施的通知》（国发〔2017〕39号），鼓励境外投资者持续扩大在华投资，对境外投资者从中国境内居民企业分配的利润直接投资于鼓励类投资项目，凡符合规定条件的，实行递延纳税政策，暂不征收10%的预提所得税，如资金汇出则需清缴。同时，将服务外包示范城市符合条件的技术先进型服务企业减按15%的税率征收企业所得税的优惠政策推广到全国，引导外资更多投向高技术、高附加值服务业。而且跨国企业投资还要考虑市场规模、配套产业、劳动力市场等因素，特别是部分跨国企业对特朗普政策无法形成稳定预期。所以，从当前看资本跨境流出的压力相对有限，仍待进一步观察。

### （三）使中国面临外部竞争性减税的压力

据美国国会预算办公室测算，2016年GDP排名前12位的国家（GDP总量占全球约70%）之中，企业所得税名义税率由高到低，中国（25%）排在第6位，美国（35%）排在第2位；而企业所得税实际税率中国排在第9位（19.1%），美国最高（29%），中国在企业所得税上相对美国有一定竞争优势（见表1）。但美国税改之后，企业所得税名义税率将降至21%，即便考虑各州的企业所得税，美国企业税负也会显著下降。另外，GDP前12位的国家中，有7个在3年内有明确减税计划，其中既包括日本、德国、印度等制造业大国，也包括法国等传统高税率高福利国家，大部分税率削减幅度在5个百分点左右。上述国家减税完成后，中国企业所得税名义税率预计将从第6位上升至第3位，高于美国、日本、德国、印度等主要大国，若再考虑企业的非税负担，中国在全球税收竞争中将处于不利地位，需要采取相应的税改措施稳定企业信心。

**表1　2016年世界前12位经济体的企业所得税税率比较**　单位:%

| 排序 | 企业名义所得税 | | 企业实际所得税 | |
|---|---|---|---|---|
| | 国　家 | 税　率 | 国　家 | 税　率 |
| 1 | 加拿大 | 38 | 美国 | 29 |
| 2 | 美国 | 35 | 日本 | 27.9 |
| 3 | 法国 | 33.3 | 意大利 | 26.8 |
| 4 | 日本 | 30 | 印度 | 25.6 |
| 5 | 印度 | 25 | 巴西 | 22.3 |

续表

| 排序 | 企业名义所得税 | | 企业实际所得税 | |
| --- | --- | --- | --- | --- |
| | 国　家 | 税　率 | 国　家 | 税　率 |
| 6 | 中国 | 25 | 俄罗斯 | 21.3 |
| 7 | 意大利 | 24 | 韩国 | 20.4 |
| 8 | 韩国 | 22 | 法国 | 20 |
| 9 | 俄罗斯 | 20 | 中国 | 19.1 |
| 10 | 英国 | 19 | 加拿大 | 16.2 |
| 11 | 德国 | 15.8 | 德国 | 14.5 |
| 12 | 巴西 | 15 | 英国 | 10.1 |

说明：企业所得税名义税率来自各国数据，实际税率由美国国会预算办公室测算。

**（四）在华跨国公司的供应链布局面临调整**

最终妥协版本中有防止通过关联方交易侵蚀税基的措施，其中包括对关联方交易征收10%的“税基侵蚀最低税额”。这意味着，美国企业与在华关联方进行贸易、服务、知识产权交易时，所支付的部分款项将被征税。该条法令将对跨国公司的供应链布局产生深远影响。以沃尔玛为例，如果美国总部通过关联公司采购中国货物将被课以10%的“税基侵蚀最低税额”，应对措施可能是加大美国国内采购力度，或与第三方采购公司合作，或采用对华公司直接采购模式，从而改变其全球供应链布局。根据美国人口普查局统计，2016年美国从中国进口货物约4617亿美元，其中跨国公司内部关联贸易达到1146亿美元，占比为24.8%，上述关联贸易可能会受到税改影响。反税基侵蚀措施也会影响美国公司的知识产权转移，对外相关支出面临额外的税务成本，以吸引企业把无形资产带回美国。不过，跨国公司多采用全球多个研发中心模式，美国与境外的知识产权交易只占其中一部分，因反税基侵蚀条款将研发中心大量迁回美国的可能性较小。

## 四、应对策略与建议

美国税改将掀起新一轮的税收成本、营商环境的全球竞争，对未来一段时间的全球经济布局和竞争格局将产生深远影响。需要强调的是，税收只是企业、资本和人才做选择时的重要考虑因素之一，中国既要对美国税改措施采取针对性的应对，加快推进减税降负和财税制度现代化建设，更要从迈向高质量发展、建立现代化经济体系、提升中国国际综合竞争力的角度，充分发挥市场空间广阔、劳动质量红利显现、产业配套完备、集中力量办大事制度等自身优势，全局和综合地予以应对。

### （一）稳妥解决增值税“留抵”问题

在中国现行增值税征收过程中，当企业进项税大于销项税时，不能实现全部抵扣，其中未抵扣完的进项税可以留待下期继续抵扣，留待下期继续抵扣的进项税额就叫“留抵税款”。考虑到企业在项目开始时购入的设备、材料所负担的增值税进项税额，在企业项目未投产无法产生销项时，也就无法抵扣，无形中增加了企业的成本。可以适当考虑对于增值税进项大于销项的情况，在符合一定标准（如创业初期、金额较大、时间较长等）的前提下允许在当期退税（或抵扣所得税），解决增值税留抵税款长期占用企业资金的问题。

### （二）继续着力降低实体经济综合成本

中国单位劳动力成本仍然显著低于美国，但能源、物流、资金成本高于美国，投资环境、企业注册程序、进出口便利性方面也有很大改进空间，需要采取切实举措，降低实体经济成本，稳定企业预期。继续清理涉企收费，加大对乱收费的查处和整治力度。适当降低制造业增值税税率，适当扩大减半征收企业所得税优惠政策的小微企业范围。加大国有资产和利润向社保基金划转的力度，适当降低“五险一金”的缴纳比例。将中小企业尤其是创新型中小企业的研发经费抵扣政策落到实处。深化电力、油气、铁路、电信等领域的改革，加快清洁、高效的产能释放，降低企业经营的用能成本、原材料成本和物流成本。加快各项吸引外资政策落地步伐，增强外资政策的连续性和可预见性。

### （三）加快推进个人所得税改革

中国现行个人所得税，很大程度上演变成为“工资税”，一方面财产性收入没有被计征，高收入群体可以利用各种手段避税，而同时中等收入尤其是依靠工资收入的群体税负较重。需要加快综合与分类相结合的个人所得税改革，以家庭为单位，考虑抚养情况、教育支出、医疗支出、房贷利息等因素，扩大中等收入人群的扣除范围。把财产性收入纳入个人所得税计征范围。完善针对海外归国创业人员的税收优惠和社会保障政策。

### （四）完善境外中国企业报税程序

目前，国内税法针对中国企业“走出去”的抵免规则相对复杂，境外利润回派政策存在很大不确定性。特别是税收抵扣仅限于三层股权架构之内，三层以外的利润所得无法享受25%的税收减免。即便股权层级满足要求，企业要证实利润与实际业务的匹配性、相关性，实际操作起来难度也很大，合规成本很高。加上外汇管制等因素，企业往往愿意将利润留存境外。可借鉴美国和欧洲处理境外利润回派税收的做法，简化报税程序，加大抵免力度，取消股权层级限制。

### （五）着力降低企业纳税遵从成本

完善税收法律体系，通过更高阶法律法规对重要税务事项进行统一规范，降低遵从成本，减少执行争议。充分利用互联网大数据，加快技术、业务和数据的融合，打通不同部门之间的数据和信息壁垒，建设全国统一的共享税务大数据平台。进一步提高电子政务水平，增加税收申报的便利性，提高税收征管的透明性、降低遵从成本。完善社会监督和第三方评估机制，改进税务部门服务方式，提高服务效率。

执笔人：陈昌盛　许　伟　李承健　雷潇雨

第六章

# 去产能工作成效与市场化、法治化深化重点

钢铁、煤炭行业去产能工作连续两年超额完成计划目标，有望提前完成“十三五”产能压减计划。去产能的效果也较快呈现，产能总量大幅下降，产能利用率提高，行业企业效益较快回升。行业经营形势好转主要源于供需结构在较短时间内得到改善，钢铁、煤炭行业的供给侧结构性改革还有很长的一段路要走。“十三五”产能压减计划完成后，计划去产能的政策空间也将缩小，但行业的结构性难题依然存在。深化钢铁、煤炭供给侧结构性改革需要建立市场化、法治化的产能长效机制。

## 一、大幅度去产能见效快，钢铁、煤炭行业运营状况显著改善

### （一）去产能具有压减幅度大、压减速度快的特征

中国政府高度重视产能过剩行业的困难局面，选择过剩程度重、波及范围广、化解难度大的钢铁、煤炭两个传统行业作为去产能的重点领域，制定了明确而严格的产能压减计划目标。2016 年 2 月初，国务院先后发布《关于钢铁行业化解过剩产能实现脱困发展的意见》和《关于煤炭行业化解过剩产能实现脱困发展的意见》，提出了钢铁和煤炭行业去产能的全国计划目标，正式启动去产能工作。具体计划：从 2016 年开始，用 5 年时间

再压减粗钢产能 1 亿～1.5 亿吨；未来 3～5 年，煤炭产能退出 5 亿吨、减量重组 5 亿吨。在 2016 年压减产能初步见效后，李克强总理根据市场实际情况，于 2017 年春节前夕在《彭博商业周刊》上发表署名文章，提出了钢铁、煤炭去产能的修正计划目标：计划在 3～5 年内将钢铁、煤炭产能分别压减 1.4 亿吨和 8 亿吨。钢铁行业产能压减目标增加，煤炭行业减少了 2 亿吨。在总的压减目标下，中国政府还公布了 2016 年和 2017 年的年度压减目标：2016 年计划压减钢铁产能 4500 万吨、煤炭产能 2.5 亿吨；2017 年计划退出钢铁产能 5000 万吨、取缔“地条钢”产能，退出煤炭产能 1.5 亿吨以上。

2016 年、2017 年，中国压减钢铁、煤炭产能力度空前，具有压减幅度大、压减速度快的特征，这其中也包含了大气污染防治的因素。去产能的国家目标明确后，各省、市、区的压减计划也分年度先后公布，并落实到具体的地区和企业。各地去产能的方法不尽相同，但力度一致，并且都完成了计划目标。2016 年，全国实际压减钢铁产能 6500 万吨、煤炭产能 2.9 亿吨，分别超额完成计划量的 44.44% 和 16%。2017 年，全国再次超额完成产能压减任务，出清“地条钢”产能 1.4 亿吨。2016 年和 2017 年的去产能工作均是提前、超额完成计划目标，在不到两年的时间内，中国退出粗钢产能 1.15 亿吨以上、退出煤炭产能 4.4 亿吨以上、出清“地条钢”产能 1.4 亿吨。去产能数量之多、速度之快引起全球关注。在去产能工作强力推进的同时，中国大气污染防治也进入最严时期。钢铁企业气体排放和燃煤气体排放是治理的重点领域。去产能与大气污染防治两项工作也因此出现“交集”。现阶段，去产能的目的并不单一，不是仅为了化解过剩，还包括治理空气污染。这也是钢铁、煤炭行业去产能工作在取得成效之后依然需要继续推进的一个重要原因。

### （二）去产能成效显著，有望提前完成目标

中国去产能工作较快改善了国内供需结构，对全球钢铁、煤炭市场也

产生了较大影响。价格回升是国内供需结构改善的最好体现。2017 年，中国钢铁产品价格与往年相比已恢复至中上游水平，电煤价格与往年相比已恢复至中游水平，炼焦煤价格水平因煤种因素上涨幅度要大于电煤。在部分地区、部分时段，甚至出现了钢材、煤炭短缺的情况。中国市场供需结构的变化，也对全球市场产生了影响。国家大宗商品价格在 2017 年出现了不同程度的上涨。中国计划退出的 1.4 亿吨粗钢产能相当于欧盟 28 个国家 2017 年总产量之和的 82.99%，是北美地区 2017 年粗钢产量的 1.21 倍，分别是日本、印度、韩国粗钢年产量的 1.34 倍、1.38 倍和 1.97 倍。根据全球煤炭产量大致分布，中国计划退出的 4.4 亿吨煤炭产能占美国、印度、澳大利亚煤炭年产量的比重分别约为 65%、68% 和 77%，超过了印度尼西亚、俄罗斯等国的煤炭年产量。

去产能工作力度大，见效也快，而且成效显著。一是产能利用率较快提升。钢铁行业，2015 年的粗钢产能在 11.5 亿吨左右，产能利用率不足 70%。经过连续两年的去产能，2017 年 8 月底，中国就已经完成了全年压减 5000 万吨粗钢产能的计划，目前统计内的粗钢产能低于 10.35 亿吨。再加上出清了 1.4 亿吨“地条钢”产能，两年的去产能工作为钢铁行业的在产产能共腾出了 2.5 亿吨以上的空间，占 10.35 亿吨在产产能的比重约为 25%。煤炭行业，共退出至少 4.4 亿吨产能。近两年，煤炭产能有增有减，在退出 4.4 亿吨的同时，也有一些新建的先进产能释放，但产能总量呈下降趋势。从 2015 年和 2017 年公布的产能数据看，煤炭行业的总产能从 57 亿吨减至 51 亿～52 亿吨，在产的有效产能没有增加，继续保持在 39 亿吨以上的水平。根据国家统计局数据：2017 年，黑色金属冶炼及压延加工业的产能利用率为 75.8%，与 2016 年同期相比提高 4.1 个百分点；煤炭开采和洗选业的产能利用率为 68.2%，同比大幅提高 8.7 个百分点。二是产业集中度有所提高。2017 年，前十大钢铁企业的产业集中度为 36.94%，与 2016 年同期相比提高 1.05 个百分点，与 2015 年相比提高 1.12 个百分点。2017 年，前十大煤炭企业的产业集中度为 43.25%，与 2016 年相比提高2.48个百分点，与2015年相比提高2.08个百分点。三是企业利润增长最为显著。2015年，黑色金属冶炼及压延加工业、煤炭开采和洗选业的利润总额都是负增长。2016年是按计划去产能的第一年，钢铁、煤炭行业利润当年就实现了大幅回升，累计同比增速分别是232.3%和223.6%。2017年的利润增长水平依然非常可观，利润累计同比增速分别是177.8%和290.5%。

根据去产能工作的进度，中国有可能利用3年的时间全部完成退出1.4亿吨钢铁产能，利用4年左右的时间全部完成退出8亿吨煤炭产能的计划目标。2018年的去产能工作仍将持续推进，全年退出钢铁产能的计划目标有可能低于前两年、退出煤炭产能的计划目标有可能与2017年基本持平。这样，中国用不了5年时间就可全部完成产能压减计划，已经取得的工作成效也将在2018年得以巩固。

## 二、去产能进入新阶段，接下来重在建立市场化、法治化的长效机制

### （一）计划压减未能有效解决钢铁、煤炭行业的低效问题

钢铁、煤炭行业的经营现状可概括为脱困但低效。2017年，工业企业发展企稳向好，工业增加值累计同比增速为6.6%，但钢铁和煤炭两大行业的运营依然低迷。2017年，黑色金属冶炼及压延加工业、煤炭开采和洗选业的增加值累计同比增速仅为0.3%和-2.1%。煤炭开采和洗选业更是全年“零”下运营。低迷的运营状况说明，钢铁、煤炭企业效益较快回升主要是由于去产能较快改善了市场供需结构，行业的结构性问题依然存在，运营效率并不高。

低效主要体现在三个方面：一是产品附加值没有明显提高，行业发展仍然延续规模效益的老路。市场供需结构改善，产品不再愁买，价格因此上涨，产量也有提升，这是钢铁、煤炭企业恢复盈利的主要原因。钢铁企

业经过了此轮结构调整，的的确确在积极优化产品结构，只是产品升级较早的企业向价值链更高端位移还存在技术、机制等障碍，多数企业转型的进程仍在起步阶段，因此行业升级的效果目前还没有显现出来；煤炭企业销售的还是原来的煤种，盈利的领域没有明显的突破，新业务定位并不清晰。中国钢铁行业拥有国际竞争力的产品主要是具有较高性价比的普钢产品，煤炭产品的标准化程度、定制化程度都不高，两大行业企业盈利与否在很大程度上取决于国内市场的短缺程度。只要市场缺货，企业就可以多赚钱。二是债务负担重。在国家统计局公布的工业细分行业资产负债率中，黑色金属冶炼及压延加工业、煤炭开采和洗选业的值最高，分别是64.09%和67.80%，分别比工业平均水平高8.59个和12.3个百分点。与2016年相比，黑色金属冶炼及压延加工业的资产负债率同比下降1.74个百分点，煤炭开采和洗选业的资产负债率同比下降2.48个百分点。但两大行业资产负债率的下降，有利润大幅增长的因素，企业的还债压力依然很大。2017年，黑色金属冶炼和压延加工业的利息累计支出为862.9亿元，煤炭开采和洗选业的利息累计支出为944.2亿元，均处于较高水平。三是行业发展不均衡。钢铁行业的不均衡以价值分布和减排水平最为突出。首先是价值分布不均衡，体现为产品以普钢为主，专用钢材料以中低端为主，缺少专用领域的中高端、高尖端钢材料，形成了产量虽大但价值有限、企业虽多但细分有限的结构性问题；其次是大气减排水平参差不齐，大气污染防治严格地区的企业环保水平明显高于全国其他地区。煤炭行业的不均衡主要体现在新老产能的效率上面，老产能开采成本高、用人效率低、债务负担重，新产能恰恰相反。老产能一直是煤炭企业的主要亏损源，新产能则是煤炭企业重要的盈利点。这种差异化在煤炭开采历史较长的地区最为普遍。有些地区以老产能为主，企业转型任务十分迫切。

中短期计划不能解决产能的结构性问题，说明总量压减本身存在不足。一是缺少鼓励先进的激励政策，这一点主要体现在钢铁行业。钢铁计划压减强调总量控制，主要以高炉容积判断产能先进与否，对中高端或高尖端专用钢材料的产能没有明确支持政策或倾斜性的政策，不能形成优化产能结构的政策引导。在去产能的实际工作中，国有钢铁企业的特钢产能往往不在压减范畴，但大量民营企业缺少差异化发展的支持和引导。二是缺少退出低效的保障机制。无论是钢铁行业，还是煤炭行业都存在这一问题，主要矛盾在于债务处置。低效资产的退出涉及人和债两大难点，目前看，人往何处去的问题相对容易一些。民企的人员流动性强、国企的人员配置空间大，再加上地方政府的合作支持，退出产能的人员安置并没有出现较大的影响。债的问题就没那么简单了，涉及银行不良资产风险、退出产能债务主体划分、国有资产保值增值等一系列问题。债转股可以降低企业大集团的资产负债率，但解决不了低效产能的债务难题。低效产能恰恰是钢铁、煤炭企业大集团债务的主要载体。三是缺少公平竞争的统一标准。产能规模大、大气污染防治任务重的地区，钢铁产能压减量就大；煤炭产能不分类型，都要承担压产、限产任务。这就造成了地区间的产能差异，并在某种程度上形成了相对先进产能为相对落后产能让出市场空间的局面。

### （二）产能的结构优化关键是建立市场化、法治化的产能长效机制

钢铁、煤炭企业经营形势好转，去产能的紧迫性也不再突出，但依然必要，工作的重点应从总量压减转变为总量控制下的结构优化。2015 年，钢铁、煤炭企业出现大面积亏损。如果亏损状况再持续一段时间，很多企业的生产经营将难以为继。去产能也因此成为当务之急的事情。也正是在十分紧迫的情况下，中国在 2016 年年初确定了钢铁、煤炭产能总量的压减计划，并强力推进。经历连续两年的利润大幅回升后，钢铁、煤炭行业已经走出了生存困境。去产能工作虽然不再紧迫，但依然必要。而且，根据中国经济增速下行的宏观走势，去产能工作的成效还需进一步巩固，产能总量仍需调控，只是工作的重点需要调整。新时期，中国市场需求出现了结构性变化，传统需求的增长空间有限，新兴需求增速较快，但供应侧的

结构性调整滞后于需求侧。2016 年、2017 年的重点是总量压减，在总量过剩不再紧迫的 2018 年，工作重点可立足行业的供给侧结构性改革，从前两年的总量压减转变为总量控制下的产能结构优化。简单而言，就是把低效的资产减掉，释放有效资产的价值，提升行业竞争力。

优化产能结构，需要建立市场化、法治化的产能长效机制。在行业企业生产经营十分困难的时期，压减产能总量是必要的。在钢铁、煤炭行业盈利能力全面恢复的新阶段，去产能更应强调结构优化。以总量压减为重点的去产能工作，政府的行政调控可以发挥较大作用，成效明显但也存在不足。钢铁行业退出 1.4 亿吨产能、煤炭行业退出 8 亿吨产能的计划完成后，政府不能每年都制订新的产能压减计划。政府的行政调控可以在总量控制上继续发挥作用，但不能左右企业的业务调整，政府可以发挥宏观优势引导和支持企业转型，但无法替代企业的商业战略。此时，建立一个市场主导、法治约束与政府引导有机结合的长效机制是最好的选择。发挥长效机制作用还可以弥补总量计划压减的不足，有利于去产能工作更好地与钢铁、煤炭行业供给侧结构性改革相结合。

## 三、建立市场化、法治化产能长效机制的重点在于转变政府的产能治理模式

### （一）处理好政府与市场的关系，建立产能治理新模式

建立市场化、法治化的产能长效机制不是不要政府的宏观调控，而是要处理好政府与市场的关系，既能充分发挥市场的决定性作用，也能发挥好政府的宏观职能，让产能风险处于可控范围之内，让钢铁、煤炭产能结构随着时代的发展不断优化。市场主导与政府引导相结合，再加之以法治约束，是产能长效机制建立的基本原则，重点在于转变政府的产能治理模式。

政府的行政调控对产能压减发挥了主导作用，政府在压减过程中不可

避免会干预到市场微观主体的经济行为，也存在干预过度的问题。建立产能长效机制，就是要处理好政府与市场的关系，让政府从越位的地方退回、在缺位的地方就位，让市场充分发挥在资源配置中的决定性作用。这是政府“放管服”改革的本质内涵，属于政府宏观治理范畴。前一阶段，中国政府对钢铁、煤炭行业的产能治理主要是以行政调控为主，虽然不断完善标准体系、法治体系，但运用的行政手段更多，包括下达压减的计划指标、停产、限产等，而且行政手段对产能较快退出发挥的作用更显著。但这些行政手段对微观主体的干预力度较大，存在越位问题，同时又由于缺少鼓励先进的激励政策、缺少退出低效的保障机制、缺少公平竞争的统一标准等而存在缺位问题。深化“放管服”改革，清晰政府与市场的边界，实质是要转变中国政府对钢铁、煤炭产能的治理模式。

新时期产能治理模式的特点在于：以综合标准体系为抓手，采取现代化的监管方式，对钢铁和煤炭产能形成强约束；以法律为依据、以政策为保障，促进低效产能及时退出；立足需求，引导行业优化产能结构，提升供给质量；树立产能升级标杆，深化去产能相关改革工作，支持企业技术创新。与新的产能治理模式相对应，标准、监管、法律、政策等需要同步完善和调整。

### （二）建立产能评价的综合标准体系

强制性标准具有法律效力，推荐性标准虽然不具有法律效力但真实反映了达标企业的实力，因此标准是评价产能先进性的首选依据。单一标准只能评价产能的某项特性，评价产能的综合特性需要一个包括生产、质量、环境、安全、税收、用工等方面的综合标准体系。生产标准的重点是产能规模，在标准统一的基础上也应考虑到特殊品种钢材料市场规模偏小、稀缺煤种储量不大的特点，做到产能规模标准的差异化；质量标准的重点是钢材料标准、煤质标准，并且根据新产品的开发与应用情况及时更新或新建质量标准；钢铁行业环境标准的重点是气体、水等污染物排放标准，煤炭行业环境标准应重点考量生态环境修复问题；安全标准是指为确保安全生产而颁布的一系列标准；税收标准是指为监测钢铁、煤炭企业运营质量而设立的标准，可得性强、真实度高，能够较好地反映产能的运营状况；用工标准是指为保障劳动者基本权益而设立的标准，既可以规范行业发展，还可以通过用工情况掌握产能的真实状况，因为产能低效企业的劳动环境往往也差。6 项标准其实已有，分别由不同的政府部门或机构监管，只是没有集成在一起用于产能的评价。转变政府的产能治理模式，应标准先行，关键在于6 项标准的重新定位，这也是一个法治化的过程，难点在于6 项标准数据如何突破部门的条框集成在一起，需要切实推进行政管理体制改革。

### （三）形成立体式、多元化、实时性的产能监管新方式

监管是去产能和优化产能结构必不可少的环节。标准是依据，监管就是具体的行为，包括约束、纠偏、惩罚等。既然评价产能的依据需要构成标准体系，那么监管也不能单一。目前去产能工作的监管具有现代与传统相结合的特点，一方面是先进的污染物排放信息化监管，另一方面是重点地区的常态化人工监管。两种监管相结合，能够对钢铁、煤炭行业的落后产能、违规产能形成强威慑力，但也有漏洞。比如信息化监管还没有做到时间全覆盖、部门全打通，人工监管存在主观意识较重、干扰企业日常生产的不足，且具有权力寻租的空间。新时期产能治理模式下的监管应具有立体式、多元化、实时性的特点。立体式监管是指，产能监管应从企业自控、省级严控、国家监控三个层面着手，从目前的以污染物排放为重点拓展为6 项标准全面监管，形成互为约束的立体监管网络；多元化监管是指，企业、政府、社会机构、百姓等共同参与到产能治理之中，形成健康的社会氛围；实时化监管是指，真正做到各项产能标准信息以及举报信息的实时传递、集成和处置。一些达到超净排放标准的火电厂的监管就具有立体式、多元化、实时性的特征。污染物排放检测的信息系统有三套，分别是

电厂所在集团的监测系统、省级检测系统和国控检测系统，三套系统独立运转又互联互通，各项信息基本能够做到实时传送。除了企业、政府、行业的监管，火电厂排放能否达标还受到周围百姓的监督。钢铁、煤炭行业的产能监管可以参考超净排放电厂的监管模式，此外，为了更好地监管产能效率，还应将其余 5 项标准纳入监管范畴。

**（四）畅通低效产能的退出渠道**

去产能除了淘汰落后产能、非法产能之外，还要退出缺乏竞争力、长期亏损的“失血”产能，这部分产能可以称为低效产能。优化产能结构也是要通过退出低效来提高行业供给的质量。明确标准、强化监管都是为了淘汰落后、退出低效。2018 年去产能工作的退出重点有两个，一个是“地条钢”产能，另一个是“僵尸”产能。“僵尸”产能即是典型的低效产能。低效产能的退出难度较大，目前缺乏相应的保障机制，难点聚焦于债务处置。前文对此已有论述。提及低效产能，人们首先联想到的是国有钢铁、煤炭企业，其实不然。一些民营钢铁、煤炭企业也存在低效难去的问题。低效产能的主要特点在于缺乏市场竞争力。原因有二：第一，由于“老”而缺乏竞争力，例如设备、工艺等过时的钢铁产能，资源枯竭的衰老矿井等。第二，由于低端而缺乏竞争力。在经济高速发展阶段，钢铁、煤炭行业是“资本洼地”。投资者只是看到了投资之时的行业高额利润，而没有预见到将要出现的经济下行。因此，一些制造技术较为低端的钢铁产能和综合效率不高的煤矿在高投资成本时代开工建设，其中较早建成的产能收回了全部或部分投资成本，较晚建成的产能甚至在投产之时就开始亏损。这一类的低效产能多存在于民营企业。低效产能的一个共性特征是债务负担重，长期亏损且扭亏无望，因此是行业实现高质量发展的主要瓶颈。低效退出是必然之举。畅通退出之路关键在于政府的决心，当务之急是建立保障机制，包括低效产能的企业主体实施市场化破产的保障性制度和政策。其中，保障性制度的重点是明确破产企业债务责任主体的法律界定、探索剥离并集中处置银行不良资产、降低市场化破产的法律成本等；保障性政策重点是重定退出国有资产价值的市场化评估原则、拓展新时期债转股对不良资产的处置方式等。制度和政策是保障，同时也是一种促进，是以畅通的渠道促使低效产能加速退出。

### （五）强化需求导向

供给侧结构性改革是面向消费升级的一项改革举措，主要目的在于，从市场需求入手引导钢铁、煤炭行业优化产能结构。具体而言，就是从中上游的供给侧发力，促进国内供给从规模提升向质量提升转变，满足中国消费市场的结构升级需求。需要明确的是，满足需求不是什么需求都满足。污染高、用工条件差、安全不到位的落后产能和“地条钢”产能也有市场需求，但这类不符合经济社会发展方向的产能是必须退出的。因此，强化需求导向包含两个方面的含义，一是以需求为导向深化供给侧结构性改革，二是通过供给侧的改革与创新加速消费升级。对于钢铁行业，强化消费需求的重点是支持企业立足下游制造业对中高端、高尖端专用钢材料的市场需求开展技术创新，走差异化发展之路。同时，提升下游用钢行业的质量标准和监管力度，拓展中高端、高尖端专用钢材料的市场空间，不让落后产能、非法产能有“可乘之机”。对于煤炭行业，重点在于优化供应体系，增强供给侧的煤炭集中加工能力，为下游消费企业供应标准化的洁净煤。优化煤炭行业的供给结构是去产能和优化产能结构的配套改革措施，是提升产业链发展质量的必然之举。不仅可以在消费量增长有限的新市场格局下提升煤炭附加值，还可以降低消费企业的燃煤成本和减排成本。仍以火电厂超净排放为例，除了设备、工艺、管理等因素外，燃料煤的标准化也非常关键，直接决定了后端排放能否全面稳定达标。

### （六）树立产能升级标杆

树立标杆是为了加速钢铁、煤炭产能升级。产能标杆企业是产能升级取得成效的先行者和领先者，同时也可发挥试点的作用。首先，产能标杆企业是以行为先，走出了一条从规模效益向质量效益转变的改革和创新之路，并取得了较好成效，能够对行业产能升级发挥带动作用。其次，产能标杆企业的改革和创新需要进一步的政策支持，相关政府部门可将其列为试点，出台针对性强的政策措施突破钢铁、煤炭行业供给侧结构性改革的瓶颈。对于钢铁行业，可选择在专用钢材料制造领域取得中高端技术突破的企业作为产能标杆企业，引导行业瞄准材料细分领域走差异化的产能升级之路。对于煤炭行业，可选择智能化开采煤矿以及标准化加工能力强的企业作为产能标杆，助推行业提升供给质量。

## 四、政策建议

### （一）实现产能综合标准体系高标准、差异化并相对稳定

不以规模作为评价产能的唯一标准，设计包括产能规模、产品质量、污染排放、生产安全、税收贡献、用工环境等指标在内的综合标准体系，整合相关主管部门的数据资源，科学评价钢铁、煤炭产能的效率。通过科学评价区分出不达标的低效产能，例如“僵尸”产能、“地条钢”等落后产能，将其列为压减的重点。提高各项标准门槛，尤其是要大幅提升气体排放标准。中国钢铁、煤炭产能规模大，地区分布广，产品细分种类多，因此在整体提升标准的同时也要兼顾差异化。考虑到特殊钢材料的市场需求量往往不大、特殊煤种的储量也十分有限，产能规模也应适当降低。此外，可参照国外经验，对环境容量有限的工业密集区企业实施更加严格的排放限值管理。产能综合标准体系宜保持相对稳定性，避免因频繁变动给企业造成经济损失。这也是实现产能综合标准体系高标准、差异化的一个主因。

### （二）完善产能治理的信息系统

建立集产能综合评价数据和产能监管信息于一身的产能信息大系统，

集成不同部门的产能信息，形成立体式、实时性的产能数据网络，为政府产能治理提供技术支撑和科学依据。从目前的以定点企业定期上传排放数据为主，转变为企业与区域数据相结合的实时传送，发挥立体式、实时性网络的信息比对功能，及时发现信息造假企业并及时纠偏，采取发达国家惩罚信息造假企业的普遍做法将环境信息虚假申报归入法制范畴。激励社会组织、个人共同参与到产能监管中来，设立安全的举报渠道，实现政府治理的多元化监管。

### （三）明确低效产能市场化退出的保障性制度和政策

增强促进低效产能市场化退出的决心，尽早出台相关的保障性制度和政策。一是明确新时期债转股主要目的不是为企业减债而转，也不仅仅是为银行权益而转，最重要的还是要提升工业企业的效率，也即通过债转股减少低效资产。因此在债转股的同时还要同步建立低效资产处置平台，对低效资产进行必要的优化重组。二是创新金融机构在债转股后的退出渠道。用好去产能的金融政策，借力国有资本投资管理体制改革以及混合所有制改革，多渠道、市场化拓展金融资本的退出。三是鉴于去除的产能资产价值较低、难以重复利用等现实情况，尽快给出统一的司法解释，突破目前的僵局。四是探索产能退出标杆企业、银行、第三方资源配置企业以及政府合作设立企业低效资产处置平台、银行不良债务处置平台，形成与新时期债转股相配套的资源配置新模式，解决好银行的“后顾之忧”。

### （四）引导钢铁、煤炭企业面向需求优化产能结构

利用好激励政策，发挥好需求侧对供给侧的引导作用，同时通过供给侧结构性改革促进消费升级。支持钢铁企业瞄准市场细分需求，开展中高端、高尖端专用钢材料技术创新，实现产能的差异发展；支持煤炭企业提升加工能力，向市场供应标准化的清洁煤炭；政策激励和标准提升双管齐下，加速钢铁、煤炭下游行业消费升级，引导上下游企业合作创新，拓展

特钢产品和标准化洁净煤的应用市场。

### （五）设立产能标杆企业为改革和创新试点

将成绩突出的钢铁、煤炭产能标杆企业设为改革和创新试点，给予相应政策支持。从优化国有资本布局的角度出发，改革国有钢铁、煤炭企业的传统体制、搞活创新机制；重点解决产能标杆企业的退出产能债务难题，支持产能标杆企业与银行、政府、第三方企业合作，将低效退出、不良处置与资源配置有机结合；大力支持钢铁产能标杆企业创新中高端、高尖端技术创新，支持煤炭产能标杆企业提升标准煤加工能力，形成产能优化的示范效应。

执笔人：周健奇

第七章

# 去库存阶段成效与住房长效机制建设

按照供给侧结构性改革的总体部署，2015 年下半年以来房地产去库存工作推进顺利、成效显著。当前中国房地产市场发展已进入“总量平衡、区域分化”的新阶段，主要矛盾和风险挑战都在发生新的变化。2018 年除了关注短期市场波动因素和风险点外，更要从阶段转换的中长期视角出发，加快建立适应新阶段住房市场要求的基础性制度和长效机制 ，推动房地产市场长期平稳健康发展。

## 一、房地产去库存的背景、成效与下一阶段挑战

### （一）房地产去库存的背景

房地产库存的产生和积累主要发生在 2010～2014 年的阶段性供给过剩。在为应对美国金融危机而出台的刺激政策影响下，2010～2014 年商品房新开工面积大幅增加，累计新开工 82 亿平方米，年均 16 亿平方米，比之前 5 年增加了大约 90%；该时期商品房销售面积累计达到 56 亿平方米，年均 11 亿平方米，比之前 5 年增加了 60%。由于新开工面积持续大幅高于销售面积，导致该时期商品房库存累计增加了 19 亿平方米。

### （二）去库存采取的主要政策措施

为解决规模庞大的库存问题，2015 年以来，中国实行了一系列金融、

财税、社会等方面的政策措施。

一是一系列金融政策的实施显著扩大了需求，房屋销售面积大幅增加。中国人民银行在全面宽松货币的同时，针对性地推出面向房地产市场的贷款政策。2015 年中国人民银行 5 次降息，利率降至历史低点，存款准备金率持续下调，流动性大幅释放；还专门推出以棚户区改造货币化安置需求为目标的抵押补充贷款（PSL）货币政策工具，助力各地 50% 货币化安置目标的实现。房地产贷款政策放松，在非限购城市首套房首付降为 20%；5 年期以上贷款基准利率由 6.15% 下调到 4.9%，公积金下调到 3.25%；二套房认定标准改为“认贷不认房”。2015 年 9 月 30 日，住房城乡建设部等发布《关于切实提高住房公积金使用效率的通知》（建金〔2015〕150 号），要求提高实际贷款额度、拓展贷款资金筹集渠道、全面推行异地贷款业务等。2015 年 6 月至 2016 年 12 月，通过债券和定增房地产企业获得融资规模超过 2 万亿元。

二是降低交易环节税费，鼓励购房。降低住房交易税费，对个人购买 2 年以上（含 2 年）的住房（包括非普通住房）免征营业税；降低契税最低至 1%；新建商品住房转让手续费，由每平方米 3 元降为每平方米 2 元，存量住房由每平方米 6 元降为每平方米 4 元，同时明确，中小城市住房转让手续费标准可进一步适当降低；取消房屋租赁手续费等。

三是调整完善社会等方面的政策，鼓励购房。加快推进农业人口市民化，放开非特大城市落户限制。保证农民利益“两头有”：一方面，确保农村原有收益不变，大力推进完善农村土地“三权分置”，落实集体所有权，稳定农户承包权，放活土地经营权，保持新市民的原有农村收益不变，解除农民进城的后顾之忧；另一方面，推动公共服务覆盖购房落户农民，在新市民子女入学、医保、社保等领域出台政策。此外，商务部放松“限外令”，允许境外机构在境内设立的分支、代表机构（经批准从事经营房地产的企业除外）和在境内工作、学习的境外个人购买符合实际需要的自用、自住商品房。

四是做好土地供应调控。2015 年 3 月 27 日，国土资源部、住房城乡建设部联合下发《关于优化 2015 年住房及用地供应结构促进房地产市场平稳健康发展的通知》，明确指出：住房供应明显偏多的市、县，或在建住宅用地规模过大的市、县，应明显减少住宅用地供应量直至暂停计划供应。对于在建商品住房项目，各地国土资源、城乡规划主管部门在不改变用地性质和容积率等必要规划条件的前提下，允许房地产开发企业适当调整套型结构，对不适应市场需求的住房户型作出调整，满足合理的自住和改善性住房需求。房地产供应明显偏多或在建房地产用地规模过大的市、县，国土资源主管部门、住房城乡建设、城乡规划主管部门可以根据市场状况，研究制订未开发房地产用地的用途转换方案，通过调整土地用途、规划条件，引导未开发房地产用地转型利用。

五是加大棚改货币化安置力度。2015 年保障性安居工程新安排 740 万套，其中棚户区改造 580 万套，增加 110 万套，把城市危房改造纳入棚改政策范围。住房保障逐步实行实物保障与货币补贴并举，把一些存量房转为公租房和安置房。全年约 160 万套棚户区改造住户实行了货币化安置，助力房屋库存消化。

六是地方政府去库存政策从供求两端同时发力。鼓励需求方面，除落实中央降低首付降低利率、减免税负等政策外，还通过直接发放货币补贴鼓励农民进城购房、促进非住宅购买；探索共有产权模式，吸引新就业群体、进城务工人员等购买住房。供给改革方面，除合理优化住房及用地供应规模和结构外，还扩宽公积金缴存范围，鼓励农民工利用公积金贷款购房；搭建棚改货币化安置服务平台，助力货币化安置；鼓励企业降价促销、发展跨界地产等。

鼓励需求的措施包括：实施直接货币补贴成为三、四线城市去库存的重要措施，例如四川眉山、乐山、资阳、自贡等地，河南省多地，安徽省多地，江苏宿迁，福建泉州等地，对农民购房者直接发放 100 ~ 150 元/平方米或每套 2 万元左右的资金补贴。还有一些地区通过财税补贴、信贷支持等方式鼓励购买非住宅。例如福州提出购买五城区新建商办房地产的，契税由财政补贴；南昌提出各商业银行要加大对个人购买非住宅的信贷支持。探索共有产权模式，政府和购房者按约定比例共同拥有住房所有权，可以分为青海等地的先租后售模式及邯郸等地的半租半售模式。安徽、山东、湖北等地通过降低贷款门槛、提供政府担保等方式，积极推动“农民安家贷”，有效解决农民购房贷款问题。

供给改革措施包括：例如安徽搭建棚改货币化安置服务平台，鼓励信誉好的房地产开发企业、中介服务机构、金融机构进入平台，给予棚改居民适当折扣，组织团购鼓励企业降价促销，利用货币化安置去库存。通过补贴发放鼓励开发企业支持商办物业或出租经营。允许已出让非住宅项目进行转型，转化为企业孵化器、众创空间等，甚至转为住宅用途。例如，苏州对项目所在区域商办供应明显偏多或在建规模过大，项目尚未开工建设或销售的，允许通过调整土地规划条件、用途，引导转型用于住宅或新兴产业、养老产业、文化教育产业、体育产业等项目用途的开发建设。促进房地产企业转型发展，鼓励房地产企业利用库存房源发展旅游、养老、医疗、创业等跨界地产，鼓励房地产企业兼并重组、转型升级。

### （三）去库存取得的成效

2015 年去库存目标实施以来，中央、部门和地方多项政策综合作用，不仅房地产库存压力明显下降，在推动新型城镇化发展、房地产供给侧改革等制度建设方面也进行了可贵的探索。

一是房地产库存压力显著下降。在供求两方面去库存政策综合作用下，2016 年房地产销售创出历史新高，全年商品房销售面积达到 13.6 亿平方米，其中商品住宅销售面积达到 12 亿平方米，相比 2015 年增加了大约 25%。在强劲销售的带动下，商品房库存均出现近年来首次下降。其中，商品房待售库存减少了 0.3 亿平方米。商品住宅库存去化周期连续两年下降至 15 个月，已经低于合理去化周期，绝大部分地区完成住宅去库存任务，一线城市商业、办公楼库存也降至合理水平。2017 年全国商品房销售仍维持高位增长，各城市住房库存水平和去化周期进一步降低。2017 年末全国商品房待售面积 5.9 亿平方米，比 2016 年末下降 15.3%。当前房地产库存问题主要体现在二、三、四线城市商业、办公楼库存压力仍然较高，以及东北地区和西北地区少数省份内三、四线城市的住宅库存。

二是推动了新型城镇化发展。在三、四线城市去库存过程中，很多地方政府探索与推动新型城镇化发展相结合，鼓励农民购房进城安家。多数地方政府对农民购房实行减税、发放购房补贴；安徽省成立政府担保机构，为农民购房贷款提供担保，支持农业银行开展“农民安家贷”。据地方调研，县城区域购房群体中农民占比达到 50% ~70%，初步估计农民购房总量超过 50 万套。在房地产去库存过程中，通过率先解决农民住房问题，推动了新型城镇化发展。

三是促进了规模化住房租赁市场建设。2015 年底中央经济工作会议明确提出要建立购租并举的城镇住房制度。2016 年 5 月国务院办公厅印发《关于加快培育和发展住房租赁市场的若干意见》（国办发〔2016〕39 号），明确提出要发展住房租赁企业，提高住房租赁企业规模化、集约化、专业化水平；在中央政策引导下，各地探索将库存量大的各类房源改造用于租赁住房。

四是优化了住房保障方式。2008 年以来，保障性住房以实物配建为主，为加快解决房地产库存问题，住房城乡建设部提高了棚改货币化要求。2016 年全国棚改货币化安置比例达到 48.5%，比 2015 年增加 18.6 个百分点，消化了 2.5 亿平方米存量房屋，占全国商品房销售数量的 18%。棚改货币化安置对商品房屋去库存起到了重要作用，同时也推动了住房保障方式向货币补贴和实物补贴相结合过渡，各地创新了很多宝贵经验和做法。

### （四）未来一段时期去库存面临的形势和挑战

在各方努力下，房地产去库存取得积极成效，2015 年以来的阶段性去库存任务基本完成，大部分地区住宅库存已经降至合理水平。与此同时，市场分化更加明显，在人口净流出、住房销售不畅的情况下，部分三、四线城市和县城住宅库存仍然较大（主要分布在东北、西北等地区）。另外，办公楼、商业营业用房等非住宅库存消化缓慢。

一是产业基础薄弱地区住宅去库存缓慢。受经济、产业等因素影响，三、四线城市（包括县城）的人口流入速度放缓甚至出现净流出现象，未来一段时期这些城市的住房在短期难以消化。住房需求将延续低迷态势，开发企业以消化待售房屋为主，待开发土地和在建施工规模较大，新开工和土地购置意愿预计也难以有效改善。2016 年仅山西、内蒙古、吉林、辽宁、黑龙江、甘肃、青海、宁夏、新疆 9 个省份的三、四线城市住宅库存压力较高，其中甘肃、青海、辽宁、黑龙江 4 个省份的三、四线城市住宅库存压力持续上升。从近几年的经济增长情况来看，这 9 个省份的经济增幅排名均在全国居后，2015 年山西、辽宁的 GDP 增幅只有 3%，东北地区人口总数持续减少，西北地区几个省份城镇化发展缓慢。这些省份产业基础薄弱，房地产需求增长动力不足，去库存后续压力较大。

二是非住宅去库存形势严峻。2015 年以来尽管出台大量去库存政策，但商业用房、办公楼库存压力没有丝毫下降，2016 年二、三、四线城市的去化周期都高达 100 个月左右，去库存形势严峻。商业用房、办公楼库存压力持续上升与经济结构调整相关：一方面，经济下行减少了对商业用房、办公用房的需求；另一方面，受电子商务的快速发展影响，商业用房、办公楼需求下降。短期来看，如果不通过以租代售、转型改造等方式大规模去化，商业用房、办公楼将在很长时间内出现供大于求的局面。中长期来看，推动城市产业结构升级、促进经济发展、加大人口吸引力，才能从根本上解决非住宅库存问题。

从中长期看，房地产市场发展进入新阶段和城市群加速分化将成为下一阶段去库存面临的最大挑战。

## 二、观察近中期房地产形势需把握的几个关键点

2017年去库存政策和分城施策等一系列调控政策的实施，使房地产市场运行总体取得较好成效。一方面，2017年商品房销售额再创历史新高，待售房屋面积明显下降，去库存取得较好成效。另一方面，房价涨幅回落，一线城市房价涨幅回落尤为明显。从全国来看，2017年全国新建商品住宅销售均价为7614元/平方米，较2016年上涨5.71%，涨幅较2016年回落5.57个百分点。根据国家统计局对70个大中城市住宅销售价格的统计，2017年11月，一线城市新建商品住宅和二手住宅价格同比涨幅均已连续14个月回落。虽然近年来一系列政策的实施在去库存等方面取得了较好成效，但也要清醒地看到，中国房地产市场发展的阶段已发生重大变化，分析判断2018年和近中期的房地产市场形势，不仅要关注影响短期市场波动的一些因素，更要重视对中长期趋势的把握。

一是房地产市场发展阶段和面临的主要矛盾已发生重大变化。"十二五"中后期，中国城镇户均住房已超过1.0套，保障性住房覆盖面达到20%。随着住宅新开工面积、销售面积和竣工面积的持续较快增长，城镇居民住房条件明显改善。1998年，城镇人均住宅建筑面积只有18.66平方米，2016年增加到36.6平方米。户均住房超过1.0套以及人均建筑面积的大幅提高表明中国房地产市场总体上已解决了总量不足的矛盾，开始进入新的发展阶段。虽然中国总体上解决了住房短缺的问题，但中国城镇住房的品质还有很大改进空间，主要表现为住房成套率还有待提高，许多新建和存量住房，特别是老旧小区的质量、环境、便利性等还不能满足居民对住房品质的要求。"十二五"以来，受经济增速回落、区域经济结构调整和住房市场供求关系变化等因素影响，住房市场的区域差异日益明显，如北京、深圳等一线城市前期住房价格涨幅远远高于其他城市，居民住房支付能力不足的问题十分突出。总体判断，中国房地产总量不足的矛盾已

基本解决，但结构性、区域性矛盾仍很突出，居住品质离人民对美好生活日益增长的需要仍有较大差距。由于发展阶段发生重大变化，既要防止因短期的销售火爆刺激新房开工量的过快增长带来系统性的供给过剩问题，也要积极应对北京等热点城市供不应求和住房支付能力下降的问题，更要重视提升房地产发展质量，满足人民对美好生活日益增长的需要。

二是住房贷款利率仍处于历史低位带来的挑战。根据中国人民银行2017年第三季度货币政策执行报告，2017年9月个人住房贷款加权平均利率为5.01%，虽比6月上升0.32个百分点，但仍处于历史低位。由于居民购买住房大多需要借助银行信贷的支持，贷款利率仍处于低位意味着居民购房支付能力仍然较强。从全球范围看，由于低利率会在短期内显著提升居民购房支付能力，因此美国、日本等经济体在低利率时期都曾出现过房价的大幅攀升。国际金融危机后，美国利率再次大幅下降，受低利率的推动，2013年后美国的房价已开始超过危机之前的水平。2017年，一些热点城市采取了各种措施抑制房价过快上涨，但由于低利率的推动，部分二、三线城市的房价涨幅仍然较大。2018年稳房价需要采取有效措施应对低利率的挑战。

三是短期的供求关系也在发生较大变化。房地产市场的波动是短期供求关系的反应。2015年以来，随着一系列去库存政策的实施，去库存取得显著成效。但也要看到，随着库存的下降，一些城市短期的供求关系正在发生较大变化，有的城市已从2014年和2015年的供过于求变为供求平衡甚至供不应求。从价格变化情况看，前期深圳、北京等热点城市房价过快上涨的阶段也正是从市场出现短期供不应求时开始的。2017年，市场短期供求平衡和供不应求的城市在增加，这也是一些二、三线城市房价涨幅较大的原因所在。2018年，要更加重视短期供求形势变化对市场的影响。

四是家庭部门杠杆率快速提升。近10年以来居民部门债务负担快速上升，特别是2016年和2017年增加得尤为明显。2007年金融机构住户贷款余额只有5.06万亿元，占当年住户部门可支配收入的比重为32.6%，

2014 年住户贷款余额增加到 23.15 万亿元，占当年住户部门可支配收入的比重为 59.2%，2016 年和 2017 年住户贷款余额进一步增加到 33.37 万亿元和 40.52 万亿元，2017 年住户贷款余额占住户部门可支配收入的比重预计将达到 80%。住房部门当年新增人民币贷款额从 2014 年的 3.29 万亿元增加到 2016 年的 6.33 万亿元和 2017 年的 7.13 万亿元。居民部门债务负担的快速增加虽然对短期内房地产销售的大幅增长有积极意义，但债务负担过快增长的潜在风险也要高度关注。在债务负担快速增加后，进一步加杠杆的空间也相对缩小。

## 三、对 2018 年房地产市场形势的基本判断

### （一）2018 年房地产开发投资增速将继续回落

房地产开发企业的资金状况是决定短期内房地产开发投资形势的最主要因素。2017 年，虽然商品房销售面积和销售额再创历史新高，但销售额增速总体呈放缓趋势。尤其值得关注的是，受规范融资行为和信贷额度控制等因素影响，2017 年房地产开发企业到位资金只增长了 8.2%，其中个人按揭贷款增速为 -2.0%，增速较 2017 年上半年分别下降了 3 个和 8.7 个百分点（见图 1）。到位资金增长情况是后续房地产开发投资增速的领先指标，目前房地产开发企业到位资金的低增速预示着 2018 年房地产开发投资增速将难以明显回升。从中长期发展趋势看，中国城镇户均住房已超过 1.0 套，借鉴日本、德国等典型经济体房地产市场发展规律，中国房地产开发投资增速正处于正常的回落阶段。综合判断，预计 2018 年房地产开发投资增速将稳中有落。

### （二）2018 年新房销售情况将主要取决于金融政策

房地产市场的销售高度依赖金融部门的支持。从 1998 年中国房地产市场的变化情况看，当住房信贷政策收紧时，房地产销售增速会明显下降甚

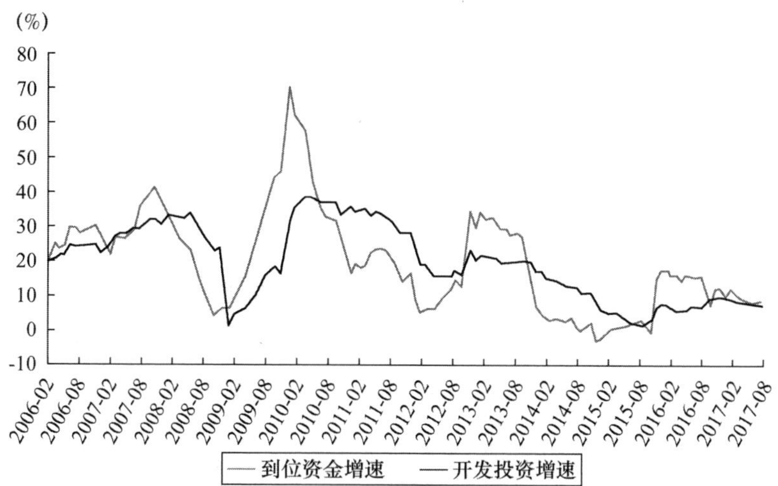


**图1 房地产开发企业资金来源增速与房地产开发投资增速情况**

资料来源：国家统计局。

至会出现销售量和销售金额的绝对下降；当住房信贷政策较为宽松时，商品房销售量和销售金额都会明显增长。2018 年，影响新房销售情况的最主要因素仍是住房金融政策。

### （三）2018 年稳房价的压力仍然较大

市场供求状况和住房支付能力是决定房价波动情况的两个最主要因素。从市场供求关系看，随着去库存成效的不断显现，越来越多的城市已从供过于求转为供求平衡和供不应求，这意味着从短期的供求关系看，2018 年稳房价的压力会较大。住房支付能力主要取决于房价收入比和住房金融政策，其中住房金融政策特别是利率政策的变化对房价短期波动影响尤为显著。从房价收入比①的变化情况看，1998 ~ 2017 年中国的房价收入比均值为 8.65 倍，其中 1998 年最高，为 10.8 倍，2015 年最低，为 7.2 倍。这表明虽然 1998 年以来房价名义涨幅较高，但由于居民收入名义涨幅

① 房价收入比：一般定义为一套住房的价格是一个家庭年收入的多少倍，本文所使用的房价收入比是指用城镇户均可支配收入购买一套价格相当于当年城镇商品住宅销售均价的 100 平方米的住房需要多少年。

更高，居民的住房支付能力总体在提高。2017 年全国新建商品住宅销售均价较 2016 年上涨 5.7%，而城镇居民人均可支配收入名义增长 8.3%，2017 年全国的房价收入比为 7.4 倍，不仅略低于 2016 年，也明显低于近 20 年的均值水平。2017 年住房贷款利率虽然有所上浮，但上浮后的综合利率水平仍处于历史低位，较低的利率水平仍将支持购房人的支付能力。总体判断，2018 年稳房价的压力仍然较大，全国新建商品住宅价格涨幅将有可能超过 2017 年涨幅。当然，由于不同区域市场供求形势和价格水平差异较大，面临的问题也存在一定差异，如北京等一线城市近 10 年的房价涨幅显著高于居民收入涨幅，房价收入比也显著高于历史均值水平。在商品房供应不足的情况下要尤其关注低利率的影响。

## 四、完善促进房地产市场平稳健康发展的长效机制

由于中国房地产市场发展阶段和面临的主要矛盾均已发生重大变化，进一步完善房地产相关政策不仅要针对库存下降、贷款利率仍处于历史低位、热点城市高价房将相继入市的短期形势，更要重视根据房地产市场发展阶段的变化适时调整发展目标，按照党的十九大报告和中央经济工作会议提出的要求，坚持“房子是用来住的、不是用来炒的”定位，加快建立多主体供给、多渠道保障、租购并举的住房制度，实现全体人民住有所居。在加快推进税收、金融、土地等基础性制度建设的基础上，尽快完善促进房地产市场平稳健康发展的长效机制。

### （一）适时调整房地产发展目标

基于中国房地产市场已从总量供不应求转向总量供求基本平衡，结构性、区域性矛盾突出和居住品质还需要持续提升的新阶段，建议适时调整房地产市场发展目标。一是在确保广大居民“住有所居”的基础上，全面改善居住条件，提升居住品质。在以人为本、保护环境、节约资源、优化

生态的基础上，提供功能更加合理、建筑质量更加优良、人居环境更加舒适的住房产品。加快房地产开发建设模式向节约型、环保型、生态友好型实质性转变。二是全面提高防范房地产市场系统性风险的能力和水平。随着房地产市场供求关系进入新的发展阶段，需要更加重视防范和化解房地产市场面临的各种风险。要准确把握房地产市场风险的主要类型和成因，调整完善金融、土地等政策工具，防范可能出现的各类系统性风险，保持房地产市场供求总量和结构基本平衡，逐步缓解结构性、区域性矛盾。三是实现经济、社会和房地产市场协调发展。从经济社会长期发展目标出发，处理好房地产市场发展与国民经济、人口结构、城市规划以及产业布局之间的关系，形成房地产政策与短期宏观调控政策、中长期国民经济发展规划、区域城市群发展、城市内部空间布局与功能升级相协调，实现经济、社会和房地产市场协调发展。

### （二）加快住房制度改革，建立与房地产市场发展新阶段相适应的制度体系

从国际比较看，发达经济体在住房短缺阶段，住房自有率很低，但随着住房的大规模建设和住房短缺问题的解决，住房自有率快速提高，并在户均住房达到 1.0 套左右时住房自有率开始达到相对稳定的状态。如日本 1968 年户均住房达到 1.0 套，当年住房自有率为 60.3%，此后住房自有率基本在 60% 左右波动，到 2013 年其住房自有率也只有 61.3%。绝大多数市场经济国家的住房自有率都不超过 65%。在户均住房超过 1.0 套后很多发达国家曾试图提高住房自有率，但是通过住房金融政策等措施鼓励低收入人群购买住房的结果并不理想。美国、日本等国在金融政策的支持下住房自有率一度有所提高，但利率政策调整后，特别是住房贷款利率持续快速提高后，住房自有率很快回落到 65% 以下，并造成房地产市场的危机和金融市场的动荡。目前中国城镇户均住房已超过 1.0 套，总体判断已基本解决住房短缺问题，住房自有率也开始进入相对稳定阶段，面临的新矛盾

是区域性、结构性矛盾突出和居住品质不高的问题。同时在经济结构调整过程中，人口更多地流向就业机会多的大城市，大城市的房价普遍较高，租房是大多数新进入大城市人口的首要选择。因此，随着经济发展阶段和住房市场发展阶段的变化，需要加快住房制度改革，引导包括房地产开发企业、规模化的租赁企业、各类机构投资者和个人住房拥有者在内的各类市场主体能够提供更多高品质、可负担的住房。在这一过程中，要特别重视完善租赁市场体系，提高租赁住房使用效率，真正形成多主体供应、多渠道保障和租购并举的新格局。

### （三）完善房地产长效机制

中国住房发展阶段的转变和发展目标的调整，对房地产市场长效机制提出了更高要求。研究出台房地产长效机制，需要在理顺金融、土地、税收、住房保障等政策作用机理的基础上，抓住造成房地产市场大起大落的主要因素，加快健全各项基础性制度，建立起前瞻性、可预期的政策调节机制。

在住房金融制度和政策方面，一是建立住房贷款利率和首付比例反向调节的中性住房金融机制。要吸取美国、日本等经济体住房金融政策调整过频过快导致住房市场大起大落的深刻教训，在中国房地产市场从供不应求向供求基本平衡、局部过剩转变后，建议实行住房首付和贷款利率反向调整的住房金融政策。在贷款利率下调时，适当上调首付比例，防止因利率政策调整造成购房人支付能力发生重大变化，造成市场需求和房价的大幅波动。鉴于当前住房贷款利率水平处于历史低位、去库存压力也明显缓解，热点城市房价上涨压力仍然存在，为稳定房地产市场，建议因地制宜对热点城市适当上浮首付要求。二是在改革住房公积金制度的基础上，尽快设立国家住宅政策性金融机构，为居民合理住房消费提供长期稳定的低利率资金支持。三是严格限制银行信贷和表外资金以及各类债券资金等金融资源流向投资投机性购房，加强开发企业购地资金合规性审查。

在住房用地制度和供应体系方面，一是拓宽居住用地多主体供应渠道。积极研究在权属不变、符合规划条件下，非房地产企业依法取得的土地作为住宅用地的实施办法，深化利用农村集体经营性建设用地建设租赁住房试点。二是完善房地产用地供应机制、合理确定供应结构。落实“人地挂钩”政策，根据人口流动情况分配建设用地指标，根据当地房地产总体供求情况和阶段性供求形势变化确定土地供应规模、把握供应节奏。对那些房价上涨压力大的热点城市要合理增加商品住房用地供应，特别要防止租赁住房用地规模提高挤压商品住房用地供应量。三是加强闲置用地处置的执行力，盘活闲置和低效用地，提高土地有效供应能力。

在住房税收制度和政策方面，一是加快房地产税立法。按照“立法先行、逐步推进”的原则，构建以房地产税为核心的地方住房税收体系，在保持房地产总体税负基本不变的前提下，进一步调整契税等交易环节税收。二是加快建立个人住房信息系统全国联网。在确保个人信息安全的前提下，尽快将住房信息系统联网从当前主要大中城市向全国所有城镇覆盖。

在完善住房保障制度和政策方面，经过长期努力尤其是 2011 年以来大规模启动保障性安居工程建设后，截至 2015 年年末城镇家庭住房保障覆盖率①已达到 20.5% 左右。考虑到中国住房总量不足的矛盾已基本解决、城镇中低收入住房困难家庭已基本纳入住房保障范围，建议调整和优化住房保障供应体系，提高货币补贴在住房保障方式中的比例，将住房保障方式逐步从“补砖头”向“补人头”转变，以此推动住房统一市场体系的形成，在此基础上逐步解决住房种类过多带来的市场分割问题。

在建立市场监测预警体系方面，房地产长效机制的建立并不意味着政策一成不变，而是要建立稳定、可预期的政策调节机制，这就要求对住房

① “住房保障覆盖率”是指城镇常住家庭户数（2015 年按 26052.7 万户计算）中通过保障性住房和棚户区改造改善住房条件的家庭户数比例。

供求情况的动态监测和前瞻性研判，特别是要重视分析人口总量和结构、土地供应、新开工、销售、首付和贷款利率等因素变化对近中期房地产市场的影响机理，抓住影响市场波动的主要因素，提高市场调控的针对性和前瞻性。

**（四）理顺中央政府和地方政府在房地产市场管理和调控中的关系**

从各国房地产政策的演变历程看，在住房处于严重短缺时期，各国的住房政策总体以中央政府主导为主。此后，随着经济社会发展形势的变化和住房短缺问题的解决，各国的住房政策决策体系开始更加强调地方政府的作用，地方政府在住房规划、土地使用、住房保障等方面发挥越来越重要的作用。中国房地产市场发展阶段的变化和区域市场差异性的增强，也需要进一步理顺中央政府和地方政府在房地产市场管理与调控中的关系。中央部门宜负责制定和执行全局性、战略性、引导性的房地产政策，并做好房地产金融政策的宏观审慎管理，而房地产供给调控与住房保障的具体措施宜遵循属地管理原则，由地方政府负责，给地方更大的自主权，制定更适应本地特点、更有针对性的政策，避免全国政策“一刀切”。

执笔人：邓郁松　邵　挺

第八章

# 去杠杆工作成效与下一步工作思路

2017 年 12 月召开的中央经济工作会议明确指出，打好防范化解重大风险攻坚战，重点是防控金融风险。防控金融风险的重要目标是使宏观杠杆率得到有效控制。为此，有必要在科学准确测算宏观杠杆率的基础上，客观评估中国去杠杆工作的进展和成效，并针对去杠杆面临的挑战和存在的不足，确定下一步工作思路。

## 一、宏观杠杆率的测算口径

评估去杠杆工作成效的基本前提是对宏观杠杆率进行科学、相对准确的测算。在研究和政策实践中，通常用“债务余额/GDP”来度量宏观杠杆率。测算宏观杠杆率的关键是弄准债务口径，不同机构、不同学者所测算的宏观杠杆率通常存在差异甚至出现显著差异，原因就在于各自确定的债务口径不同。本文首先讨论并明确测算宏观杠杆率的债务口径，以避免因债务口径选择不当而对宏观杠杆率误测，进而误判去杠杆成效的情况。

### （一）宏观杠杆率测算中的五大常见问题

通过梳理和分析包括国际清算银行（BIS）在内的现有主流测算[①]和学

① 国际清算银行对中国宏观杠杆率的测算口径，见 https://www.bis.org/statistics/totcredit/credpriv_doc.pdf。

术文献①，我们发现对于中国宏观杠杆率进行的测算，容易出现数据源误取、多计债务项、漏计债务项、归类错误和重复计算等五类问题。

**1. 数据源误取**

若对不同数据源数据的内涵及权威性认识不准，又缺乏对数据的交叉验证，测算时易出现数据源误取问题，比如错误选择企业债券数据源和错误选择国债余额数据源。

错误选择企业债券数据源。企业债券有社会融资规模存量统计、中国人民银行《金融市场运行情况》、Wind 债券专题统计等数据源，相互之间存在差异。2017 年 6 月末，社会融资规模存量统计中，企业债券存量为 17.67 万亿元；中国人民银行《金融市场运行情况》中，公司信用类债券托管余额 16.30 万亿元；Wind 债券专题统计中各类企业债券②加总值为 18.20 万亿元。从数据权威性看，宜采用社会融资规模存量统计的企业债券数据。若选取《金融市场运行情况》数据和 Wind 债券专题统计数据，总杠杆率将分别被低估 1.75 个百分点和高估 0.67 个百分点。

错误选择国债数据源。国债数据有财政部国债余额、国债债券托管量和 Wind 债券专题统计等数据源。2016 年末，三者分别为 12.01 万亿元、12.10 万亿元和 12.00 万亿元，差异虽然不大，但内涵有较大不同，仍需避免混淆。财政部国债余额数据包括中央政府负有偿还责任的国债债券、国际金融组织和外国政府贷款两类，从数据权威性和内涵看，宜选用该数据源。国债债券托管量数据则包括中债登记账式国债债券托管量、中债登储蓄国债（电子式）托管量和中证登的国债存管面值，三者相加方为国债债券托管余额，若选择托管余额为数据源，不能单独用其中任何一项数据。

① 如朱鸿鸣和薄岩（2016），李扬、张晓晶和常欣（2013，2015），牛慕鸿和纪敏（2013），中国人民银行杠杆率研究课题组（2014）。

② 包括企业债、公司债、中期票据、短期融资券、定向工具、政府支持机构债、交易商协会 ABN、证监会主管 ABS、可转债和可交换债。

**2. 多计债务项**

在对债务统计原则、债务内涵及部分金融指标内涵把握不准的情况下，测算易犯多计债务项的错误。比如，将负债混同于负债、多计未贴现银行承兑汇票、多计金融机构发放的境外贷款、多计对非银行业金融机构发放的贷款和多计股票融资，等等。

将负债混同于债务。负债和债务在中文语境中表述相似，日常运用中常混用，测算时易混同。实际上，负债（Liability）和债务（Debt）有重大差异，前者是会计概念，后者是金融概念。从杠杆率测算视角看，债务是负债中的有息负债，通常经由金融体系提供。2017 年 6 月末，全部 A 股非金融类上市公司负债余额为 29. 81 万亿元，债务余额估计[①]为 13. 26 万亿元，债务余额占比仅为 44. 5%。若将负债等同于债务，将导致债务余额和杠杆率的严重高估。

误将未贴现银行承兑汇票计入。社会融资规模统计纳入了未贴现银行承兑汇票，以反映金融体系服务实体经济情况。银行承兑汇票为企业间商业信用提供担保，纳入银行统一授信管理，的确是银行服务实体经济的重要方式。不过，它是银行的一种担保业务，在未承兑之前并不新增债务，一旦承兑便作为票据融资纳入贷款统计中，因此无须专门作为债务项计入。2017 年 6 月末，未贴现银行承兑汇票余额 4. 47 万亿元，误计会导致总杠杆率被高估 5. 71 个百分点[②]。

误将金融机构境外贷款计入。杠杆率公式的分母是国内生产总值，核算的是经济体内常住单位一定时期内生产活动的最终成果。作为分子的债务余额，其统计范围应与分母保持一致，即经济体内常住单位债务余额。金融机构境外贷款是金融机构为境外经济主体提供的贷款，并不是常住单

---

① 测算公式为“债务 = 短期借款 + 长期借款 + 应付短期债券 + 应付债券 + 一年内到期的非流动负债”。考虑到委托贷款、信托贷款等债务未纳入估算，测算结果存在一定低估。

② 2017 年 6 月末杠杆率公式为“杠杆率 = 债务余额/截至 2017 年 6 月末的近 4 个季度累计 GDP”。

位的债务，不能纳入债务余额计算。2017 年 6 月末，金融机构境外贷款余额 3.47 万亿元，误计会导致总杠杆率被高估 4.43 个百分点。

误将对非银行业金融机构贷款和股票融资纳入。金融机构贷款包括为住户贷款、非金融企业及其他部门贷款、非银行业金融机构贷款。以贷款为基础计算非金融部门债务余额时，需扣除非银行业金融机构贷款。股票融资纳入社会融资规模统计，若以社会融资规模为基础计算债务余额，也需扣除。2017 年末，非银行业金融机构贷款余额和股票融资存量分别为 7113 亿元和 6.43 万亿元，误计会导致杠杆率被高估 0.91 个和 8.21 个百分点。

**3. 漏计债务项**

若对中国金融体系全貌、债务统计原则和指标内涵把握不到位，测算时易犯漏计债务项错误。比如，漏计证券业资本中介业务提供的债务融资，漏计保险业直接提供的债务融资、漏计银行理财提供的债务融资、漏计证券业资管提供的债务融资、漏计外债[①]，等等。

漏计证券业资本中介业务提供的债务融资。2010 年以来，证券公司大力发展资本中介业务，以融资融券、股票质押式回购、约定购回式证券交易[②]等方式，直接向居民和企业提供了大量债务融资。2017 年 6 月末，融资融券余额和股票质押式回购待回购余额分别为 8797 亿元[③]和 15200 亿元，将其漏计会分别导致总杠杆率低被估 1.12 个和 1.94 个百分点。

漏计保险业直接提供的债务融资。保险业除通过投资债券间接提供债务融资外，还通过发放保户质押贷款、设立债权投资计划和股权投资计划（绝大部分为名股实债）等方式直接为非金融部门提供债务融资。2017 年

---

① 此外还有漏计银行已转让不良债权的情形。将不良资产转让给资产管理公司（AMC）及其他合格主体是不良资产处置的重要方式，但转让本身并不意味着债务的消除。囿于数据可获得性，关于近年来杠杆率的测算暂不将其纳入。

② 约定购回式交易待回购余额较小且缺乏全国层面数据。

③ 2015 年 6 月末，融资融券余额曾高达 2.05 万亿元，漏计会导致当时的居民部门杠杆率被低估 3.08 个百分点。

6 月末，保户质押贷款和债权投资计划提供的融资额估计在 1.4 万亿元左右，漏计会导致总杠杆率被低估 1.8 个百分点左右。

漏计银行理财产品提供的债务融资。近年来，银行理财市场快速发展，2017 年 6 月末规模已达 28.4 万亿元。银行理财资金除配置债券间接提供债务融资外，还通过投资非标准化债权类资产（以下简称“非标”）、权益类投资（绝大部分是名股实债）、理财直接融资工具等方式直接为非金融部门提供债务融资，已成为影子银行主要组成部分之一。2017 年 6 月末，扣除“非标”中的委托贷款和信托贷款后，银行理财市场向非金融部门直接提供的债务融资估计达 7.42 万亿元，漏计会导致总杠杆率被低估 9.22 个百分点。

漏计证券业资管产品提供的债务融资。证券业资管业务中，券商资管和基金子公司专户通过投资“非标”为非金融部门直接提供融资，也是影子银行的重要组成部分。2017 年 6 月末，券商资管和基金子公司专户规模分别达到 18.10 万亿元和 8.59 万亿元，扣除投向委托贷款、信托贷款的资金外，向非金融部门直接提供的债务融资估计至少超过 9200 亿元，漏计会导致总杠杆率被低估 1.19 个百分点。

漏计体现为资产支持证券的居民部门债务。近年来，资产证券化快速发展，以居民债务（如个人住房贷款、信用卡贷款、汽车贷款、公积金贷款、消费性贷款、保单贷款、小额贷款公司贷款等）为基础资产的资产证券化规模也快速增长。2017 年 6 月末，这类资产证券化的规模为 5388 亿元，漏计会导致总杠杆率和居民部门杠杆率被低估 0.7 个百分点。

漏计外债。债务余额的统计范围需与 GDP 核算范围一致，常住单位举借的外债也需计入。2017 年 6 月末，扣除国债余额和地方政府债务中已经纳入计算的部分，满足债务标准的外债估计为 1.07 万亿元，漏计会导致总杠杆率被低估 1.37 个百分点。

**4. 归类错误**

估算企业、居民和政府部门杠杆率时，需要将各类债务归类于具体部门，这一过程中容易出现归类错误，导致相关部门多计或漏计债务。常见情形包括：将委托贷款全部归类为企业部门债务，将类金融组织提供的债务融资归类为企业部门债务，将企事业单位举借的政府负有偿还责任债务归类为企业部门债务，将未纳入国债余额的中央政府债务归为企业部门债务，不将政府或有债务纳入政府部门债务。其中，前两种情形为居民与企业部门之间的归类错误，后三种情形为企业部门与政府部门之间的归类错误。

误将委托贷款全部归类为企业部门债务。目前，公积金贷款由住房公积金管理中心委托银行发放，计入委托贷款。委托贷款不仅包括企业部门债务，还包括以公积金贷款为代表的居民部门债务。2017 年 6 月末，公积金贷款余额达到 4. 28 万亿元，若误归入企业部门债务，会导致居民和企业部门杠杆率分别被低估和高估 5. 46 个百分点。

误将类金融组织提供的债务融资计入企业部门债务。除金融机构外，小额贷款公司、典当行、P2P 机构等类金融组织也向非金融部门提供债务融资。总体来看，这些债务既包括居民部门债务，也包括企业部门债务。由于无法具体切分，考虑到成本较高、单笔单户平均金额较小，多为居民部门的短期、消费类债务，即便是企业债务也通常有企业主个人财产或个人无限责任担保，宜归为居民部门债务。2017 年 6 月末，以上三类债务合计 2. 22 万亿元，将其列入企业部门债务会导致居民和企业部门杠杆率分别被低估和高估 2. 84 个百分点。

误将未纳入国债余额的中央政府债务归为企业部门债务。中央财政国债余额情况表中披露的国债余额仅包括国债债券、国际金融组织和外国政府贷款。除此之外，中央政府仍有部分负有偿还责任的债务，主要是偿付金融机构债务，以及部分政府部门及所属单位举借的债务。根据国家审计署 2013 年末公布的《全国政府性债务审计结果》，2012 年末这类债务的规模估计在 1. 6 万亿元左右，若在政府债务中漏计，将导致 2012 年末政府部门和企业部门杠杆率分别被低估和高估 3. 05 个百分点。

误将政府或有债务全部归类为企业部门债务。中央政府对政府支持机构债券负有一定救助责任；地方政府对部分国有企业、公用事业单位债务负有担保责任或一定救助责任。从审慎性原则看，这些债务应按一定比例折算计入政府债务。国家审计署 2013 年末发布的《全国政府性债务审计结果》在计算政府总债务率时，就分别按 19. 13% 和 14. 64% 对政府负有担保责任和一定救助责任债务进行了折算。此外，部分地方政府违规举债，可能也积累了部分潜在的负有偿还责任但以企业为举借主体的债务。这些债务若都归类为企业部门债务，会导致企业部门债务的严重被高估。

**5. 重复计算**

重复计算也是杠杆率测算中易出现的错误，比如影子银行债务中的重复计算和重复计算非政府债券类政府债务。

影子银行债务中的重复计算。委托贷款和信托贷款是银行理财、券商资管和基金子公司非标准化债权投资的重要投向，在加总债务时需要将其剔除。2016 年 6 月末，银行业理财投资的信托贷款和委托贷款合计达 1. 32 万亿元；2016 年年末，券商定向资管投资信托贷款和委托贷款合计达 3. 23 万亿元；基金子公司专户投资信托贷款和委托贷款合计达 2. 18 万亿元。若不将其剔除，总杠杆率将被高估 8 个百分点以上。此外，由于银行理财是券商资管和基金子公司专户的主要资金来源，银行理财提供的债务融资与券商资管和基金子公司专户提供的债务融资之间有重复计算部分，需将其剔除。

重复计算非政府债券类政府债务。在地方政府举债行为规范之前，不少政府负有偿还责任债务通过企事业单位举借，形成了大量非地方政府债券类地方政府债务。尽管 2015 年以来进行了大规模地方政府债务置换，但 2017 年 6 月末非地方政府债券类地方政府债务估计仍达 3. 44 万亿元，在计算企业部门债务和非金融部门债务时，若不将其剔除，将导致企业部门杠杆率和总杠杆率被高估 4. 40 个百分点。

### （二）以上五大问题对宏观杠杆率测算的总体影响

以上五大问题对当前中国宏观杠杆率测算的影响包括以下三个方面。

一是导致对总杠杆率水平的测算出现较大偏差。国际清算银行数据显示 2016 年年末中国总杠杆率为 257.70%，比我们的测算结果高出 14.7 个百分点。

二是导致对杠杆结构的误判。根据我们的测算，2016 年年末，居民部门杠杆率已达 54.8%，比国际清算银行同期数据高出 8.4 个百分点，也显著高于大部分测算结果。此外，若企业部门债务中没有剔除政府隐性债务，企业部门杠杆率将被严重高估。

三是可能导致对杠杆率重大边际变化的判断出现重大偏差。比如，关于企业杠杆率，国际清算银行数据和一些国内机构测算结果显示 2016 年已出现下降。但是，根据我们的测算，2016 年第三季度以来至 2017 年第三季度末，企业部门杠杆率虽然增幅放缓但仍呈现出不慢的上升态势。

### （三）本文选取的宏观杠杆率测算口径

宏观杠杆率通常是指非金融部门债务余额与 GDP 之比。若按部门进行分解，宏观杠杆率还可以分为政府部门杠杆率、企业部门杠杆率和居民部门杠杆率，它们分别是各部门债务与 GDP 之比。以下是总杠杆率和各部门杠杆率的测算口径①。

非金融部门债务余额测算既要避免多计债务也要避免漏计债务。考虑数据可得性因素，非金融部门债务余额应包括以下债务项（19 项），即企业债券余额、非金融企业及机关团体贷款余额、信托贷款余额、除公积金贷款外的委托贷款余额、银行理财直接提供的除信托贷款及委托贷款外的债务融资、股权质押式回购待回购余额、券商资管及基金子公司专户中由

---

① 需要说明的是，随着金融创新和数据可得性的变化，宏观杠杆率的测算口径需要随之调整。比如，2010 年之前测算宏观杠杆率，就不需要考虑融资融券、股权质押式回购、券商资管及基金子公司专户、P2P 待还余额等债务。

非银行理财资金提供的扣除信托贷款及委托贷款后的债务融资、保险业债权及股权投资计划注册额、企业外债余额、居民银行贷款余额、公积金贷款余额、基础资产为居民部门债务的资产证券化、融资融券余额、保户质押贷款余额、小额公司贷款余额、典当余额、P2P 待还余额、国债债券余额、地方政府债券余额。

居民部门债务余额测算应着力避免漏计、低估债务。居民部门债务余额应包括以下债务项（8 项），即居民银行贷款余额、公积金贷款余额、基础资产为居民部门债务的资产证券化、融资融券余额、保户质押贷款余额、小额公司贷款余额、典当余额、P2P 待还余额。

政府部门债务余额测算应避免漏计、低估债务。政府部门债务余额应包括以下债务项（5 项），即国债债券余额、国际金融组织和外国政府贷款、未纳入国债余额统计的中央政府债务、地方政府债券余额、非政府债券类地方政府债务[①]。在数据可获得情况下，可考虑将政府或有债务按合理比例折算计入。

企业部门债务余额测算既要避免多计，也要避免漏计债务。囿于数据可获得性，在难以剔除企业部门承担的政府隐性债务情况下，建议暂用“广义企业部门杠杆率”替代企业部门杠杆率。广义企业部门债务余额应包括以下债务项（11 项），即企业债券余额、非金融企业及机关团体贷款余额、信托贷款余额、扣除公积金贷款后的委托贷款、银行理财直接提供的除信托贷款及委托贷款外的债务融资、股权质押式回购待回购余额、券商资管及基金子公司专户中由非银行理财资金提供的扣除信托贷款及委托贷款后的债务融资、保险业债权及股权投资计划注册额、企业外债余额、未纳入国债余额统计的中央政府债务、非地方政府债券类地方政府债务。其中，后两项为扣除项。

---

① 地方政府非政府债券类债务中有部分是非金融类债务（如集资、未付款、企业垫资等），直接扣除会出现一定误差，但总体上误差较小。

## 二、中国去杠杆已取得阶段性成效

过去几年来，中国坚持稳中求进工作总基调，坚定推进供给侧结构性改革，从稳增长、控总量、强监管等方面综合施策，着力深入推进去杠杆，在避免陷入债务通缩陷阱、保持金融运行基本稳定的同时，取得了总杠杆率和企业部门杠杆率由升趋稳，市场化部门杠杆率下降，金融体系内部杠杆降低等阶段性成效，资金空转、“脱实向虚”和风险积聚的势头得到初步遏制。

首先，成功避免了陷入债务－通缩陷阱。杠杆具有很强的周期性，经济下行周期通常也是债务积累和杠杆率提升的时期。由于债务－通缩机制①的存在，若价格水平偏低，去杠杆存在较高的陷入债务－通缩陷阱的风险，即很可能出现杠杆率越去越高的恶性循环。2014～2016 年，中国去杠杆面临价格指数水平持续偏低的挑战，这三年的 GDP 平减指数为 0.89%、0.1%和 1.21%。在这一宏观背景下，去杠杆不仅要有技术性方案、“正确地做事”，更要有战略和策略性安排，创造并抓住有利时机和机会窗口做正确的事。得益于坚持以供给侧结构性改革为主线，并辅之以稳健中性的货币政策，保持货币信贷适度增长，中国避免了债务－通缩陷阱，并在 2017 年随着名义 GDP 增速的快速回升而取得去杠杆的积极成效。

其次，宏观杠杆率和广义企业部门杠杆率②开始转入由升趋稳的轨道。初步测算，2017 年第三季度末中国非金融部门杠杆率和广义企业部门杠杆率分别为 252.3% 和 154.9%，虽仍较年初分别上涨 9.1 个和 5.4 个百分

① 即去杠杆所带来的清偿压力和流动性收缩，导致价格水平下降和实际债务上升，从而出现债务越去越多的情形。见费雪（2007）。

② 含以企业债务形式存在的政府负有担保及一定救助责任的债务。

点，但同比少增 8. 9 个和 7. 5 个百分点，增幅较上年同期下降 49. 4% 和 58. 1%，杠杆率快速攀升势头得到遏制，去杠杆在稳杠杆意义上已取得初步成效（见图 1）。

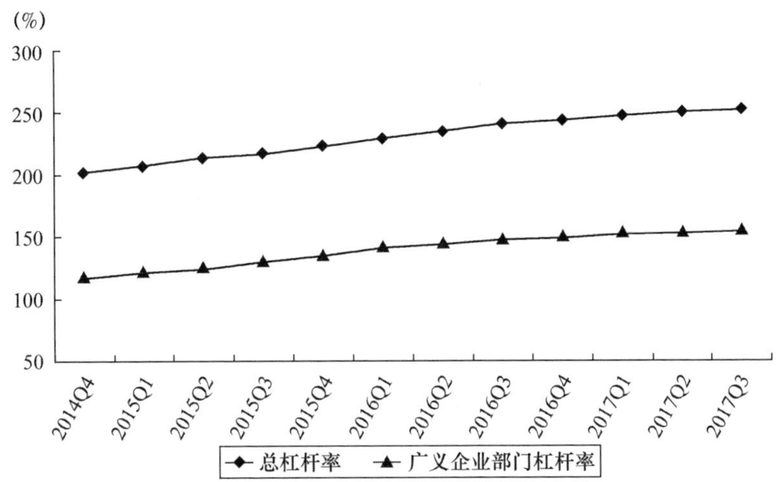


**图 1　2014 年以来总杠杆率和广义企业部门杠杆率情况**

资料来源：笔者测算。

再次，市场化程度较高行业的降杠杆进程已实质性启动。制造业和批发零售业民间投资占比均在 85% 以上，市场化程度高，分别于 2014 年和 2016 年实质性地开启了降杠杆进程。2014 ~ 2016 年以及 2017 年上半年，制造业获得的商业银行贷款、企业债券融资和信托资金合计分别增长 5. 9%、3. 6%、3. 1% 和 2. 5%，显著低于同期名义 GDP 增速，三类债务余额占 GDP 比重逐期下降 0. 5 个、0. 7 个、1. 0 个和 0. 6 个百分点。2016 年和 2017 年上半年，批发和零售业三类债务合计增长 5. 8% 和 2. 5%，占 GDP 比重分别下降 0. 3 个和 0. 4 个百分点（见表 1）。

最后，金融体系内部杠杆有所下降。一是资产规模膨胀势头得到遏制。2017 年，银行业总资产增长 8. 7%，增速同比下降 7. 1 个百分点；券商资管规模萎缩 4. 5%，基金公司及基金子公司专户规模萎缩 17. 8%。二是同业杠杆降低。2017 年，银行同业业务自 2010 年以来首次萎缩，同业理财减少 3. 4 万亿元；银行理财因增速大幅下降而少增 5 万多亿元，银行

表1　　制造业和批发零售业去杠杆情况　　单位：亿元,%

| 时间 | 制造业 | | | | | 批发零售业 | | | | |
|---|---|---|---|---|---|---|---|---|---|---|
| | 商业银行 | 债券 | 信托 | 债务小计 | 杠杆率 | 商业银行 | 债券 | 信托 | 债务小计 | 杠杆率 |
| 2013 | 120101 | 16117 | 5147 | 141365 | 23.7 | 78722 | 2636 | 4621 | 85979 | 14.4 |
| 2014 | 125438 | 19251 | 5000 | 149689 | 23.2 | 88361 | 3548 | 4573 | 96482 | 15.0 |
| 2015 | 128304 | 22609 | 4098 | 155011 | 22.5 | 94064 | 4935 | 5072 | 104071 | 15.1 |
| 2016 | 130340 | 24411 | 5126 | 159878 | 21.5 | 96658 | 5756 | 7696 | 110110 | 14.8 |
| 2017Q2 | 135284 | 23250 | 5351 | 163885 | 20.9 | 98957 | 5610 | 8290 | 112857 | 14.4 |

资料来源：银监会年报、2017年上市银行半年报、中国信托业协会、Wind数据库。

通过“特殊目的载体”投资少增约10万亿元。三是金融市场杠杆结构也有优化，银行间市场“借短钱”比重下降，2017年前8个月，银行间市场隔夜回购交易量占比和隔夜拆借交易量占比分别下降6.2个和1.6个百分点。

## 三、进一步推进去杠杆仍面临不少问题和挑战

在看到去杠杆取得积极成效的同时，也必须认识到进一步推进去杠杆仍面临债务累积速度仍然较快、居民部门杠杆率快速上升、地方政府对债务依赖程度仍然高等挑战。

一是债务累积速度仍然较快，稳杠杆对价格回升效应依赖程度高。2017年前三季度，非金融部门债务新增22.0万亿元，债务余额同比增速虽有所下滑，但仍高达16.3%。总杠杆率由升趋稳，主因是价格回升带来的存量债务稀释效应，其贡献度高达93.4%。若2017年前三季度GDP平减指数仍保持上年同期水平，2017年9月末总杠杆率将达到260.4%，减增幅度仅为0.6个百分点。价格效应将逐步减弱，若去杠杆的主要动能无法顺利从价格效应转向降低信贷累积速度，去杠杆的可持续性将面临较大挑战。

二是居民部门杠杆率上升较快，杠杆结构恶化风险不容忽视。初步测算，2017 年 9 月末居民部门杠杆率[①]高达 59.2%，已超过日本、德国、法国 2017 年第二季度末的水平（见图 2），较 2012 年末增加 24.7 个百分点，增幅超出次贷危机前美国的增幅。与企业部门和政府部门加杠杆不同，居民部门快速加杠杆极易推高资产价格，累积资产价格泡沫风险，加剧金融与实体经济、房地产与实体经济的失衡。2015 年年中股市异常波动，2016 年一线城市和热点二线城市房价泡沫化，2017 年三、四线城市房价较快上涨无不与居民部门快速加杠杆相关。居民加杠杆并不能换取企业去杠杆，即便对房地产企业也是如此。根据我们的测算，2014～2016 年居民部门大幅加杠杆，但房地产企业杠杆率[②]上升了 1.8 个百分点。此外，居民部门债务（以住房按揭贷款为主）属于非生产性债务，主要用于支持存量资产交易，对“双创”和 GDP 增长贡献小。居民部门杠杆率快速增加不仅不是杠杆结构优化，还会在推高总体杠杆率的同时，恶化杠杆结构，累积系统性金融风险。

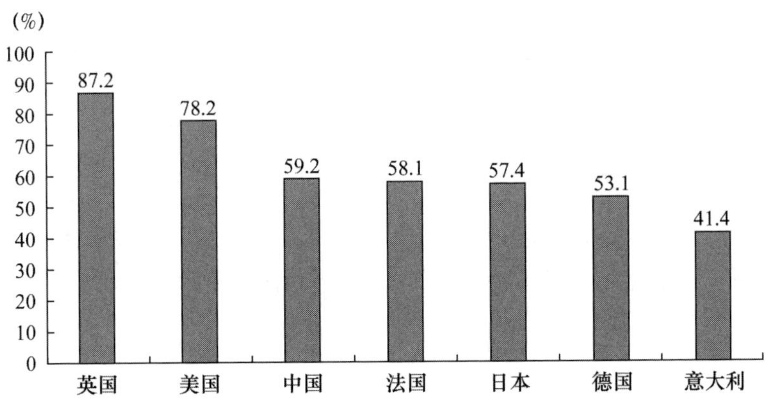


**图 2　全球主要经济体居民部门杠杆率情况**

注：中国数据为 2017 年第三季度末数据，其他经济体数据为 2017 年 2 月末数据。

资料来源：笔者测算，国际清算银行（BIS）。

---

① 含居民部门银行贷款、公积金贷款、融资融券、保护质押贷款、基础资产为居民部门债务的资产支持证券和类金融机构提供的债务融资。

② 为房地产企业商业银行贷款、企业债券和信托融资三类债务合计与 GDP 的比率。

三是地方政府对债务扩张依赖度仍然较高，地方国有企业债务规模膨胀速度仍然较快。目前，基础设施投资是地方政府稳增长的主要抓手。基础设施投资中民间投资比重低，高度依赖地方政府和国有企业的举债投入。2014 年以来，市场化程度高的企业部门杠杆率总体下降，但广义企业部门杠杆率仍有大幅上升，主因是地方国有企业债务快速上升。根据我们的测算，考虑地方政府债务置换因素后，2015 年、2016 年和 2017 年上半年，地方国企负债实际增速估计至少达到 17.4%、19.2% 和 15.4%。只有有效抑制地方国企债务增速，企业去杠杆才能取得实质性进展。

## 四、下一步深入推进去杠杆的工作重点

下一步，需要充分利用经济趋稳和价格水平回升等难得的有利局面，在坚持近年来去杠杆经验基础上，着力从以下几个方面着手，促进形成金融和实体经济、金融和房地产、金融体系内部的良性循环，推动中国经济去杠杆不断取得新进展。

一是进一步完善宏观调控，为去杠杆创造适宜的宏观经济金融环境。完善宏观调控的关键是把握好稳增长和去杠杆的平衡。一方面，着力推动高质量发展，缓释稳增长可能带来的加杠杆压力。另一方面，仍要适度扩大总需求，坚持稳健中性货币政策，把握好去杠杆节奏，维持价格水平和名义 GDP 增速基本稳定，避免去杠杆陷入越去越多的怪圈。此外，要完善与去杠杆相关的宏观调控工作的统计基础，加快推进金融业综合统计，尽快完善社会融资规模存量统计制度，提高其反映非金融部门债务的全面性和准确性。

二是以地方国企去杠杆为主攻方向，推动企业部门去杠杆。地方国企债务中隐藏了大量地方政府隐性债务，要将地方国企去杠杆与治理地方政府性债务结合起来，从严明财政纪律，建立终身问责、倒查责任机制，加大金融监管，深化地方国企改革等方面综合施策。严格财政纪律，杜绝为

地方国有企业融资提供任何形式的违规担保，对违规担保责任人和主管干部严格问责。金融管理部门应建立与地方债务风险挂钩的地方国企债务风险权重调整机制，调高高债务风险地区地方国企债务的风险权重；限定地方国有金融机构对当地地方国企的授信集中度；将地方国企债务增速宏观审慎评估体系。深化地方国企改革，推动地方国企上市，加快融资平台市场化转型。考虑到地方国企实质性承担了稳增长职能，注意把握地方国企去杠杆节奏，短期内宜以降低债务增速即稳杠杆为主要目标。

三是破除以居民杠杆换企业杠杆的认识误区，抑制居民部门杠杆率过快上升。国际经验和近年来去杠杆实践均表明，居民部门从来不应是杠杆腾挪的主攻方向，需要着力破除以居民部门与企业部门进行杠杆转换的认识误区。完善房地产宏观审慎管理政策，综合利用利率上浮、首付比上浮等手段，抑制居民加杠杆投机房市的冲动。加强对银行住房按揭贷款的监管，将住房抵押贷款风险权重由50%提高至75%或100%，加大对首付资金真实性审核。加强对消费金融公司监管，强化信贷领域的金融消费者权益保护。

四是加快完善债务处置政策体系，推动存量债务风险化解。加强对债务处置的财税支持，考虑在中央层面和风险集中暴露区域设立不同层级风险处置基金，适当减免债务处置中的相关税收。进一步完善债权人委员会制度，加强地方政府、监管部门、银行业协会对债权人委员会的支持力度。推广金融庭和破产审判庭，推动银行债权纠纷诉调机制改革，构建债务处置的司法保障体系。着力提高打击“逃废债”的力度和有效性。积极稳妥推动市场化法治化债转股。

五是提高金融监管质效，防止金融体系内部再度加杠杆。加强监管协调，尽快出台资管业务统一监管规则。强化穿透式监管，杜绝层层嵌套行为。推动金融机构加快完善风险约束机制，规范治理金融机构的过度激励和约束不足现象。

执笔人：陈昌盛　朱鸿鸣

## 参考文献

[1] 李扬，张晓晶，常欣. 中国国家资产负债表2013：理论、方法与风险评估. 北京：中国社会科学出版社，2013.

[2] 李扬，张晓晶，常欣. 中国国家资产负债表2015：杠杆调整与风险管理. 北京：中国社会科学出版社，2015.

[3] 牛慕鸿，纪敏. 中国的杠杆率及其风险. 中国金融，2013（14）.

[4] 欧文·费雪. 繁荣与萧条. 北京：商务印书馆，2014.

[5] 中国人民银行杠杆率研究课题组. 中国经济杠杆率水平评估及潜在风险研究. 金融监管研究，2014（5）.

[6] 朱鸿鸣，薄岩. 中国全社会及各部门杠杆率测算. 重庆理工大学学报（社会科学版），2016（2）.

# 第九章

# 区域经济：防风险与拓空间

回顾 2017 年区域经济的发展可以发现，“冰火两重天”的局面仍未改变。一方面，一些地区纷纷调整自身的历史经济数据，挤干水分。当然这是响应党中央提出的新发展理念推动高质量发展所作出的正确选择。但是也反映出这些地区较大的经济下行压力。另一方面，一些地区仍然保持 10% 左右的经济增长速度，继续引领区域经济增长。如西南地区多数省份 2017 年的经济增速接近或超过 10%，而且已经持续多年。本区域报告将总结区域发展出现的一些新现象，并着重分析区域经济可能存在的风险及未来增长新空间，并提出相应的政策建议。

## 一、区域经济发展的新现象

整体来看，2017 年区域经济增长的格局没有出现实质性变化：西南地区和多数中部地区省份继续在区域经济增长中处于领先位置，其中西南地区的贵州、西藏和重庆经济增速都在 10% 左右，其他很多省份经济增速都在 8% 以上；而东北三省、华北部分省市和西北个别省份的 GDP 增长速度大幅低于全国平均水平，其中内蒙古、甘肃和辽宁 3 个省份的经济增速都在 5% 以下。

### （一）经济下滑省份减少，但部分省份下滑幅度加大

与 2016 年一样，2017 年多数省份的经济增长速度都在下滑。不过

经济下滑的省份数量有所下降，由2016年的26个减少到2017年的20个。但是需要特别指出的是，部分省份经济下滑的幅度在加大，经济增速下滑1~2个百分点的省份数量由2016年的1个（新疆）增加到2个（吉林、重庆）；经济增速下滑2个百分点以上的省份数量由2016年的1个（辽宁）增加到3个（天津、内蒙古、甘肃）（见图1）。从空间角度来看，这种下滑幅度的加大表现为区域经济的一个新变化：即华北地区和西北地区的个别省份经济增速出现“断崖式”下滑。如天津由21世纪以来一直保持的9%以上的速度，一年之内下滑至2017年的3.6%；内蒙古由持续约3年7%左右的增速下滑至2017年的4%；甘肃则由持续约3年7%左右的增速下滑至2017年的3.6%。尽管这些大幅度下滑部分源自前期数据的水分（参见下文），但仍然凸显出这些地区经济持续下行的较大压力。

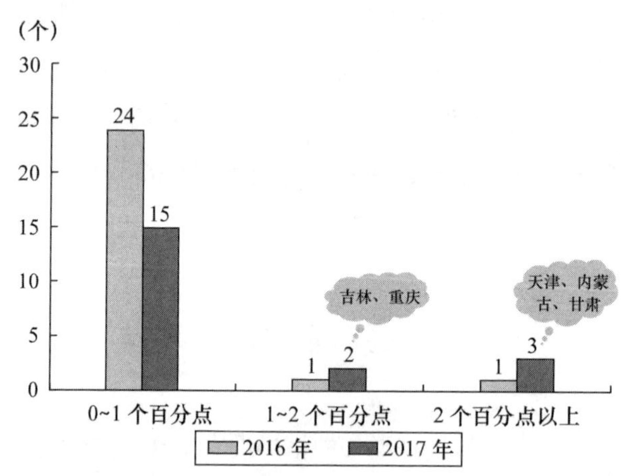


**图1　经济增速较上年下滑的省份统计**

资料来源：Wind数据库，作者计算。

### （二）个别省份大幅调整自身经济数据

2017年以来个别省份开始公开经济数据造假问题。2017年年初，辽宁省政府工作报告公开指出，“辽宁省所辖市、县财政普遍存在数据造假行为，且呈现持续时间长，涉及面广、手段多样等特点……除财政数据外，其他经济数据也存在不实的问题”。2018 年年初，内蒙古和天津又公开承认数据造假。2018 年 1 月 3 日，内蒙古自治区党委调减 2016 年一般公共预算收入 530 亿元，占总量的 26.3%；核减 2016 年规模以上工业增加值 2900 亿元，占全部工业增加值的 40%。紧接着天津滨海新区将 2016 年 GDP 从超万亿元调整为 6654 亿元。尽管之前巡视、督查也暴露出个别地区经济数据弄虚作假，但省级层面公开经济数据水分尚属首次。更值得关注的是，辽宁、内蒙古和天津滨海新区三地对统计数据的调整幅度都非常之大。如内蒙古核减的工业增加值已经占当年地区生产总值的 15.6%；天津滨海新区调减的地区生产总值已经占天津市整体的地区生产总值的 18.8%，而且天津滨海新区调减之后的地区生产总值规模即使忽略价格增长的影响也要低于 2012 年的水平。仔细审视这些省份，可以发现这些省份前期的增长多是过度依赖工业、过度依赖投资。

### （三）东北地区固定资产累计投资首次“止跌”

近些年来，受经济转型等因素的影响，东北地区经济出现了“断崖式”下降，“东北塌陷”成为区域经济分化的一个突出案例。固定资产投资作为反映经济景气状况的重要变量，其波动程度更加明显。从统计公布的数据来看，东北地区固定资产投资累计增速迅速从 2014 年 8 月之前的 10% 以上下降至 11 月的 -1% 左右，之后开始经历了“过山车式”下滑，到 2016 年 6 月下滑幅度达到 32% 左右。自此之后虽然下滑幅度不断收窄，但一直处于绝对下降状况。值得庆幸的是，2017 年 11 月东北地区固定资产累计投资在经历了整整 3 年的负增长之后首次迎来正增长。统计数据显示，2017 年 1～11 月，东北地区固定资产累计投资达到 28473 亿元，累计同比增长 0.1%（见图 2）。全年来看，固定资产累计投资已经与上年持平了。当然也需要看到的是，这一态势的变化可能部分源自对于前期数据的调整。

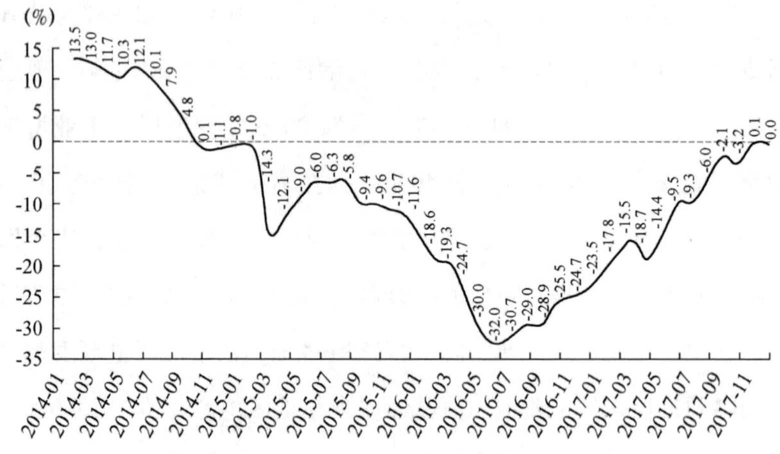


**图2　东北地区固定资产投资累计增速**

资料来源：Wind 数据库。

**（四）国家级新区、自贸区等特殊经济区域布局更均衡、职能更全面**

特殊功能区域战略在区域经济的发展过程中一直扮演着十分重要的角色。近年来在区域经济面临重大转型挑战之际，国家一方面加快了国家级新区、自由贸易区等特殊经济区域的布局；另一方面也赋予了这些特殊经济区域新的职能，突出特殊经济区域的特色和引领作用。就国家级新区而言，从 1992 年到 2012 年的 20 年国家总共只设立了 6 个“国家级新区”，而 2014 年和 2015 年两年就分别设立了 5 个，到目前为止，已经有 19 个省、市、区设立了“国家级新区”。“国家级新区”的布局越来越均衡。另外国家级新区也被赋予更新、更多的职能。最为典型的就是，新设立的“雄安新区”承担着疏解非首都功能的重任；还比如，近年来国家发展改革委连续出台年度《国家级新区体制机制创新工作要点》，指导和支持国家级新区更好地突出自身特色发挥试验示范和引领带动作用。与此同时，在自贸区方面，国家也加快试点经验的复制推广进度。2017 年国家新设立了 7 个自由贸易试验区，自贸区的数量迅速从之前的 4 个扩容到 11 个。这些重要的特殊功能区域战略将对区域经济的发展和转型起着重要的推动作用。

## 二、当前区域经济存在的主要风险

从前面区域经济发展表现出的新特征和新现象中可以看出，区域经济仍然处于重大转型阶段。在这一转型过程中，也蕴含了一些重大风险。这些风险直接影响区域经济未来的发展趋势。

### （一）区域差距存在继续扩大的风险

20 世纪末国家开始出台一系列促进区域协调发展的战略和政策。在这些战略和政策的推动下，区域发展差距自 2004 年开始呈现了不断下降的趋势。然而，2015 年开始，区域差距又开始出现转折性变化，呈现扩大态势。2015 年人均 GDP 最高的省份与最低的省份之比由 2014 年的 4.0 扩大到 4.1。2016 年区域相对差距进一步扩大，这一倍数又扩大到 4.2。

虽然 2017 年各地人均 GDP 数据尚未全部公布，但从已经公布的全年的经济增速来看，区域差距仍将进一步扩大。基于现有的数据，可以推断人均 GDP 水平低于全国平均水平①的省份中有接近一半的省份经济增长的速度低于全国平均水平②。尤其值得关注的是，人均 GDP 水平最低的甘肃 2017 年的经济增长速度只有 3.6%，比全国平均水平低 3～4 个百分点，比人均 GDP 水平最高的北京低 3 个百分点左右。

一直以来，许多学者认为区域发展符合“倒 U 形”，即随着经济发展水平的提升，区域差距会呈现先上升后下降的规律。如果这一规律继续适用，是否意味着近期的区域差距扩大只是一个短期波动？与此同时我们也观察到 27 个 OECD 国家中超过一半的国家在 21 世纪以来区域差距也都呈现扩大趋势，很多学者将其原因归结为全球化和新经济的发展。对比这些

① 这里为各省人均 GDP 经过各省人口加权得到的全国平均水平。

② 这里为各省 GDP 增速经过各省 GDP 总规模加权得到的全国平均水平。

发达国家新的变化趋势，是否意味着近期的区域差距扩大可能会是一种全球趋势？无论区域差距的扩大是短期波动还是长期趋势，这一风险都值得我们关注。

### （二）经济增速大幅下滑的区域面临持续低迷的风险

近些年来区域分化的一个突出表现就是一些严重依赖重化工业和能源工业的省份经济增长速度出现“断崖式”下滑。部分省份经济增速下降到5%以下，个别省份甚至出现了负增长。2016 年以来，部分省份的经济增长速度开始出现回升的态势。如，经历了长达 3 年的低迷增长（4%左右）之后，山西省 2017 年经济增速出现了较大幅度的回升，全年实现了 7%的增长；辽宁省在经历 2016 年的负增长之后，2017 年经济增速也出现了较大幅度的回升，回升幅度达到 6.7 个百分点。短期来看，这种回升更多的源自供给侧结构性改革带动的需求侧大宗商品价格的回升，而非供给侧经济增长动力的根本性转变。更加令人担忧的是，2017 年经济出现较大幅度下滑的省份呈现增多的趋势。

对比国外相关区域的发展转型可以发现，区域经济的转型是一个长期过程。发达国家在经济发展过程中国内的部分区域也出现了类似的现象，如美国的“锈带”地区、德国的“鲁尔”地区。这些区域中既有成功转型的典范，如鲁尔地区；也有深陷衰退困境的案例，如破产的底特律。而且即便是成功转型的地区也经历了很长的转型期。另外，还需要认识到，国内这些区域经济大幅下滑既有其自身体制机制的主观原因，也有全球产业转移等客观原因。因此这些经济增速大幅下滑的区域需要做好长期转型的准备。

### （三）经济转型导致地方政府面临不断加大的财政风险

在经济高速增长趋势不变的条件下，经济增长与政府债务之间往往能够形成良性循环，即政府通过各种方式举债促进投资拉动经济增长，经济增长反过来提升政府的举债和偿债能力。这也是中国过去很多年土地财政支持经济增长的逻辑所在。然而在财政支出刚性增长的情形下，一旦经济高增长的趋势发生变化，这种良性循环就会被打破，进而给地方政府带来巨大的财政风险。最为典型的表现就是部分地区土地财政难以持续，一些显性和隐性地方债面临刚性兑付风险。在一定程度上这也是个别地区在经济大幅下滑的背景下，需要调整前期作假的财政数据的重要原因。从宏观数据来看，财政风险的加大表现为地方债务压力的上升和财政自给率的下降，2012 年以来各地的财政自给率随着经济增速的下滑也出现了不同程度的下降。与 2012 年相比，2016 年超过 2/3 的省份财政自给率出现了下降，其中下降最多的就是辽宁省（见图 3）。2017 年前 11 个月的数据显示，2/3 的省份财政自给率还在继续下降。未来经济转型仍将继续，如何化解地方财政风险将是一项艰巨的任务。

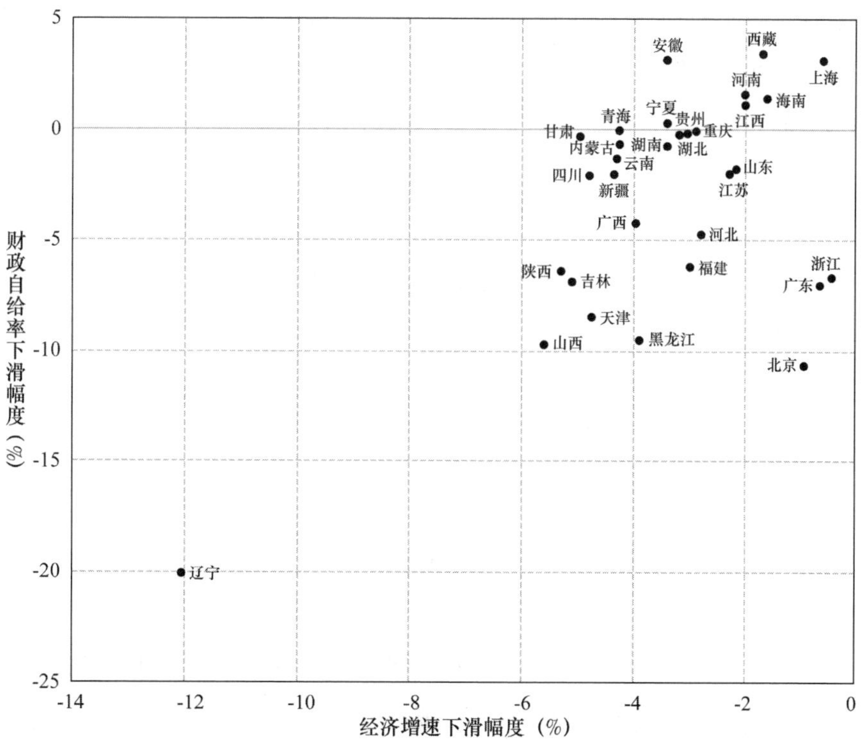


**图 3 各地经济增速的下滑与财政自给率的变动（2012～2016 年）**

资料来源：Wind 数据库。

### （四）中西部地区推进工业化可能面临产业转移加快的风险

近些年来，中西部地区充分利用东部地区产业转移的大好契机和共建“一带一路”的机遇，加快了工业化步伐，推动了经济的较快增长。然而与东部地区相比，留给中西部地区推动工业化的时间可能更短。具体来看，中西部地区进一步推进工业化可能面临两方面的压力。一方面，新技术的发展将削弱中西部地区的劳动力成本优势。近年来新技术尤其是机器人技术的飞速发展使得低技能的劳动力的成本优势越来越弱，而发达地区和发达国家技术和资本优势将更加凸显。2017 年年底联合国贸发组织的一份报告指出，全球发展中国家 2/3 的就业岗位将面临机器人替代的威胁。可见中西部地区依靠低成本劳动力推进工业化的压力越来越大。2017 年以来关于“曹德旺在美投资”的争论恰恰从侧面反映这一问题。另一方面，信息通信技术和基础设施的发展以及全球化进程的推进使得全球产业转移的步伐加快。随着信息通信技术的发展、基础设施连通性的增强以及国家和地区间贸易壁垒的降低，越来越多的落后国家和地区有机会加入全球价值链分工。这对于中西部地区的工业化也构成现实的挑战。

## 三、未来区域经济增长的新空间

展望未来，区域经济发展仍然大有可为。具体来看，区域经济增长的新空间表现在以下几个方面。

### （一）全方位对外开放格局的推进将为区域经济增长带来“开放”新空间

一直以来，由于缺乏区位优势和政策优惠，中西部地区只能通过东部沿海地区间接地、较少地参与全球价值链分工，未能充分分享全球市场的红利。从反映分工参与程度的出口垂直专业化指数来看，中西部地区的价值链参与程度大幅低于沿海地区，不少省份的垂直专业化指数不足 15%。

近些年来，在共建“一带一路”倡议的引领下，联通国内外的基础设施建设明显加快，双边和多边的经贸合作协议和机制正在构建，陆海内外联动、东西双向互济的全面开放新格局正在加速形成。这对一直处于对外开放“后方”的中西部地区而言将是重大机遇，这一机遇将为区域经济增长带来“开放”新空间。事实上已经可以观察到这种新空间的加速拓展的迹象。近些年来，中西部地区参与全球分工的水平正在快速提升。2017 年中部、西部地区出口占全国的份额分别达到 7.7% 和 7.9%，与 2010 年相比，这一份额已经接近翻番了。另外从吸引外商直接投资来看，金融危机之后中西部地区外商直接投资明显加快，尤其是中部地区，其吸引外商直接投资占全国的份额已由 2007 年的 13% 左右上升至目前的 25% 左右。未来全面开放新格局不断深化发展，区域经济增长开放新空间将越来越大。

### （二）各类基础设施的加快发展和国内市场一体化体制机制障碍的消除将为区域经济增长带来“集聚”新空间

集聚带来的规模经济是区域经济增长的重要动力。这也是为什么生产活动在空间上的集聚已成为区域经济增长的普遍特征。集聚的根本原因在于各类基础设施的发展带来的运输成本和体制机制的改革带来的一体化的制度性成本的大幅下降。今后区域之间无论是运输成本还是一体化的制度性成本都将进一步下降。这将为区域经济的增长带来“集聚”的新空间。“十三五”规划明确提出，中国将进一步加快完善安全高效、智能绿色、互联互通的现代基础设施网络，构建横贯东西、纵贯南北、内畅外通的综合运输大通道。近些年来，现代基础设施网络建设呈现加快趋势，最为典型的就是铁路网络建设。根据《中长期铁路网规划（2016—2025）》，到 2020 年，中国高速铁路里程将达 3 万千米，覆盖 80% 以上的大城市；到 2030 年，将实现相邻大中城市 1～4 小时交通圈、城市群内 0.5～2 小时交通圈。随着基础设施网络的建设，中西部地区尤其是城市之间基础设施连通性将大幅改善。另外，随着政府简政放权改革的推进以及户籍、公共服务等体制机制的改革，区域一体化的体制机制性障碍将进一步减少。这两方面的要素将共同促进形成新的集聚空间，既包括目前中西部地区正在形成的新的城市群，也包括东部地区现有城市群中形成一些新的重要节点城市。

### （三）区域经济的转型和相对比较优势的变化为区域经济带来“分工”新空间

多年来，区域经济发展常常表现出雷同的发展模式和相似的产业结构。这在一定程度上是与所处的发展阶段相关。在发展阶段较低的时期，区域往往都倾向于采取工业优先、投资驱动的追赶模式。在这种模式下区域产业同构现象比较严重。然而随着发展进入新时代，区域之间、城市之间面临分化的趋势。部分区域、部分城市（部分大城市、特大城市和超大城市）已经完成工业化，需要向更多依靠服务业转型；这些地区和城市经历多年快速发展，要素成本、环境成本已经居高不下，这也要求它们必须向价值链的更高端环节转型。与此同时，随着基础设施的快速改进和基本公共服务的改善，中西部地区、部分大城市和中小城市（尤其是大城市周边的中小城市）在发展特定产业方面的比较优势更加凸显。这就给区域之间、城市之间实现新的、更加合理的分工提供了条件，也拓展了发展的新空间。在发展的实践上，也已经可以观察到这种新的分工趋势。如，近些年来，东部地区特大城市、超大城市创新发展和服务业的发展成效显著，同时东部地区的二、三线城市和中西部地区的交通节点城市制造业发展速度大幅快于其他地区。另外，近些年发展迅速的特色小镇，也在一定程度上反映了这种分工深化的趋势。

### （四）绿色发展理念的落实为区域经济带来“绿色”新空间

近些年来，作为新发展理念之一的绿色发展理念越来越得到社会大众的认同。“绿水青山就是金山银山”的科学论断正在影响着人们对于传统发展模式的认识。发展进入新时代，绿色发展正在迎来大好时机。一方面，多年的快速发展显著提升人们的生活水平，人们不再满足于温饱和小康生活，转而追求更加美好的生活。在这一过程中，人们对于环境质量的要求将越来越高，越来越刚性。这一变化从需求侧为绿色发展提供了强大的拉动力。另一方面，随着信息技术的发展和新一轮技术改革的推动，绿色发展也迎来了供给侧的重大变革，既表现为与绿色发展相关技术（如大数据技术等）快速发展，也表现为互联网等技术的发展让很多传统意义上难以参与经济活动的绿色资源可以进入市场实现经济价值。绿色发展理念将给许多落后地区的发展提供“弯道超车”的新途径，也为那些虽然经济发展较为落后但自然生态环境保护较好的地区提供了后发优势，从而进一步拓展发展的新空间。

## 四、政策启示和建议

化解区域经济风险，拓展区域发展新空间，根本在于推动区域经济加快转型。具体来看，需要综合施策。

第一，继续推进供给侧结构性改革。当前的区域分化的背后原因主要是经济结构性供需失衡，矛盾的主要方面是供给侧。今后需要把提高供给体系的质量作为主攻方向，坚持去产能、去库存、去杠杆、降成本、补短板，优化存量资源配置，扩大优质增量供给，实现供需高效、动态平衡。

第二，设立全国性的产业转型基金助推区域产业转型。建议借鉴欧盟的结构基金的做法，设立专项区域经济结构转型基金。如，欧洲社会基金 1971 年修改之后，一个重点就是解决由贸易自由化引起的纺织和服装业大规模结构调整而产生的人员冗余问题。目前各地和国有企业在这方面已经开始有一些实践，但是需要规范基金的使用原则，防止出现道德风险。

第三，引导和规范区域经济数据的调整。目前部分地区调整经济数据对于推动长期发展质量提升具有积极意义。但防止地方政府在“挤水分”的过程中，过度调低或者不规范调整地方统计数据。建议由权威部门利用详细的统计资料和其他相关资料系统评估区域经济数据质量，在此基础上统一制定区域经济数据调整原则和具体办法，提高数据质量和可信度，从而为区域经济政策的出台提供可靠的决策依据。

第四，消除阻碍要素有效配置和商品自由流动的政策性扭曲。清理和废除妨碍全国统一市场和公平竞争的各种规定和做法，确保各地政府在坚持公平非歧视性的原则下制定行业准入、行业退出、环保、质量等方面的标准。探索建立跨地区投资、生态保护等相关的利益补偿、分配和成果共享的新机制。改革土地配置模式，建立全国性的用地交易市场，提高土地利用效率。

第五，完善基础设施体系。以中西部地区的重点城市或城市群为节点，增强中西部地区对内对外的物理连接性，为中西部地区参与国际国内分工和形成新的战略性增长极创造条件。注重城市内公共服务设施（如地下管廊、防洪防涝设施等）建设；加强能源互联网建设，支持新能源输送网络建设；全面提升信息网络普及水平；提升落后地区和边远地区的基础设施水平。

第六，提高落后地区公共服务供给能力，促进基本公共服务均等化。提高落后地区人力资本水平，增强劳动力跨区域流动的能力。合理调整中央地方事权和支出责任，建立健全事权与支出责任相适应的制度，增强落后地区基本公共服务供给的财力保障，不断提高基本公共服务的均等化程度和公共服务水平。

第七，密切关注发达国家地区差距扩大对中国的启示。在全球化背景下，发达国家的经验和教训更加值得中国汲取。一是要关注房地产市场的发展对区域差距的影响。部分发达国家的教训是，房地产市场的不健康发展限制了低技能劳动力的流动，扩大了地区差距；二是要关注新技术的变革对区域经济发展的影响。部分研究表明新技术更有利于人力资源丰富的地区，如果不能促进落后地区人力资本的积累，也会导致区域差距的扩大。

执笔人：何建武

# 第二部分
# 迈向高质量发展

第十章

# 推动中国经济高质量发展的思路和对策

习近平同志在党的十九大报告中指出，我国经济已由高速增长阶段转向高质量发展阶段，正处在转变发展方式、优化经济结构、转换增长动力的攻关期①。高质量发展开启了中国新一轮经济转型。当前和今后一个时期，中国推动高质量发展既具有多方面有利条件，也面临诸多未曾遇到的挑战。实现高质量发展，关键是要创新体制机制，形成适应高质量发展要求的体制环境。

## 一、高质量发展的内涵和维度

发展质量是一个多维度的概念。从经济学意义看，在微观层面，主要指产品和服务的质量；在中观层面，主要指产业和区域发展质量；在宏观层面，主要指国民经济整体质量和效率，全要素生产率是重要衡量指标。从投入产出关系看，高质量发展是生产要素投入少、成本低、效益好的发展。从适应中国社会主要矛盾变化看，高质量发展是有利于解决发展不平衡不充分问题、更好满足人民日益增长的美好生活需要的发展。

---

① “习近平：决胜全面建成小康社会 夺取新时代中国特色社会主义伟大胜利”，中国政府网，2017 年 10 月 27 日。

### （一）高质量发展是满足高质量需求的发展

进入新时代，中国社会主要矛盾已转化为“人民日益增长的美好生活需要和不平衡不充分的发展之间的矛盾”。美好生活主要是由高质量的商品和服务供给所支撑的。

在微观层面提高产品和服务质量。中国是全球第一大制造业国和出口国，生产了全世界超过19%以上的产品。但是，中国自主品牌产品在美欧等发达国家消费品市场上的份额还不高，在满足人民群众的高品质需求上仍存在不足。要加快建设国家质量基础设施，加快瞄准国际标准提高水平，促进提高产品和服务质量。

在中观层面提升产业价值链。增加高质量的产品和服务供给，需要提升产业价值链分工，从中低端加工组装向研发、设计、品牌、供应链管理等中高端价值链环节提升，利用资金、市场、供应链的优势整合国际先进技术，促进中国产业迈向全球价值链中高端。

在宏观层面提高全要素生产率。当前，主要发达国家增长动力的70%来源于以技术进步为主体的全要素生产率。转向高质量发展阶段，要推动经济发展效率变革，形成更加有效的要素配置环境，着力提高全要素生产率和对经济增长贡献。

### （二）高质量发展是促进人的全面发展的发展

高质量发展不仅要形成高效率的生产体系，也要保证全体人民在共建共享发展中有更多获得感，不断促进人的全面发展、全体人民共同富裕，这是中国特色社会主义的本质要求。

构建合理的收入分配体系。人的全面发展需要有基本的家庭收入和教育投入作为支撑，应该通过更大力度的再分配机制，为人的全面发展提供保障。这种政府更多干预的分配模式可能会降低财富带来的激励作用，但从长远看，增加了社会发展的人力资本，提供了人的全面发展的良好环境。

构建与发展水平相适应的社会保障体系。增进民生福祉是发展的根本目的，在建设合理的收入分配体系基础上，构建与发展水平相适应的社会保障体系，在幼有所育、学有所教、病有所医、老有所养、弱有所扶等领域不断取得新进展。

### （三）高质量发展是可持续的发展

生态兴则文明兴、生态衰则文明衰。良好的生态环境既是发展所必需的条件，也是发展的目的。高质量发展是满足人民日益增长的美好生活需要的发展，必须实行最严格的生态环境保护制度，形成绿色发展方式和生活方式，为人民创造良好生产生活环境。

## 二、高质量发展开启了中国新一轮经济转型

高质量发展，就是要在改革开放以来经济总量和人均水平大幅提升的基础上，大力提高发展质量和效益，在工业化、城镇化取得历史性进展的情况下，建设现代化经济体系，更好地满足人民日益增长的美好生活需要。与高速增长阶段更多表现为“数量追赶”“规模扩张”“要素驱动”的特征不同，高质量发展阶段的主要任务是“质量追赶”，主要途径是“结构优化”，主要动力是“创新驱动”。

### （一）从“数量追赶”转向“质量追赶”

1979～2016 年国内生产总值年均增长 9.6%。2010 年经济总量超过日本跃居世界第二，进入中等偏上收入国家行列。经济的快速发展，使中国社会生产力水平大幅提升。2010 年制造业增加值超过美国，之后连续 8 年位居世界第一，220 多种工农业产品生产能力跃居世界第一，“有没有”的矛盾逐步缓解。而随着居民收入水平提高和中等收入群体扩大，居民消费结构加快向多样化、个性化、服务化方向升级，“数量追赶”时期迅猛扩

张形成的生产能力跟不上市场需求变化，出现了严重的产能过剩，“好不好”的矛盾日趋凸显。如果说，填补产品产量、资本存量等“数量缺口”是高速增长阶段发展的动力源泉，这个阶段主要任务是实现“数量追赶”，那么，进入高质量发展阶段，填补产品质量、生产效率等“质量缺口”就是经济发展的潜力所在，这个阶段主要任务是实现“质量追赶”，以显著增强中国经济发展的质量优势为主攻方向。

### （二）从“规模扩张”转向“结构优化”

在高速增长阶段，经济发展主要依靠生产能力的规模扩张，而随着钢铁、煤炭、石化、建材、有色等产能陆续达到历史需求峰值，传统产业大规模扩张的阶段基本结束，再像过去那样圈地建工业园区、搞大规模产能扩张的路子越来越走不下去了，必须从“铺摊子”为主转向“上台阶”为主的发展模式，着力提升产业价值链和产品附加值，推动产业迈向中高端水平。“上台阶”不仅要从生产低技术含量、低附加值产品转向生产高技术产品和先进智能产品，满足市场对产品品质和质量的需求，更重要的是实现生产要素从过剩领域转移到有市场需求领域，从低效领域转移到高效领域，进而提高资源配置效率。

### （三）从“要素驱动”转向“创新驱动”

随着近年来中国劳动年龄人口逐年减少，土地、资源供需形势变化，生态环境硬约束强化，“数量红利”正在消失，支撑经济发展的主要驱动力已由生产要素大规模高强度投入，转向科技创新、人力资本提升带来的“乘数效应”。与高速增长阶段“电力瓶颈”“交通瓶颈”等制约发展的瓶颈不同，这个阶段的瓶颈主要是创新能力和人力资本不足，必须把创新作为第一动力，依靠科技创新和人力资本投资，不断增强经济创新力和竞争力。

总之，高质量发展是从中国的发展阶段和基本国情提出的战略目标，不能简单地以成熟经济体的“标准结构”作为参照依据，必须充分考虑中国的大国特征、结构快速变动期和发展的不平衡不充分。要实现高质量发展，最根本途径还是要坚定不移地推进改革开放，增强经济的活力、创新力和竞争力。

## 三、中国经济结构重大变革为高质量发展创造条件

党的十八大以来，中国适应引领经济发展新常态，推动和深化供给侧结构性改革，经济结构出现重大变革，中等收入群体不断扩大，科技创新和技术扩散进入活跃期，“美丽中国”建设取得重大进展，全面深化改革持续推进，引领中国经济发展取得历史性成就、发生历史性变革，为转向高质量发展打下坚实基础。

### （一）经济结构出现重大变革，为高质量发展创造有利条件

2013～2017 年最终消费对经济增长的贡献率年均为 56.2%，高于资本形成 12.4 个百分点，2017 年最终消费的贡献率为 58.8%，比资本形成高 26.7 个百分点，消费成为经济增长主要驱动力。与需求结构变化相适应，供给结构调整优化，2017 年服务业占国内生产总值比重比 2012 年提高 6.3 个百分点，2013～2017 年，服务业对经济增长的贡献率年均为 52.8%，高于第二产业 10.2 个百分点。消费贡献率上升、服务业占比提高，增强了经济运行的稳定性，改善了高质量发展的基础条件。

### （二）中等收入群体不断扩大，为高质量发展提供强大市场驱动力

随着居民收入水平提高，中国已形成世界上人口最多的中等收入群体，进而推动国内市场成为全球最大的消费市场。2017 年中国恩格尔系数降至 29.3%，达到联合国划分的 20%～30% 的富足标准。居民对商品和服务的品质、质量要求明显提升，千禧一代、互联网一代更加追求个性化消

费，旅游、养老、教育、医疗等服务需求快速增长，由此形成的消费结构向高端化、个性化、服务化转型升级，增强了高质量发展的市场推动力。

### （三）供给侧结构性改革深入推进，为高质量发展开辟了有效途径

钢铁、煤炭去产能超额完成年度目标任务，房地产库存明显减少，企业杠杆率稳中有降，减税降费成效显现，公共服务和基础设施等短板加快补齐。供给侧结构性改革，不仅有效扭转了供需形势，改善了市场预期，使持续54个月负增长的工业品价格由负转正，工业企业利润明显增加，而且有效增强市场功能，优化了存量资源配置。中国全要素生产率增速自2015年由降转升，扭转了金融危机后的下行态势，反映了供给侧结构性改革对提高资源配置效率的重要作用。

### （四）科技创新和技术扩散进入活跃期，为高质量发展提供了技术支撑

实施创新驱动发展战略，科技创新和战略高技术取得重大突破，使中国在科技领域从跟跑为主转向跟跑、并跑和领跑并存。根据世界知识产权组织发布的《2017年全球创新指数报告》，中国创新指数世界排名升至第22位，比2013年提升了13位，成为前25名中唯一的非高收入经济体。推动创新技术产业化，使中国移动支付、电子商务、平台经济、无人零售、共享单车、新能源汽车等跻身世界前列，增强了高质量发展的技术基础。

### （五）“美丽中国”建设取得重大进展，为高质量发展打开新天地

推进生态文明建设决心之大、力度之大、成效之大前所未有，大气、水、土壤污染防治行动成效显现，主要污染物排放总量得到控制，生态环境质量明显改善。更重要的是，“绿水青山就是金山银山”理念深入人心，政府积极推动，企业和居民广泛参与，使绿色发展成为发展新方式。

**（六）全面深化改革持续推进，为高质量发展提供制度保障**

改革全面发力、多点突破、纵深推进，主要领域改革主体框架基本确立。“改革开放是决定当代中国命运的关键一招”成为全社会共识。今年是改革开放40周年，将进一步激发全社会全面深化改革的决心，推进重大领域和关键环节改革，加强产权特别是知识产权保护，扩大服务业特别是金融业对外开放。改革开放不断深化，将有效改善高质量发展的制度环境。

## 四、推动中国经济实现高质量发展的对策

转向高质量发展阶段，将会遇到高速增长阶段未曾遇到的新挑战新矛盾。推动高质量发展，必须有效应对新挑战，解决新问题，最根本的是要形成适应高质量发展要求的体制环境。

**（一）形成公平竞争的市场环境，倒逼企业提高产品和服务质量**

竞争是市场经济的本质要求。完善公平竞争的市场环境，打破行政性垄断，防止市场垄断，是推动高质量发展的重要基础条件。

确立竞争政策的基础性地位。有竞争才能有创新，有竞争才会倒逼企业提高产品和服务质量。要完善反垄断和反不正当竞争的法律法规，加强监管机制建设，加强统一执法，发挥公平竞争对鼓励创新、提高产品和服务质量的促进作用。

加快产业政策转型。适应新形势下需求升级快、产业技术路线变化频繁的特点，减少政府对产业发展的直接干预，推进产业政策从选择型向功能型转型，公平支持各类市场主体竞争前的研发环节，加大从需求侧支持产业发展的力度。

完善市场监管机制。整合分散在不同部门的反垄断执法职能，建立更高层级的反垄断执法机构，增强独立性和权威性，提高专业化水平，赋予

其公平竞争审查职能，加强对新制定的法律法规和政策的公平竞争审查，并逐步修订妨碍公平竞争的已有法律法规和政策。

扩大优质服务产品供给。降低服务业准入门槛，鼓励各类资本进入医疗、教育、养老、体育、文化等服务业领域，进一步放开服务领域的外资准入，促进竞争性供给和降低成本，提高优质服务供给规模。

关注新兴产业“赢者通吃”带来的问题，制定新兴产业监管规则，引导和促进新兴产业健康发展。

### （二）推进科技创新，推动经济增长从要素驱动转向创新驱动

创新是发展的第一动力。把创新摆在高质量发展的核心位置，增强创新对经济增长的驱动力，是推动高质量发展的根本途径。

推进市场导向的科技创新。引导创新资源向企业集聚，完善科研院所和高校的技术成果向企业转移机制，加大对中小微企业创新的扶持力度，促使企业摆脱对资源和要素消耗较多的加工制造环节的过度依赖，更多地依靠研发、设计、标准、供应链管理、品牌建设和无形资产投资，满足差异化和个性化需求，推进传统制造向以研发为基础的新型制造转型。

通过科技创新推动产业转型升级。推动集成电路、第五代移动通信、飞机发动机、新能源汽车、新材料等产业发展，发展工业互联网平台，推动高新技术产业由加工组装为主向自主研发制造为主转变；加快传统重化工业现代化改造，增加高附加值环节的比重；推动劳动密集型产业向劳动、知识、技能密集相结合的方向发展，提高产品的知识、技术和人力资本含量。

营造有利于创新的制度环境。落实和完善企业研发费用加计扣除、高新技术企业扶持等普惠性政策，鼓励企业增加研发投入。建立科技成果的产权激励制度，加快科技成果使用处置和收益管理改革，扩大股权和分红激励政策实施范围，探索赋予科研人员科技成果所有权和长期使用权，使创新人才分享成果收益。

### （三）深化教育体制改革，加快人力资本积累

人才是发展的第一资源。加大人力资本投资，释放人才红利，是推动高质量发展的战略保障。

积极探索创新型人才培养和成长机制。完善人才评价、流动和配置机制，发现、培养和用好人才，使各类人才的创新智慧和潜能竞相迸发。培养造就一大批具有国际水平的战略科技人才、科技领军人才、青年科技人才和高水平创新团队。在充分用好国内人才资源的同时，积极引进国外高质量人才和智力资源。

激发人力资本潜能。完善企业家精神的激励机制，尊重和保护个人财产权利，稳定有产者预期和信心。加快推进农民工特别是第二代农民工市民化，让进城农民工变成无差别的城市人，激发其投入经济建设和创业的激情。

建立现代教育体系。推进高等教育内涵式发展，以创新人才培养为中心，提高教育质量，增强高等学校的创新能力建设。放宽国外一流大学到国内合作办学的条件，推动高等教育改革和提高教育质量。加快发展现代职业教育，把部分地方本科院校转型为职业技术高校和职业教育学院，加大劳动力的职业技术培训，培养大批专业技能人才。强化基础教育的普惠性和公平性，巩固提高义务教育，加快普及学前教育和高中阶段教育，提升基础教育质量，缩小城乡教育差距。

### （四）优化区域空间结构，提高空间资源配置效率

区域是经济发展的载体。促进形成网络化区域发展格局，提高空间资源配置效率，是推动高质量发展的重要途径。

促进形成网络化区域发展格局。加快完善国家高速铁路网，优化客运枢纽集疏运功能，建设安全经济、高效通达的快速客运系统。加强物流基础设施网络建设，打造便捷可靠、优质高效的快速货运系统，提高货物换装的便捷性、兼容性，促进各种运输方式的顺畅衔接和高效中转，提升物

流效率，降低区域间物流成本。

积极发展城市群和大都市圈。优化发展长三角、京津冀和珠三角三大城市群，促进形成以上海、北京、广州等一批国际大都市为核心的开放型国际化城市体系。积极培育长江中游、成渝地区、中原地区、关中地区、北部湾等一批基础条件较好、发展潜力较大的新兴城市群。以高速铁路、高速公路为骨干，以综合交通枢纽为支点，建设连接主要中心城市的综合立体快速通道，强化城市群内部和城市群之间的快速高效连接。

### （五）增进社会流动性，进一步扩大中等收入群体

中等收入群体是经济发展的重要依托力量。增进社会流动性，进一步扩大中等收入群体，是推动高质量发展的重要条件。

增进教育公平。推动城乡义务教育一体化发展，教育投入继续向困难地区和薄弱环节倾斜。严格实施教师定期轮岗和学生就近入学措施，均衡配置教育资源。政府部门、国有企事业单位和有条件的其他所有制单位，以一定比例从不发达地区招收员工。继续实施农村和贫困地区专项招生计划。让每个人都有平等机会通过教育改变自身命运、成就人生梦想。

构建更加灵活的劳动力市场。打破地域、户籍、行业、编制、社会保障对劳动力流动的限制，构建全国统一的劳动力市场。建立覆盖全国、互联互通的劳动力市场信息系统，为劳动力供求双方提供信息服务和征信服务。

加快农民工市民化进程。进一步推进户籍制度改革。对农民工数量多、占比高的城市，通过“积分落户”制度促进有稳定就业和住所的农民工有序落户。解决社会保险“统筹账户”跨地区转移接续问题，促进农民工参加城镇社会保险。将符合条件的农民工纳入城镇住房保障范围。将公积金制度覆盖范围逐步扩大到包括在城市中有固定工作的农民工群体。

### （六）深化土地制度改革，提高土地资源配置效率

土地是最重要的生产要素。深化土地制度改革，提高土地资源配置效率，是推动高质量发展的重要途径。

深化集体经营性建设用地入市改革，实现城乡建设用地同等入市、同权同价，统筹农村集体经营性建设用地入市与盘活利用闲置农房和宅基地。

完善农民闲置宅基地和闲置农房政策，探索宅基地所有权、资格权、使用权“三权分置”，落实宅基地集体所有权，保障宅基地农户资格权和农民房屋财产权，适度放活宅基地和农民房屋使用权。重点结合发展乡村旅游、返乡下乡人员创新创业等先行先试，探索盘活利用农村闲置农房和宅基地，增加农民财产性收入，促进城乡要素双向流动，提高农村资源的配置效率和收入实现可能性。

改进耕地占补平衡管理办法，建立高标准农田建设等新增耕地指标、城乡建设用地增减挂钩节余指标跨省域调剂机制，将所得收益全部用于巩固脱贫攻坚成果和支持实施乡村振兴战略。

### （七）解决突出环境问题，有效应对污染排放峰值期的环境挑战

中国正进入环境库兹涅茨曲线①的峰值期。解决突出环境问题，有效应对污染排放峰值期的环境挑战，是推动高质量发展必须解决好的问题。

加快解决突出环境问题，打赢蓝天保卫战，加快水污染防治，强化土壤污染管控和修复。着力解决群众反映强烈的突出环境问题。提高污染排放标准，强化排污者责任，健全环保信用评价、信息强制性披露，严惩重

① 1991 年美国普林斯顿大学经济学教授格罗斯曼（Grossman）和克鲁格（Krueger）提出，在大规模工业化阶段，环境质量与经济增长的关系呈现先加大后缩小的规律，即当大规模工业化展开时，由于资源投入大量增加，带来了更多的污染排放，从而产生了对环境的负的规模效应，环境质量不断恶化；而当大规模工业化进入深化发展阶段时，由于新技术应用、产业结构优化升级，以及清洁能源的推广，环境改善出现正的规模效应，使环境质量随着经济增长逐步改善。

罚等制度。

深化环境监管体制改革。围绕提高环境监管有效性、完善环境监管法律法规、优化组织体系、调整监管权力分配、改进监管程序、优化监管工具和手段、提高专业性和监管能力、切实完善环境监管问责机制。

加快绿色技术和绿色产品开发创新。加快开发从污染控制到绿色能源的各种绿色技术和绿色产品，加快推动中国产业结构升级，支撑中国绿色转型发展。

### （八）健全风险管控体制，有效防范化解过去积累的风险

中国正处于风险易发高发期。健全风险管控体制，有效防范化解过去积累的风险，是推动高质量发展的底线性要求。

重构金融监管框架。按照权力有效制衡、提高监管效率的原则，完善金融监管体系。加强对系统重要性金融机构和跨业经营活动的监管。规范市场行为，强化金融消费者保护。明确地方金融监管机构负责监管地方批准的金融机构和类金融机构，真正实现金融监管全覆盖。

加快金融机构公司治理改革。优化金融机构股权结构，综合考虑国家金融安全和经济效率的需要，调整国有控股的范围和比例。强化对股东特别是主要股东行为的监管，引导股东建立长期投资意识。探索和试点股权激励，将薪酬体系与金融机构中长期利润和风险挂钩。

完善金融基础设施建设。完善中国人民银行的征信系统，适度扩大征信体系的收集和使用范围，将小额贷款公司、P2P 平台借贷等民间借贷信息纳入征信体系，建立分层次、多维度的征信数据，提高对征信数据的再加工水平。加快建立覆盖全面、标准统一、信息共享的金融业综合统计体系。

营造防范化解金融风险的宏观环境。打破债券市场刚性兑付预期，通过市场行为提升经营主体和个人的风险意识。在保持宏观经济稳定的前提下，密切监控流动性，营造适度的货币环境，满足去杠杆、去产能以及风

险处置中金融机构正常的流动性需求。

### （九）进一步扩大开放特别是服务业开放，缩小与前沿国家生产率的差距

开放带来进步，封闭必然落后。进一步扩大开放特别是服务业开放，缩小与前沿国家生产率的差距，为推动高质量发展提供了机遇。

有序扩大服务业对外开放。有重点地放开服务业领域外资准入限制，推动对外开放迈出更大步伐。在完善审慎监管和有效管控风险的基础上，鼓励人民币向境外贷款和投资，培育建设人民币离岸市场，扩大人民币境外循环，稳步推进人民币国际化。

实行积极的进口政策。进一步降低关税，取消非关税进口限制措施，扩大中高档消费品的进口，扩大高端装备、关键零部件和中国稀缺资源的进口。

支持具有比较优势的企业“走出去”。鼓励钢铁、有色、石化、建材等原材料生产企业到海外建立生产基地，逐步将直接进口资源转变为进口原材料，推进中国制造业向精深加工化、服务化主导转变。拓展高铁、核电、通讯、航空等大型成套设备的国际市场空间，形成一批具有国际竞争力的跨国企业，着力打造一批世界级品牌，培育竞争新优势。

### （十）进一步深化改革，形成与高质量发展相适应的体制环境

改革是发展的动力之源。进一步深化改革，形成与高质量发展相适应的体制环境，是推动高质量发展的制度保障。

推进国资国企改革。制定出资人监管权责清单。深化国有资本投资、运营公司等改革试点，赋予更多自主权。继续推进国有企业优化重组和央企股份制改革，加快形成有效制衡的法人治理结构和灵活高效的市场化经营机制，提升主业核心竞争力。

完善产权制度。以保护产权、维护契约、统一市场、平等交换、公平

竞争为基本导向，完善相关法律法规。依法处理各种侵权行为，依法甄别纠正产权纠纷案件。强化知识产权保护，实行侵权惩罚性赔偿制度。

完善要素市场化配置机制。加快技术、土地等要素价格市场化改革，深化资源类产品和公共服务价格改革，打破行政垄断，防止市场垄断。

执笔人：王一鸣　吴振宇

第十一章

# 迈向高质量服务：抓住机遇向服务业强国迈进*

当前，全球服务业发展日新月异，呈现出诸多新趋势和新特征。中国服务业发展方兴未艾，正处在全面跃升的关键期。加快发展服务业不仅是适应把握引领经济发展新常态、推进供给侧结构性改革的重要内容，也是实现经济转型升级和社会全面进步的根本途径。我们要充分认识全球服务业发展的新趋势和新特征，把握中国服务业发展进入全面跃升关键期的历史方位，通过改革开放推动服务业创新发展，加快服务业大国向服务业强国迈进的步伐。

## 一、全球服务业发展呈现新趋势新特征

20 世纪七八十年代以来，随着经济全球化和信息技术革命的迅猛发展，全球经济服务化趋势日趋明朗，高收入经济体加快向服务经济转型。这是继工业革命之后新的产业革命，是技术业态、产业组织、经营管理、商业模式、运行体制、发展方式的全方位变革，可以称之为“服务革命”。随着经济服务化的快速发展，服务业占世界经济的比重超过 60%、占发达

---

* 本文发表于《经济日报》2017 年 7 月 21 日。

国家经济的比重已经超过70%、占发展中国家经济的比重在60%左右，服务业跨国投资占国际投资总额的比重超过2/3，服务贸易总额占世界贸易总额的比重超过1/5。服务业成为引领技术创新和商业模式创新的主导力量。全球经济向服务经济转型，呈现出一系列新趋势、新特征。

一是经济服务化。服务业成为国民经济的主导产业，经济部门服务化不断深化，服务性活动成为经济活动的主导方式。服务不仅成为提高产业竞争力的重要手段，也成为经济活动的重要组成部分，企业越来越将业务中心从产品生产转到提供服务上来。

二是服务外部化。制造企业将研发、设计、仓储、营销等服务功能逐步分离出来，外包给专业服务公司，生产性服务业发展成为相对独立的部门。政府向社会和市场购买公共服务，政府从“管理型政府”向“服务型政府”转变。

三是产业融合化。服务业与农业、制造业之间相互渗透和融合的趋势日趋明显，产品和服务的边界日趋模糊。消费者和生产者的关系从一次性购买转变为持续的多次服务，消费者和生产者趋于融合。农业、制造业和服务业的业务、组织、管理趋于融合，形成全产业价值链增值体系。

四是价值高端化。企业生产向研发、设计、标准、供应链管理、营销网络、品牌等高价值链区段转移，生产性服务环节在产业价值链增值中的占比不断提高，供应链、营销网络、服务方式、赢利模式等商业模式创新成为创新活动的新内涵。

五是要素知识化。物质形态的要素投入作用越来越小，而凝结了知识、诀窍等的人力资本与经济增长的关系日趋紧密，人力资本取代物质资本成了主导经济增长的最重要因素，要素投入的知识化趋势不断增强，促进服务经济成为以知识要素投入为主的生产过程。

六是组织网络化。企业利用生产网络和不同地区的比较优势，把不同的价值链环节配置到成本相对最低的区位，并对生产网络进行系统整合。生产工序和价值链分工深化，推动产业链与营销网络和服务体系的深度融合，促进企业实现更大空间尺度的资源优化配置。

七是企业平台化。借助互联网络、电子支付技术和现代物流服务，各类平台服务越来越深入地融入工作生活的方方面面，改变了企业的营销方式和人们的消费方式。消费者成为生产活动中心，个性化、体验式、互动式消费蓬勃兴起，促进服务内容、业态和商业模式创新。

八是分布集聚化。服务业特别是生产性服务业的大规模发展，促进知识、信息、人力资本等大规模集聚，促进大都市和城市群成为服务功能的主要集聚地。大都市和城市群由制造中心和生产基地转换为服务中心和服务功能区，推进服务业快速发展。

九是结构生态化。信息网络技术与服务业深度融合，促使产业发展从传统的劳动密集型、资本密集型为主，向以技术密集型、知识密集型为主转换，低能耗和低排放成为主要特征，使轻型化、生态化成为服务业的突出优势和结构特征。

十是发展离岸化。全球信息网络技术的迅猛发展和经贸制度创新，推动服务的可贸易性大幅增强，服务贸易流量占世界贸易总额的比重日益提高，服务外包迅猛发展，服务业跨国投资份额大幅提高，服务业跨境转移成为全球产业转移的重点，服务业离岸化发展成为全球化新特征。

与服务经济发展的新趋势、新特征相适应，国际经贸规则关注的焦点逐步向服务经济领域转移。特别是国际金融危机后，世界贸易组织主导的贸易自由化进程受阻，多哈回合谈判陷入僵局，美欧等发达国家转而推进由其主导的国际服务贸易协定（TISA）等谈判，推动国际经贸规则向服务贸易和跨境投资拓展，对成员国的约束从“边境措施”转向“边境后措施”，意欲强化国际规则制定主导权。国际经贸规则加快重构，将对全球服务经济发展产生广泛、深刻的影响。

## 二、中国服务业发展进入全面跃升关键期

经过改革开放30多年的经济快速发展，中国已基本具备了加快向服务经济转型的经济基础、技术条件和制度环境，服务业发展进入全面跃升关键期。

一是经济发展由中高收入阶段向高收入阶段迈进。国际经验表明，服务经济的形成和发展与收入水平密切相关。当人均国民收入达到中高收入阶段时，服务业占比随人均收入提高大幅上升，服务业进入加速发展期，逐步成为主导性经济形态。2015年，中国人均国内生产总值接近8000美元。按“两个翻一番”目标、“十三五”时期年均增长6.5%计算，到2020年，中国人均国内生产总值将接近1.1万美元，接近高收入经济体的门槛，这个时期正是服务经济大发展时期。特别是2015年，中国已有10个省（区、市）人均国内生产总值超过1万美元，这些省份常住人口数量总和超过5亿，为服务业发展提供了巨大的市场需求空间。

二是消费结构加快升级。从生活性服务业看，随着收入水平提高和中等收入群体规模扩大，“住”“行”主导的服务消费结构加快向多样化、个性化、高端化升级，特别是随着恩格尔系数持续下降、居民受教育水平普遍提高和人口老龄化加快，旅游、养老、教育、医疗等服务需求快速增长，在消费需求中的占比明显提高；低端基本性消费品占比将逐渐下降，而医疗保健、交通通信、教育文化等高端享受型和发展型消费占比逐步上升，网络消费、信息消费等新兴消费不断兴起，新型消费业态不断涌现。从生产性服务业看，制造业价值链提升对研发、设计、标准、供应链管理、营销网络、物流配送等生产性服务需求迅速扩大。消费结构加快升级为调整优化供给结构、提升服务业整体水平提供了强劲动力。

三是服务业主导地位逐步确立。近年来，中国服务业发展不断迈上新台阶，2011年成为吸纳就业最多的产业，2012年增加值超过第二产业，

2016 年增加值占国内生产总值比重达到 51.6%，比第二产业高 11.8 个百分点。物联网、大数据、云计算、虚拟现实（VR）、量子通信等新技术广泛渗透，促进服务领域的新业态、新服务迅速发展，2016 年网上商品零售额突破 4 万亿元，在线医疗、在线教育、网约车等迅猛成长。服务业主导地位的逐步确立和经济服务化趋势加快形成，为服务业发展提供了有力支撑。

四是城镇化水平大幅提升。2015 年中国城镇化率达到 56.1%，按照“十三五”规划纲要提出的预期目标，2020 年中国城镇化率将达到 60.0%，“十三五”时期要解决约 1 亿进城常住的农业转移人口落户城镇，农民工“市民化”进程将明显加快。随着城镇化水平大幅提升，对生活性、生产性和公共服务的需求大量增加，将推动服务业集聚发展，在大中城市率先形成以服务业为主导的产业结构，带动全国加快从工业经济向服务经济转型。

五是人力资本水平明显改善。按照“十三五”规划纲要的总体部署，到 2020 年中国将基本实现教育现代化，基本形成学习型社会，进入人力资源强国行列。届时，中国劳动年龄人口平均受教育年限将达到 10.8 年，基本普及高中阶段教育，主要劳动年龄组人口中受过高等教育人数的占比将显著提升。人力资本水平明显改善，将有效支持要素投入和价值创造服务化，促进知识密集型生产性服务业发展，从而大大加快从工业经济向服务经济转型的步伐。

六是改革开放加快推进。“十三五”时期是深化改革开放的攻坚期，要以更大决心和勇气全面推进改革，健全使市场在资源配置中起决定性作用和更好发挥政府作用的制度体系。到 2020 年，国家治理体系和治理能力现代化取得重大进展，开放型经济新体制基本形成。按照“十三五”规划纲要的总体部署，中国将开展加快发展现代服务业行动，扩大服务业对外开放，优化服务业发展环境。体制和政策环境的不断完善，将为服务业大发展和加快向服务经济转型创造更加有利的体制环境。

综上所述，今后一个时期是中国服务业全面跃升的关键期。同时也要看到，中国服务业发展还面临诸多矛盾和问题，主要表现在以下几点。

一是服务供给难以适应需求变化。随着收入水平提高和城乡居民消费结构升级，人民群众的多样化、个性化、高端化需求与日俱增，医疗保健、信息通信、教育文化、养老休闲、文化娱乐等中高端享受型和发展型服务消费占比逐步上升，但服务供给还难以适应市场需求变化，高品质生活性服务业供给不足，中高端生产性服务业发展滞后，难以满足人民群众服务消费结构升级的需求。

二是服务业整体上处于中低端价值链环节。中国研发、设计、供应链管理、物流配送、人力资源服务等生产性服务在服务业中所占比重总体偏低，服务业发展的质量和效益不高，制约了产业价值链提升，需要加快推进服务业向价值链中高端延伸。

三是服务业国际竞争力不强。中国服务业对外开放水平低，在国际上有竞争力的服务行业和服务企业偏少，知识、技术密集型服务在服务出口总额中所占比重较低，运输、旅游、建筑服务所占比重偏高，服务贸易逆差规模仍在扩大，与货物贸易发展还不平衡。

四是服务业发展仍面临体制机制束缚。服务业发展竞争不充分，电力、民航、铁路、石油、天然气、邮政、市政公用等领域准入限制仍然较多。促进服务业发展的体制和政策环境不完善，发展潜力尚未充分释放。

## 三、从服务业大国迈向服务业强国

经过过去10年的快速发展，中国服务业规模扩大、结构优化，正在发展成为服务业大国。2016年，中国服务业增加值达38.42万亿元，服务领域不断拓展，服务品种日益丰富，新业态新模式不断涌现，服务业大国地位逐步确立。今后数年，中国服务经济发展仍处于重要战略机遇期。按照《服务业创新发展大纲（2017—2025年）》确定的目标，要在优化结构、提高质量、提升效率的基础上，实现服务业增加值“十年倍增”，到2025年服务业增加值占国内生产总值的比重达60%，就业人口占全社会就业人口的比重达55%。要实现这个目标，推进由服务业大国向服务业强国迈进，必须把握战略机遇，深化改革开放，推动服务业创新发展，充分释放服务业巨大发展潜能，促进三次产业融合发展，增强服务业对经济转型升级的带动力。

一是深化改革，充分释放服务业发展活力。服务业对现代市场经济制度具有更高层次的需求，要求建立健全更加公正开放的市场体系，更加健全和透明的信用体系。要进一步放宽服务业市场准入，放开电力、民航、铁路、石油、天然气、邮政、市政公用等行业竞争性业务，扩大金融、教育、医疗、文化、互联网、商贸物流等领域开放，清除各类隐性障碍，形成有效竞争的市场结构。继续推进全国统一市场建设，逐步取消各地方违反规定的税收、土地等优惠政策，禁止设置限制服务企业跨地区发展、服务跨地区供给的规定。推广实施负面清单管理制度，逐步扩大覆盖范围。

二是扩大开放，增强服务业国际竞争力。服务业具有更广的辐射范围和更大尺度的市场边界，具有更强的网络性和渗透性。要鼓励服务企业在全球范围内拓展市场空间，优化资源配置。积极开拓欧美发达国家市场、“一带一路”沿线市场、拉美和非洲等新兴市场。支持企业在境外设立研发中心、分销中心、物流中心、展示中心，构建跨境服务供应链、产业链、价值链。积极参与多边双边、区域服务贸易谈判和全球服务贸易规则制定，积极推进与欧美的投资协定谈判，增强中国在国际服务投资贸易规则制定中的制度性话语权。

三是创新驱动，增强服务业发展内生动力。现代服务业得益于信息网络技术的迅猛发展，也是伴随技术、业态、商业模式创新而发展的。要鼓励技术创新和新技术广泛应用，积极推进“互联网+”行动计划，在服务业中充分运用大数据、物联网、云计算、移动互联网等信息技术和手段，培育平台经济、分享经济、体验经济等新兴业态。支持发展研发设计、物流配送、采购和营销服务、会展服务、人力资源服务等生产性服务贸易。拓展离岸服务外包业务领域，重点发展软件和信息技术、研发、设计、互联网、医疗等领域服务外包。通过创新发展，推动生产性服务业向专业化和价值链高端延伸、生活性服务业向精细和高品质转变。

四是融合发展，增强服务业转型升级的带动力。发展服务业不仅表现为服务业规模扩展和产业升级，更重要的是支撑现代农业和先进制造业的转型升级，形成相互渗透、融合发展的全产业链生态系统。培育“服务+农业”新业态，支持发展农业共营制、农业创客空间、农业平台型企业等融合模式。鼓励制造业由生产型向生产服务型转变，促进制造企业向创意孵化、研发设计、供应链管理、营销网络等产业链两端延伸，拓展服务增值空间，提升产业价值链。鼓励服务企业向制造业渗透，开展反向制造和反向整合，促进制造业柔性化改造和个性化定制。发挥平台型、枢纽型服务企业的引领作用，培育“平台+模块”产业集群，发展一批产业融合、具有综合服务功能的大型企业集团和产业联盟。

五是优化环境，助推服务业发展迈上新台阶。服务业发展对综合配套环境和基础设施有更高的标准，要求建立严格的知识产权保护、畅通安全的信息传输、充足的人力资本供给、便捷的交通基础设施。要完善互联网、大数据、电子商务等领域知识产权保护规则，加快完善网络安全、个人隐私和商业秘密保护、互联网信息服务等领域法律法规。加大人力资本投资，建设规模宏大的服务业专业技术人才和高技能人才队伍。促进基础设施互联互通和系统功能优化，提升智能化、网络化水平。加强社会信用体系建设，建立健全跨部门合作与协调机制，建立统一的信用信息平台，完善信用激励与联合惩戒机制。

执笔人：王一鸣

第十二章

# 迈向高质量消费：消费运行、消费升级新特点及促进消费政策

2017 年，消费实现平稳较快增长，最终消费对经济增长的贡献率为 58.8%，但还不能说中国已经实现了消费主导的增长方式，真正实现消费驱动增长还需要付出长期努力。当前，中国私人消费品发展水平同发达国家相比，差距已经明显缩小，但公共消费品的质量、绩效和公平性还不高，下一阶段要注重提供足够优良的公共消费品。

## 一、近期居民消费运行的基本情况

2017 年 11 月，消费保持平稳较快增长，社会消费品零售总额 34108 亿元，同比名义增长 10.2%，比上月提高 0.2 个百分点。其中，限额以上单位消费品零售额 15779 亿元，增长 7.8%。1 ~ 11 月，社会消费品零售总额 331528 亿元，同比增长 10.3%，与上月累计增速持平。其中，限额以上单位消费品零售额 145753 亿元，增长 8.3%。从与上年的对比来看，社会消费品零售总额虽有增幅，但比上年同期仍略有下降，从 10.8% 下降到 10.2%，城镇社会消费品零售总额增幅从上年同期的 10.8% 下降到 9.9%，农村社会消费品零售总额增幅从上年同期的 11.0% 上升到 11.7%（见图 1）。

网上消费继续保持较快增长。2017 年 1 ~ 11 月，全国网上零售额为 64306.5 亿元，同比增长 32.4%。其中，实物商品网上零售额 49143.7 亿元，

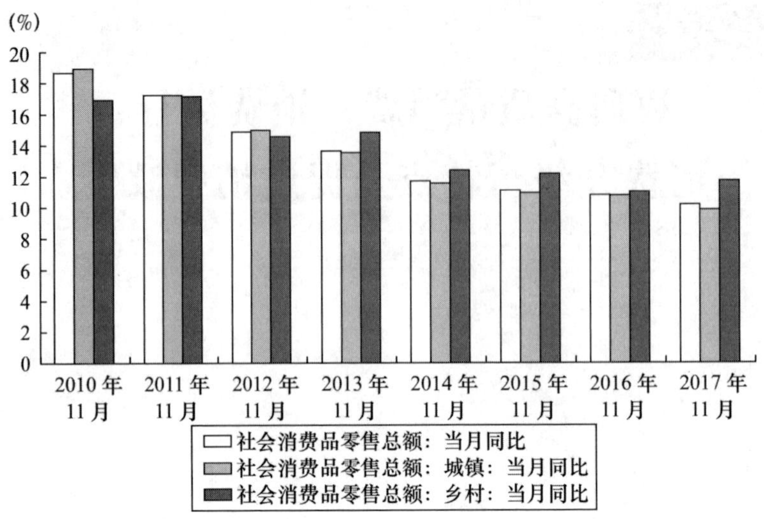


**图1　社会消费品零售总额月度增长**

资料来源：Wind 数据库。

增长27.6%，增速比社会消费品零售总额增速高17.3个百分点。在实物商品网上零售额中，吃、穿和用类商品分别增长29.4%、18.0%和31.1%。

基本生活类商品保持平稳增长。2017年11月，限额以上单位粮油食品类零售额增幅与上年基本保持稳定，服装鞋帽针纺织品类、家具类、通信器材类都比上年同期有较快上升（见图2、图3、图4）。服装和日用品类商品同比分别增长10.2%和7.9%，增速分别比上月加快1.3个和0.5个百分点。

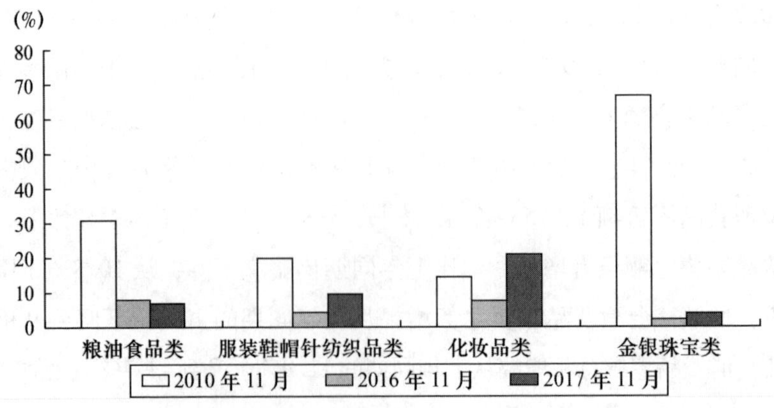


**图2　全国限额以上单位商品销售额累计增长-1**

资料来源：Wind 数据库。

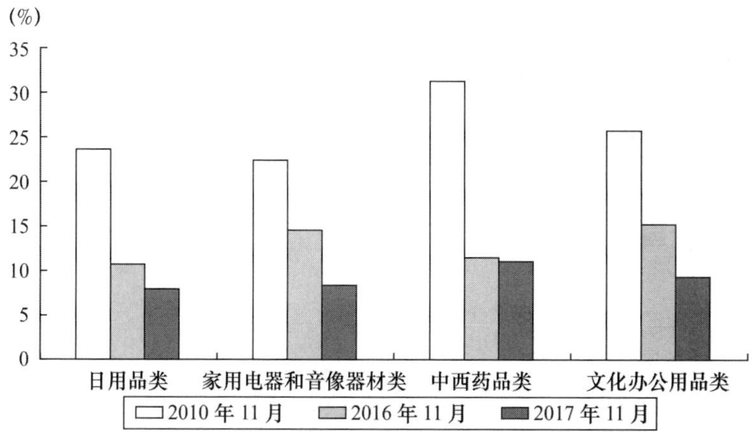


**图 3 全国限额以上单位商品销售额累计增长 -2**

资料来源：Wind 数据库。

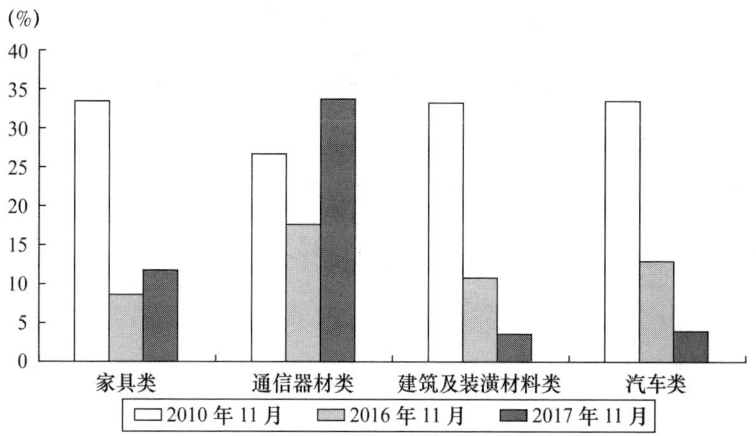


**图 4 全国限额以上单位商品销售额累计增长 -3**

资料来源：Wind 数据库。

与消费升级相关商品增速加快。限额以上单位通信器材类、文化办公用品类和化妆品类商品增速分别比上月加快 31.8 个、3.1 个和 5.3 个百分点；体育娱乐用品类商品仍保持 15% 以上的较快增长。

消费年轻化趋势推动新业态发展。以汽车消费为例，汽车零售网站毛豆新车网统计的 2017 年 11 月新车融资租赁行业消费大数据显示，“90 后”用户占比 35%，“95 后”用户占比 6%。其中，26 ~ 30 岁用户使用融资租赁模式购置新车的占比最高。同时，瓜子二手车发布的 11 月全国二手车消费大数据显示，中国二手车购买人群持续趋向年轻化，“80 后”占比过半，依旧是主力军且购买力最高；“90 后”购买者占比提升幅度最大，在价值 20 万元以上车辆的购买量中排名第一。

## 二、真正实现消费驱动增长还需要付出长期努力

近年来，消费增长对 GDP 增长的拉动幅度保持在 60% 以上，但是还不能说中国已经实现了消费主导的增长方式。从社会消费品零售增长的速度看，当前社会消费品零售总额的增长幅度仍然处在历史上的较低位。从长期历史来看，中国 20 世纪 80 年代以来大部分年份消费对 GDP 增长的贡献也超过 60%，这并不足以说明消费主导型增长方式已经形成。

从我们计算的城镇居民平均消费倾向来看，从 2005 年以来，中国城镇居民的平均消费倾向处于长期缓慢下降的区间（见图 5）。城镇居民的消费收入弹性（消费增长率和可支配收入增长率之比）在 2015 年之后呈现较明显的下降趋势，表明收入增长并未促进消费意愿的同步增长（见图 6）。

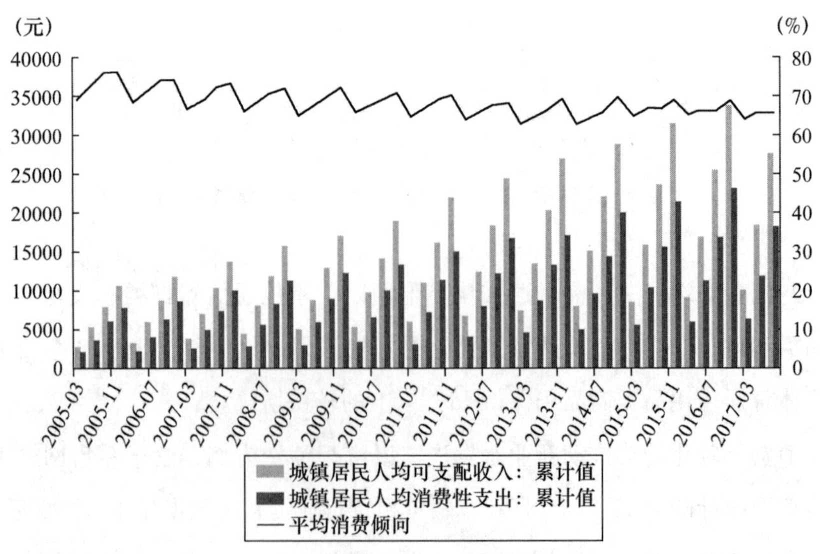


**图 5　城镇居民平均消费倾向**

资料来源：Wind 数据库。

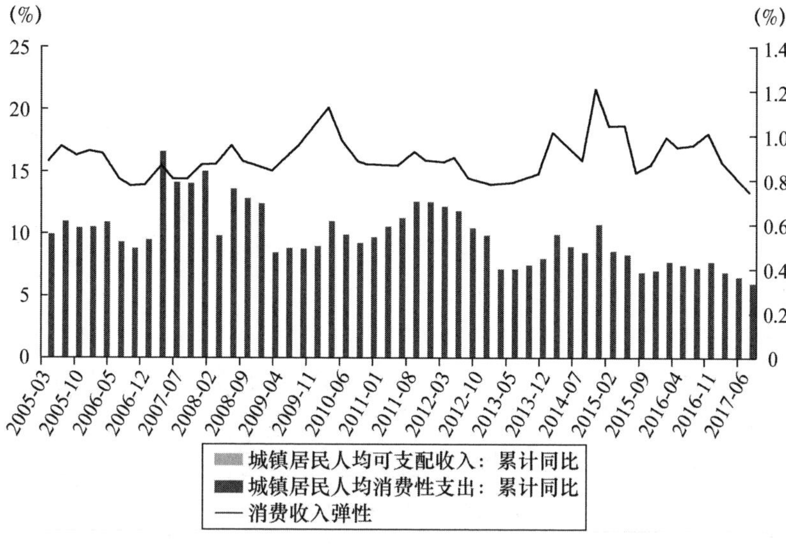


图 6　城镇居民消费收入弹性

资料来源：Wind 数据库。

从各大类商品的平均消费倾向来看，食品、衣着的平均消费倾向缓慢下降，这是符合消费升级规律的（见图 7）。但标志着消费水平升级的家庭设备用品及服务、教育文化娱乐服务的平均消费倾向也长期保持稳定，甚至略有下降（见图 8）。从 2017 年第一季度开始，居民人均可支配收入的

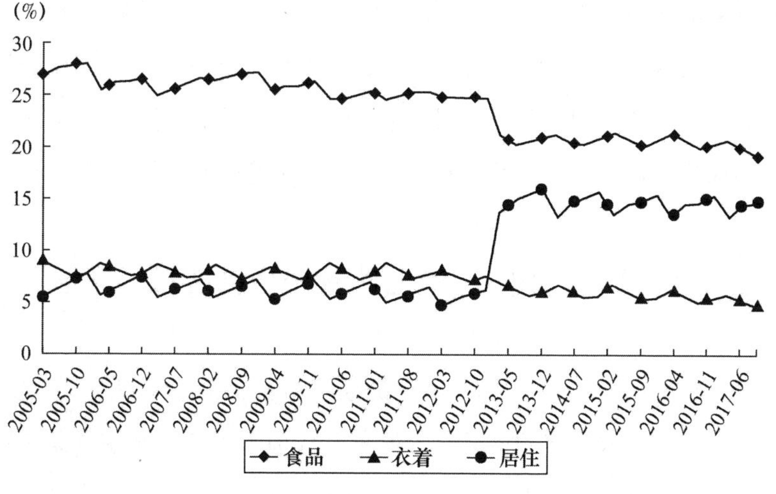


图 7　城镇居民平均消费倾向

资料来源：Wind 数据库。

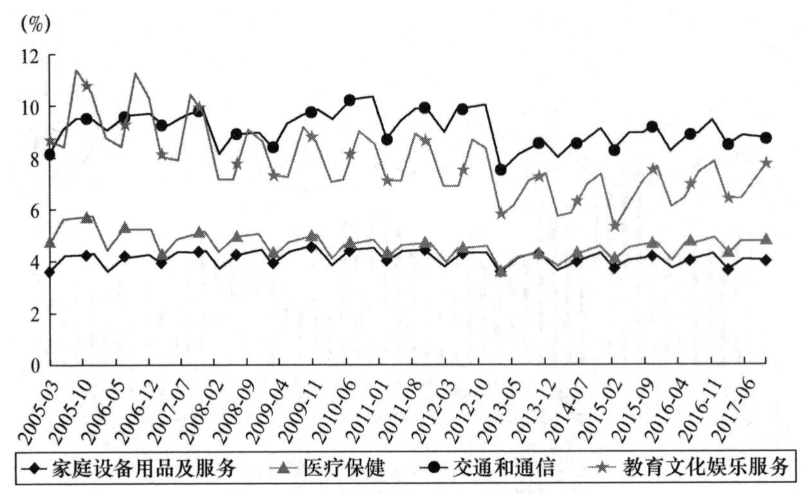


**图 8　城镇居民平均消费倾向**

资料来源：Wind 数据库。

中位数增速开始低于人均数，2017 年上半年，全国居民人均可支配收入增速的中位数从 2016 年上半年的 8.4% 降至 7.0%，说明贫富差距趋势继续扩大。这些趋势都表明，目前尽管升级类消费的增长幅度较快，但是主要还是由高收入群体拉动的。要真正解决消费领域不平衡不充分的问题，还需要采取相应措施，如通过财政转移支付和“精准赋税”等政策，提高中低收入群体的收入水平，同时提高对高收入阶层在财产性收入方面的税负。降低居民部门在房地产和金融投资领域的杠杆率水平，让经济逐步“脱虚入实”。完善促进耐用消费品消费的政策，实现更高的供给质量、完善的社会保障和稳定预期、发达的消费信贷、规范的服务等。

## 三、全面总结中国历史上消费和经济增长的关系

改革开放前期（1980～1998 年）的经济增长，得益于以下三大因素。一是改革开放前积累资产的市场化。改革开放前，国有经济主要集中在基础性、战略性领域，消费工业发育不足；改革开放后，大量资本转入民用消费领域，过去积累的大量非商品资产开始进入市场，成为改革开放前期

供给迅速扩张的物质基础。改革开放初期之所以能够“一放就灵”“一包就灵”，一个重要原因是改革开放之前积累了大量国有资产。二是西方“滞涨”带来的国际需求和产业转移需求。中国改革开放恰逢西方国家开始出现产能过剩、资本过剩、需求不足，需要向海外转移过剩资本和产能，这适应了中国引进技术和外资的需要。同时，西方劳动力成本上升，中国出口产品具备价格优势，开拓了巨大的出口市场。三是公平的收入分配所带来的旺盛国内需求。由于改革开放之前具有公平的社会基础，这一时期改革措施能够惠及绝大部分社会成员，收入增长又快、又比较公平。20 世纪 80 年代初期的基尼系数只有 0.3 左右，这些条件有利于消费迅速增长，消费在国民收入中的占比由 1978 年的 63.5% 上升到 1981 年的 70%，20 世纪 80 年代居民消费年均增长 15.3%，与 GDP 增长保持同步，一直保持着强劲内需。

上述三大动力，到了 20 世纪 90 年代中期，已经逐渐削弱。20 世纪 80 年代旺盛的国内需求已经结束，而转变为需求不足。居民消费占国民收入的比重从 20 世纪 80 年代的 50% 以上下降到 90 年代末的 45%。消费需求不足的原因包括：（1）劳动者收入相对下降，1980 ~1989 年全国职工工资总额占国民总收入的比例保持在 15.6% ~17.5%，平均为 16.3%，1997 ~1999 年下降到 11% ~12%，是新中国成立以来的最低水平。（2）社会保障不健全。大量企业破产重组，原有劳动保障制度解体。政府减少了对医疗、教育等公共事业投入，农村基层组织弱化之后农民负担加重，福利性、实物性的分配和消费转向商业化、货币化和市场化，居民的预期支出大幅增加，不敢消费。[①]（3）收入差距扩大，特别是国有企业改革和农村乡镇企业改革过程中造成较大贫富差距，城乡收入差距在 20 世纪 80 年代一度缩小之后重新扩大。基尼系数从 20 世纪 80 年代初期的 0.3 上涨到

---

① 刘国光、刘树成：“略论通货紧缩趋势问题”，载《理论导报》，2000 年第3 期，第2 ~4 页。

2000 年的 0.412，2003 年的 0.479①。收入差距的扩大，降低了全社会平均消费倾向。中国企业特别是民营企业，往往通过克扣工资、延长工作时间、逃避社会保险缴费责任等办法，维持“劳动力低成本”的优势，我们将这种情况称为“低劳动力成本依赖症”。由于这些情况的存在，中国所谓“劳动力低成本”的优势，已经从提高竞争力的因素变成阻碍竞争力提高的因素。工资和福利的欠账，导致工人阶级消费能力下降，国内有效需求不足。李钟瑾等发现，中国私有企业工人工资显著低于生存工资，劳动力再生产的成本在相当程度上由劳动者自身承担。工资过低和超时劳动，既导致企业赢利能力虚高，也限制了整体经济内需的扩大和经济增长方式的转变。从 2000 年到 2008 年，居民消费占国民收入的比重从 46.4% 下降到 35.3%，最终消费（包括居民消费和政府消费）占国民收入的比重从 62.3% 下降到 48.6%。据估算，2014 年农民工工资和城镇生存工资（用五等分人群的最低消费衡量）差距达 2.6 万亿元，占当年 GDP 的 4%，严重压抑了内需。而如果能够把农民工的工资欠账补上，就能够增加相当于一年 GDP 的 5.19%。粗略地说，这相当于，如果用 5 年时间把农民工工资提高到城镇生存工资的水平，就可以每年提高 1% GDP。在国内市场无法消化本国商品的情况下，企业越来越依靠世界市场来实现利润，但是世界市场需求增长有限且容易波动，无法支持现在中国的高速增长。②

社会事业过度市场化阻碍了消费发展和经济增长。医疗、教育、住房都是极其特殊的商品，因为它们是人类生存和发展不可或缺的基本需求，而不是一般的消费品。从短期和局部来看，社会事业市场化有利于创造更高的利润和 GDP，拉动更多投资，促进经济增长。但是从长远和全局来看，社会事业是保障人民权益、改善人民生活质量的基础，是促进社会公平正义的基础，是提高人力资本、提升创新能力、促进经济长期稳定增长

① 国家统计局局长马建堂在 2013 年 1 月 18 日国务院新闻办新闻发布会上的讲话。

② 李钟瑾、陈瀛、齐昊、许准：“生存工资、超时劳动与中国经济的可持续发展”，载《政治经济学评论》，2012 年第 3 期，第 35 ~ 57 页。

的重要手段，是促进社会流动、防范阶层固化的基础。社会事业过度市场化，必然导致基本公共服务成本上涨、服务享受不均等。成本上涨则导致基本民生受到影响，虽然有关机构短期可以盈利，但长期来看增加了人民基本生活和劳动力再生产的成本。而且，基本公共服务费用过高，会让居民增加预防性储蓄，从而减少在其他方面的消费，影响生产和消费的再循环。社会事业的盈利性增加、费用快速上升，不仅影响了基本民生，而且提高了经济运行的成本。基本公共服务的不均等，将导致人们发展权利的不均等，特别是教育不公平将固化和扩大阶层差距，导致阶层分化加剧，社会流动性减弱，既不利于社会公平正义，也不利于劳动者素质的普遍提高。

在住房方面：住房费用的上涨，对 GDP 增长作出贡献，但也成为人民生活费用上涨的重要原因，给企业和家庭都带来了负担，影响了企业的投资和居民的消费。对企业来说，给职工的工资起码要高于在当地租房的费用。房价过高，不仅对购买住房者具有严重的消费挤出效应，对于租房者也具有严重的消费挤出效应，导致企业营运成本全面上升，或迫使不少企业迁出这些高房价的城市，减少了这些城市的就业机会；或是压低企业工人的工资水平等。无论是哪一种情况出现，都会从总体上降低整个社会的收入水平，影响居民的支付能力，削弱居民的消费。要解决劳动力成本升高的问题，关键是恢复房地产的实体经济属性，遏制投资需求和虚高价格。

在教育方面：由于城乡之间、地区之间以及同一地区内部教育不均衡现象十分突出，导致了强烈的“择校”问题，导致了教育费用的上升以及教育模式的改变。公共资金尤其是项目资金通常更多流向办学条件好的学校。通过“择校”收费等，好学校会有更多的收入，且事实上能够与教师待遇直接或间接挂钩。虽然国家禁止举办重点学校、重点班，但是在缺乏有力调控措施的情况下，重点学校、重点班实际上广泛存在，一些“名校”可以借助学生家长的利益输送，掌握远远超出一般学校的社会资源，从而形成了教育差距扩大的恶性循环。应试教育导致学生负担过重，而现有的“素质教育”往往有较高门槛，只有具备较高的经济基础或社会关系，才能完成以各种社会实践、评比为主要内容的“素质教育”要求，实际上进一步扩大了教育差距。

在医疗方面：医疗市场化、商业化的倾向导致医疗费用快速上涨。2009 年实施医药卫生体制改革以来，建成了覆盖全民的医疗保障制度，基层医疗卫生机构实现了公益性，这是巨大的成就。但是大型公立医院仍在逐利性机制下运行，而私立医院的逐利性就更强，导致医疗费用快速上涨。近几年来，个人承担医疗费用的绝对额和占比都逐年上升，这些家庭不可能放心消费、投资和创业。

据一些学者的研究，2000～2010 年，为应对住房、医疗、教育支出，农村居民人均预防性储蓄约 3000 元，占人均金融财产的 34% 左右；城市居民人均预防性储蓄约 9000 元，占人均金融财产的 20% 左右，是导致城乡居民消费不足的重要原因之一。而居民花在住房、医疗上的高额费用，实际上相当一部分进入了房地产企业和药品流通等具有超额利润的环节，等于多数人补贴少数人，加剧了两极分化，从而抑制国内需求。这些现象都说明，基本公共服务的市场化、商业化，已经从促进经济增长的因素，变成阻碍经济增长、加重居民负担、制造社会不公平的因素。

## 四、以人民为中心促进消费健康集约发展

近年来，中国社会的主要矛盾已经发生了变化：生产力经过多年发展，中国已经成为世界第一制造业大国，大量产品不仅满足国内外需求，而且出现产能过剩。群众的基本生活和功能性需求已经在总体上得到满足，但还需要进一步满足人民对公平、安全、健康、文化、全面发展等方面的需要。国家发展的目标从“站起来、富起来”转变为“强起来”，人民的需要从“吃饱穿暖、富裕殷实”到“人的全面发展和社会的全面进

步”。当前，在物质财富极大增长的同时，地区差距、阶层差距还普遍存在，人的自身发展和物质资料的发展不平衡，这些问题都可以归结为生产方式违背社会主义生产目的，如收入差距、产能过剩、环境污染、文化道德失范、公共物品提供不足等。回归社会主义生产目的，就是要落实以人民为中心的发展思想，让人回到发展的中心，让资本、技术、制度等一切要素都为全体人民的自由全面发展服务。

“社会主义生产目的”这一思想的实质就是，社会主义国家的经济，应该而且能够更好地以人民为中心，满足人民的真实需要。从马克思主义政治经济学的角度看，供给侧结构性改革的根本是使中国供给能力更好满足广大人民日益增长、不断升级和个性化的物质文化和生态环境需要，从而实现社会主义生产目的。

中国社会生产和人民真实需要的偏离，表现在许多方面。例如，当前人民对一般竞争领域的消费品的需要已经在总体上得到了比较充分的满足，而对于医疗、教育、养老、社会公平、生态环境等市场难以提供的公共产品，需求却日益增加，供需缺口还很大，这是由于政府提供公共产品的职责还不到位造成的。又如，中国消费需求特征的阶层分化突出：高收入群体有超强购买能力，追求高品质的消费品，但无法在国内得到充分满足。而中低收入群体还有大量的基本需求、公共消费需求尚未满足，但购买力有限。这是同中国经济供给侧的质量和档次参差不齐相关的。再如，中国经济也出现了典型的“金融化”趋势。2015 年中国企业 500 强中，制造业企业占 261 家，但净利润仅占 17.1%，而 33 家金融机构的净利润则占 56.8%。国家统计局公布的 2015 年全国 19 个重点行业非私营单位职工的平均年收入显示，年收入最高的是金融业，最低的是农林牧副渔，制造业排第 14 位，实体经济的员工收入普遍低下，导致在人才流向、职业选择上，实体经济处于绝对劣势。解决上述问题，最根本的就是要共同发挥国家、社会和市场的作用，回归社会主义的生产目的，特别是要补上战略性投资、公共消费品、人力资本、实体经济等方面的短板。在补上这些短板的过程中，就将产生经济发展的巨大动力。而要补上这些短板，就需要在生产关系方面进行调整，以便使生产行为更加适应社会的真实需要。

当前，中国既存在消费的短板，也存在不理性的消费泡沫。西方国家19世纪起就开始对“消费主义”（consumerism）进行反思，中国近年来也开始了对消费主义的反思。消费本身是人们满足自身需要的一种手段，但是在资本主义社会，消费也发生了异化。特别是当生产过剩的危机出现之后，资本以及资本主义国家总会设法扩大国民的消费需求，以便维护资本主义的正常运行。其中，扩大国民消费的一个重要手段就是制造消费主义的文化，通过影响公众的偏好来扩大消费。这种情况下，许多消费的目的就不是满足实际需要，而是满足被社会氛围刺激起的欲望，通过奢侈品的攀比性消费，来证明社会地位和个人成功。这种消费，不仅没有增加人的幸福感，反而加剧了人的异化，让人成为金钱和消费的奴隶。

实际上，只要下决心解决当前存在的法定收入过低和超时劳动的状况，就能够达到同时解决内需不足、产能过剩和劳动者素质提高的效果，从长远来看是对劳资双方都有利的。有人担心这样做会导致劳动力成本上升过快，使中低端产业转移到周边国家。这种担心并不全面，只要通过细致的工作是可以避免的。首先，中国劳动力的素质和质量在发展中国家仍是领先的，还有一定上升空间。其次，长期依靠低成本劳动力不可能维持中国经济的长期可持续增长，如果现在还过度依赖低成本劳动力，会让经济失衡的问题愈加恶化，让企业丧失转型升级的压力，拖得越久将来解决起来越困难。当然，要实行这样的政策，只能全国一盘棋，而不能各地有所先后，否则就会造成各地之间处于不公平竞争的局面。

消费有个人消费与公共消费之分，公共消费是为满足社会成员共同需要的消费需求，如公共交通、医疗卫生、文化教育、健康健身、环保事业等公共消费品的需求，是城乡居民消费的一个重要组成部分。从满足需求程度的先后顺序看，一般都从个人消费需求的满足开始，然后再根据消费者的客观需要及社会生产力发展水平，逐步扩大对公共消费的需求。

公共消费和私人消费应协调发展，互相促进。如果公共消费发育不足，也会制约私人消费。据研究，美国在1984～1993年，因为美国联邦政府在对中低收入阶层医疗补助开支方面的增加，使得美国低收入人群的储蓄率下降了17.7%，同时消费增加了5.2%。美国失业保险每增加10%，美国家庭的金融资产会相应减少1.4%～5.6%，当人们对失业造成收入下降的担心降低时，会增加消费和减少存款。中国台湾学者的研究表明，台湾全民健康保险的实施使岛内居民的预防性储蓄下降了8.6%～13.7%，家庭消费显著增加。还有研究表明，1980～2005年，中国社会保障开支每增加1%，人均居民消费就增加1199元；在其他条件相同的情况下，参加城镇居民基本医疗保险的家庭总消费比没有参加的家庭增加约10.2%。

改革开放30多年来，中国私人消费品发展水平同发达国家相比，差距已经明显缩小，但当前一个突出矛盾是，公共消费的质量、绩效和公平性还不高，成为制约经济社会全面发展的一个瓶颈。主要表现在公共消费方面存在两个不平衡的现象。

一是公共消费和私人消费不平衡。中国财政政策性投入主要集中在生产性领域，对消费性公共品投入不足。对物质资本投入较为重视，对人力资本投入不足。中国除了教育支出较高之外，在一般公共服务、医疗卫生、社会保障方面支出占财政总支出的比重，同发达国家和俄罗斯等发展中大国相比都还有一定差距。支持消费的政策也主要集中在支持私人消费，或者民生领域消费的个人支出部分。

二是公共投资和公共消费不平衡。政府投资的方向依然集中于传统基建领域，边际收益率已经显著降低，很难直接转化为公共消费。在医疗等民生领域，政府投入的主要方向仍然是硬件建设、设备购置等投资领域，而不是直接通过人员费用、事业费等项目，这就导致居民在享受服务时个人支出占比仍然较高，政府对硬件的投入反而成为公共服务机构盈利创收的工具，加重了居民的负担，公共投资反而对消费形成挤压。

从国内外的经验教训来看，中国要跨越中等收入陷阱，一个重要因素是下一阶段能否像过去发展私人消费品一样，成功地提供足够优良的公共消费品。

首先，要从思想上认识公共物品和私人物品消费的不同规律，公共物品的需求不像私人物品那样明显，仅仅靠价格机制不可能实现资源的优化配置，而是要发挥政府在资源配置、布局规划以及运营监管方面的主导作用。要认识到通过完善社会保障，降低医疗、教育、养老的费用，让群众放心消费和创业，不是政府的负担，而是经济增长的动力，有利于提高人力资本，实现转型升级。

其次，要深化财政体制改革，在经济下行的情况下，要进一步保障对公共部门的投入不降低，不宜过度依赖压缩社会保障支出来刺激经济增长，否则就可能进一步加剧居民消费的不确定性。降低医疗、教育、住房给人民带来的生活负担和心理压力，就能释放经济发展的巨大动力，也将有助于全体人民的团结和全面发展。

执笔人：江　宇

第十三章

# 迈向高质量投资：固定资产投资运行特点与阶段性变化

经过2012年以来连续6年的调整，中国固定资产投资增速已经趋于触底企稳。2017年是投资从稳速度向优结构、提效率的转折之年，在投资消费结构、投资主体结构、投资产业结构、投资区域结构等方面，都出现了优化现象。随着投资结构优化，投资效率也将有望不断提升，这将有力推动经济高质量增长。

## 一、2017年固定资产投资运行呈现四大特点

### （一）增速趋于触底企稳

2017年全国固定资产投资完成63.2万亿元，同比累计增长7.2%，与前几年相比呈现明显的趋稳态势。2014～2017年，中国固定资产投资增速分别为15.7%、10.0%、8.1%和7.2%，2015年比上年下降5.7个百分点，2016年和2017年分别比上年下降1.9个和0.9个百分点，每年下降的幅度明显减小。

从年度内各月的变化看投资也呈现冲高企稳态势。其中第一季度投资增速短暂回升至9.2%的高点，其后逐渐下滑，但至第四季度降幅缩小，10～12月的累计增速分别是7.3%、7.2%和7.2%。特别是下半年以来，

月度投资增速呈现持续回升趋势，从 8 月的 4.9% 持续提升到 12 月的 7.2%，趋稳的态势明显（见图 1）。

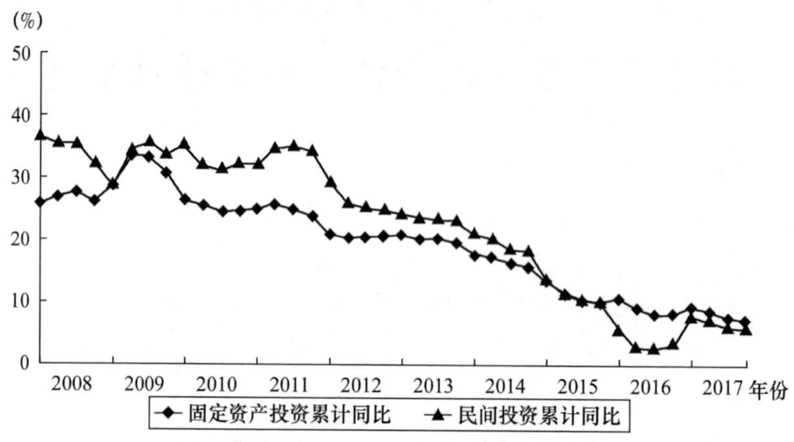


**图 1　总投资和民间投资增速变化**

资料来源：CEIC 数据库。

下半年月度投资回升主要受民间投资第二次触底反弹所支撑。2016 年上半年，中国民间投资最低增速曾达到 2.1%，达到 2012 年以来本轮投资周期的最低点。在国家大力促进民间投资和出口回暖等多个因素的带动下，2017 年上半年民间投资反弹至 7.2% 的水平，但后面持续下滑，1 ~ 11 月曾跌至 5.7% 的增速，2017 年全年收于 6.0%（见图 1）。2017 年民间投资基本呈现二次触底的小周期态势，这为 2018 年的小幅度反弹打下了基础。

### （二）投资增速首次小于名义 GDP 增长速度

2000 年以后，中国投资快于 GDP 增长是一个常态，但 2017 年这一关系出现了显著变化。1994 ~ 2000 年，中国投资增速基本与 GDP 增速相同，显示投资占 GDP 的比重处于平稳状态。自 2000 年以后，中国进入新一轮快速增长期，随着工业化和城镇化快速发展带来的需求扩张，加上投资乘数效应，投资增速长期保持高于 GDP 的增长速度。例如，2005 年，投资增长 27.2%，GDP 名义增长 15.7%，投资高于 GDP 增速 11.5 个百分点。2012 年以后，两者的差距不断缩小，至 2016 年基本相同。但 2017 年，

GDP 名义增速达到 11.2%，而投资增速仅为 7.2%，投资低于 GDP 增速 4.0 个百分点（见图 2）。

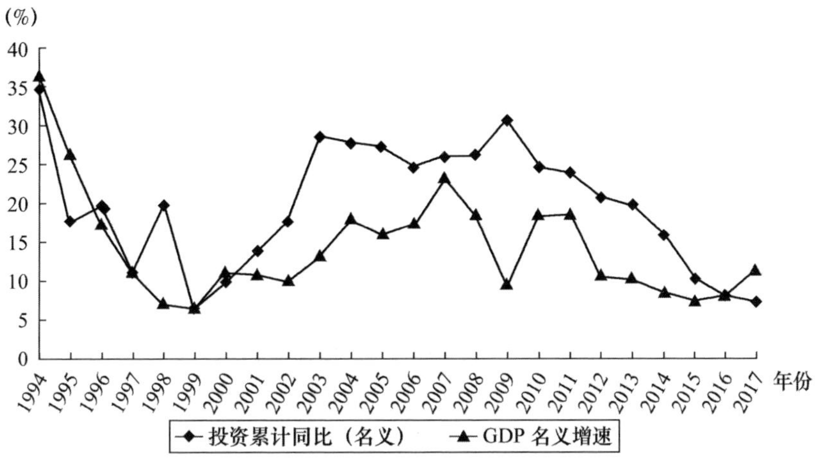


**图 2　投资增速与 GDP 增速的比较（名义值）**

资料来源：CEIC 数据库。

## （三）基础设施投资一枝独秀，制造业投资平稳增长

在总投资构成中，各类投资的速度和发展趋势有很大差别。其中基础设施投资（包括电力燃气水、交运邮政仓储、水利和公共设施管理业）增速最高，全年投资总额达 17.3 万亿元，比上年增长 14.9%，高于全部投资增速 7.7 个百分点。

房地产投资增速保持在较高水平。2017 年房地产投资同比增长 7.0%，比 2016 年提高了 0.1 个百分点。由于中国已经度过了房屋新开工面积的最高峰时期，而且 2015 年房地产投资曾下降到 1.0% 的水平，因此，2017 年保持在与总投资增速相当的水平，已经实属不易。

制造业投资增速较慢，但相对稳定且有小幅提升趋势。制造业投资是反映实体经济增长态势的最重要指标之一。2017 年制造业投资达 19.4 万亿元，占总投资的比重接近 1/3，制造业投资在 2016 年中曾到达 2.8% 的谷底，但自那以来持续在 4% ~5%，这一速度虽然不高，但符合其他国家经济发展到当前阶段的国际经验，而且已经实现了触底企稳的较好增长态势（见图 3）。

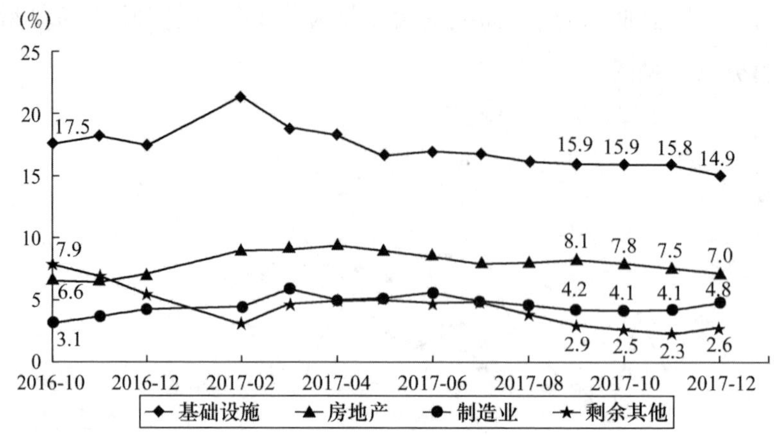


**图3 四大类投资的增长速度**

资料来源：CEIC 数据库。

### （四）投资下行对经济增长的压力显著下降

近年来投资增速不断下降，但经济增长速度非常稳定。2012 年，投资实际增长速度达到 19.6% 左右，当年的 GDP 增速为 7.9%。2014 年，投资实际增速为 15.1%，当年经济增长 7.3%，两年相比较，实际投资增速下降了 4.5 个百分点，而经济增速仅下降了 0.6 个百分点。到 2016 年时，投资实际增速为 8.8%，经济增速为 6.7%，与 2014 年相比，投资增速下降了 6.3 个百分点，而 GDP 增速仅下降了 0.6 个百分点。2017 年，投资实际增速预计将再下降 6.6 个百分点，但经济增长预期会高于 2016 年 0.2 个百分点（见图 4）。

经济稳定增长的背后是投资的贡献减弱而消费的贡献上升。从最终需求的角度看，国内生产总值由消费、资本形成和净出口构成，其中资本形成包括固定资本形成和存货变动。资本形成（而不是投资）是真正的社会总需求。近年来，投资转化成固定资本形成的能力有所下降。2005 年以前，固定资本形成与固定资产投资两者基本一致，单位投资大致产生单位固定资本形成。但近年来，这一比率快速下降，2010 年时，单位投资产生 0.77 元固定资本形成，2016 年时，已经下降到 0.535 元。

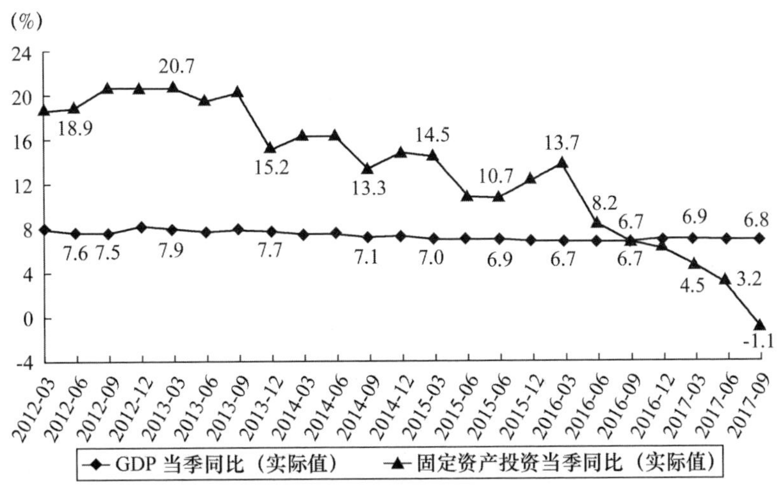


**图 4 投资增速与 GDP 增速的比较**

资料来源：CEIC 数据库。

与固定资本形成相比，2012 年以来居民消费增长速度更快，对经济增长的贡献更大。2012 ~ 2016 年，固定资本形成从 21. 6 万亿元增长到 28. 3 万亿元，平均每年增长 7. 0%，而同期居民消费从 19. 9 万亿元增长到 29. 3 万亿元，平均每年增长 10. 3%，增速快于固定资本形成 3. 3 个百分点。

根据本文测算，近年来固定资本形成对经济增长的贡献呈显著下降趋势。2012 ~ 2016 年，固定资本形成对经济增长的贡献度从 41. 3% 下降到 31. 1%，下降了 10 个百分点。2017 年，由于出口增长迅速，预计其对增长的贡献将大幅度提升，在很大程度上抵消了投资增速下降带来的冲击（见表 1）。

**表 1　2003 年以来各类最终需求对经济增长的贡献**　　单位：%

| 年份 | 居民消费 | 政府消费 | 固定资本形成 | 存货 | 出口 | 合计 |
|---|---|---|---|---|---|---|
| 2003 | 26. 6 | 7. 3 | 53. 5 | 3. 4 | 9. 2 | 100 |
| 2004 | 29. 7 | 9. 5 | 41. 4 | 7. 7 | 11. 8 | 100 |
| 2005 | 32. 7 | 14. 1 | 35. 9 | −7. 7 | 25. 1 | 100 |
| 2006 | 27. 8 | 13. 7 | 32. 7 | 2. 7 | 23. 1 | 100 |

续表

| 年份 | 居民消费 | 政府消费 | 固定资本形成 | 存货 | 出口 | 合计 |
|---|---|---|---|---|---|---|
| 2007 | 31.0 | 11.5 | 32.4 | 8.7 | 16.3 | 100 |
| 2008 | 32.2 | 11.8 | 43.0 | 6.7 | 6.3 | 100 |
| 2009 | 37.8 | 13.2 | 85.9 | -16.2 | -20.6 | 100 |
| 2010 | 31.9 | 11.3 | 40.7 | 8.9 | 7.1 | 100 |
| 2011 | 40.5 | 15.3 | 37.9 | 3.8 | 2.6 | 100 |
| 2012 | 40.0 | 14.7 | 41.3 | -5.5 | 9.4 | 100 |
| 2013 | 37.9 | 14.3 | 41.6 | 0.9 | 5.3 | 100 |
| 2014 | 45.4 | 10.3 | 34.0 | 3.0 | 7.2 | 100 |
| 2015 | 45.1 | 20.2 | 24.3 | -2.6 | 12.9 | 100 |
| 2016 | 56.5 | 23.8 | 31.1 | -1.1 | -10.3 | 100 |

资料来源：作者计算结果。

正如中国经济规模小于美国，但中国对全球增长的贡献远远超过美国一样，虽然中国投资占 GDP 的比重很高，但由于消费保持了稳定较快的增长，已经成为促进增长的主体，投资波动对经济增长的影响也就不显著了。

## 二、2017 年是投资从稳速度转向提效率的转折之年

### （一）投资占经济的比重开始触顶回落，投资消费结构继续优化

固定资产投资增长过快但同时消费需求增长乏力被认为是中国宏观经济失衡的一个重要方面，固定资产投资增长过快，不仅可能造成产能过剩的问题，还可能抑制需求增长，降低居民消费水平，据测算，投资每增长 1 个百分点，消费需求增速相应降低 0.56 个百分点（刘伟，2017）。因此投资占 GDP 比重的降低有利于宏观经济更加均衡，更加有效率。

投资占 GDP 的比重在 2016 年已经达到顶点。2001 年，中国投资占

GDP 的比重仅为25.1%，但自那以后持续提高，2002～2014 年平均每年提高4个百分点，直到2014 年达到77%以后，增幅才显著放缓，2016 年，这一比重达到79.2%，2014～2016 年平均每年提高1.1 个百分点。到2017年，这一比重下降为76.4%，比2016 年下降了2.8 个百分点，投资消费的比重关系出现了重大的转折性变化（见图5）。

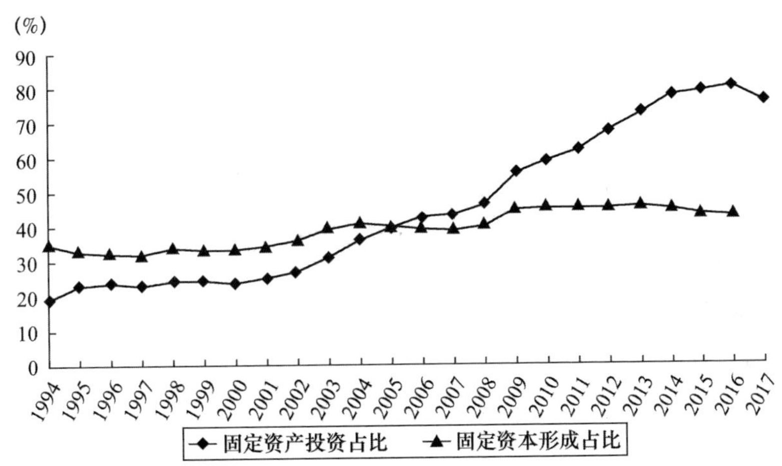


**图5 1994 年以来中国投资和固定资本形成占 GDP 的比重**

资料来源：CEIC 数据库。

从固定资本形成占 GDP 比重的角度看，中国早在2013 年就已经达到顶点。2009 年起，中国的固定资本形成占比有一个较大的提升，从2008年的40.0%提高到2009 年的44.8%，此后到2013 年一直在45%左右，但从2014 年起有下降的趋势。2016 年，固定资本形成占比为42.8%，比2013 年下降了2.6 个百分点（见图5）。

从全球经济大国的经验看，固定资本形成比重有先升高后下降的“倒U形”规律，但各国达峰的时间和峰值水平有所不同。例如，美国在人均GDP 1 万国际元（1990 年不变价，麦迪森计算）后，长期保持在25%左右的水平；而德国在人均 GDP 为7000 国际元时达到最高值，固定资本形成占比达到43%，韩国如果不考虑在人均 GDP 为4300 国际元时的少数年份，其峰值是在人均 GDP 1.3 万国际元时，峰值为41.2%；日本的峰值水平与韩国基本相同；法国和中国台湾地区的峰值水平要低得多，仅在 33% 左右。而中国在 2010 ~ 2014 年，人均 GDP 水平为 7000 ~ 10000 国际元时，已经达到 45%（PWT 数据库为 47%）的水平，因此 2017 年投资占比下降大致符合国际一般规律（见图 6）。

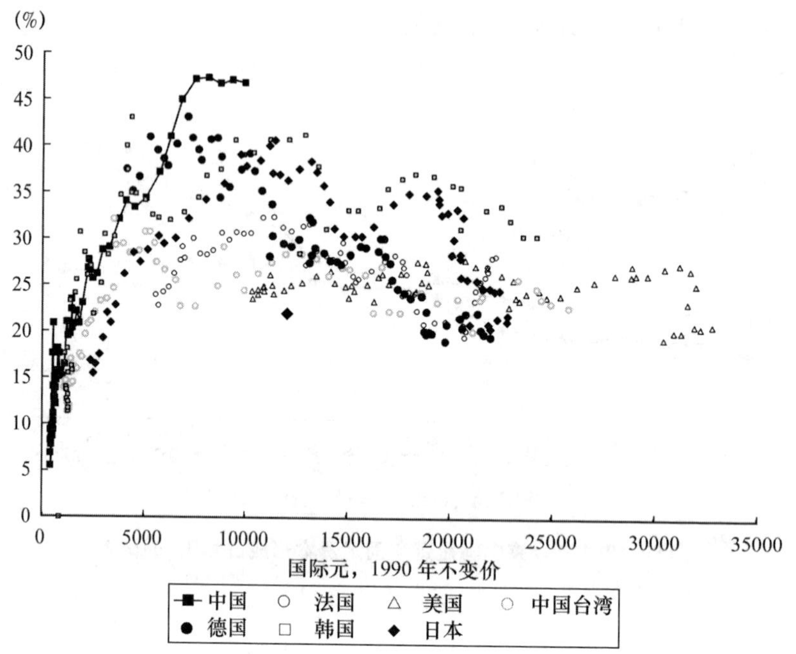


**图 6　中国和主要国家固定资本形成占比与发展水平的关系**

资料来源：PEN World Table 9. 0 数据库。

投资比重下降有利于提高宏观经济质量。加入 WTO 以后，中国投资比重上升有经济内在的原因，也有特定时期的政策原因。从经济规律看，2001 ~ 2011 年，中国总体上处于经济上行期，也是中国工业化城镇化快速发展的时期，在这一时期，经济增长快，投资效益好，企业有着内在的加快投资、扩大规模的动力，工业化本身也有资本深化的要求，因此投资比重上升并不一定会导致效率下降。但在 2012 年以后，中国经济从高速增长转为中高速增长，这一期间较高的投资增速，虽然稳定了增长，但在一定程度上牺牲了经济效率。2017 年这一趋势得到扭转，从宏观上说，有利于经济结构的优化改善。

## （二）民间投资稳定回升，投资主体结构有优化趋势

投资的主体大致可以分为民间投资和政策性投资两类，其中政策性投资指政府主导或政策性支持的投资，比如基础设施投资，而民间投资主要指企业或个人基于微观主体利益所进行的投资。所有的投资都会考虑投入与产出的效率问题，其中民间投资由于需要自我承担风险和投入，必然效率较高，政策性投资一方面存在政府委托代理问题，天然有低效率的问题，另一方面基础设施投资也有一些正向的外部性。综合来看，在当前阶段，民间投资的效率要高于政策性投资，在投资结构中民间投资比重上升会有利于提高整体效率，这也是国家高度重视促进民间投资的原因。

2012 年以来民间投资增速快速回落，占比下降是总投资下行的主要因素。2012 年以前，中国民间投资增长速度一直显著高于总投资增长速度，但 2012 年以后，民间投资回落幅度显著大于总投资。尤其是 2016 年，总投资增长速度为 8.1%，而民间投资仅为 3.2%，民间投资增速低于总投资 4.9 个百分点（见图 7）。受此影响，民间投资占总投资的比重也从 2014 年的 63.1% 下降到 2016 年的 61.2%，2017 年进一步下降为 60.4%。

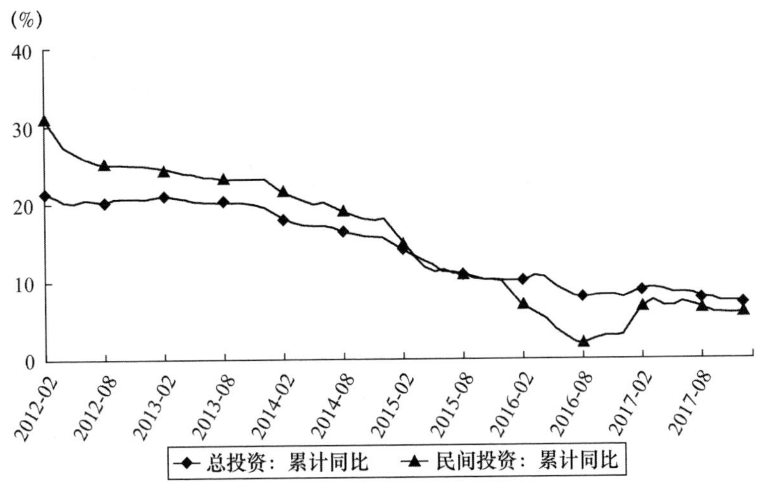


**图 7　民间投资和总投资增长比较**

资料来源：CEIC 数据库。

2017年民间投资有企稳回升的趋势。2016年7月，中国民间投资增长速度仅为2.1%，跌至2012年以来本轮周期的谷底。为促进民间投资增长，中央政府针对民间投资下降问题进行了大规模的调研，并出台了针对性的措施。例如，2016年7月4日，国务院专门出台了《关于进一步做好民间投资有关工作的通知》，从进一步加强简政放权、营造公平环境、缓解融资难融资贵和降低企业成本负担等多个方面进行了部署，随着各项政策逐步落实，加上市场自身调整的共同作用下民间投资增速开始回升。2017年第一季度，曾经达到7.7%的水平，但其后进一步下滑，到1～11月，民间投资增速降至5.7%，比第一季度下降2个百分点，但2017年全年，民间投资同比增长6.0%，呈现出比2016年更高水平上的再次企稳回升趋势。

民间投资增速回升的范围较为广泛，持续企稳的基础牢固。在民间投资中，基础设施投资约占11%，房地产投资约占24%，这两部分约占1/3，而制造业投资和其他投资占2/3。2017年下半年，民间基础设施投资和房地产投资皆呈下降趋势，而制造业投资和其他投资呈回升态势，由于占主体部分的民间投资走向趋好，因此，预计民间投资增速回升的态势仍将持续。

与民间投资走势相反，政策性投资有进一步减速的趋势。2016年基础设施投资增速为17.4%，2017年下降为14.9%，减少了2.5个百分点，预计2018年仍然会进一步下调。

### （三）高技术产业投资增长更快，投资行业结构呈优化态势

中国已经处于工业化后期，工业内部正在经历从重化工业向高技术、高附加值产业升级的过程。从经济发展规律看，不同工业化阶段有不同的主导产业（钱纳里，1986），工业化中期，主导产业体系从劳动密集型的纺织服装转向资本密集型的重化工业，钢铁、水泥、能源、原材料等工业占比较大；工业化后期的制造业由资本密集型产业向技术密集型产业转换，主导产业是以高端装备制造、汽车等为代表的高技术制造业。从2012

年起，中国进入工业化后期，主导产业将更多地转向技术密集型、高附加值的高端装备制造、汽车等行业（赵昌文等，2016）。

但是产业结构的升级并不是自然而然的过程。从历史上看，不少陷入中等收入陷阱的国家，到了一定阶段后，经济增长长期徘徊，产业结构不能顺利升级是一个重要表现，也是一个重要的风险（刘世锦，2011；国务院发展研究中心课题组，2017）。而工业内部投资结构的变化，是了解中国产业转型升级的一个重要指标。从工业分行业投资的比较看，2017 年与 2016 年相比有以下几个特点。

一是高耗能行业和中低技术行业的投资增速普遍较低，甚至负增长。例如采掘业的投资连续两年均为负增长，其中 2016 年煤炭、石油天然气、铁矿石、有色金属采掘业的投资增速均为 -20% 以上；而 2017 年，除了石油和天然气开采业的投资增速由负转正后，其他仍然维持负增长态势。而纺织、服装等传统低技术行业的投资增速连续两年都保持在很低的水平（见图 8）。

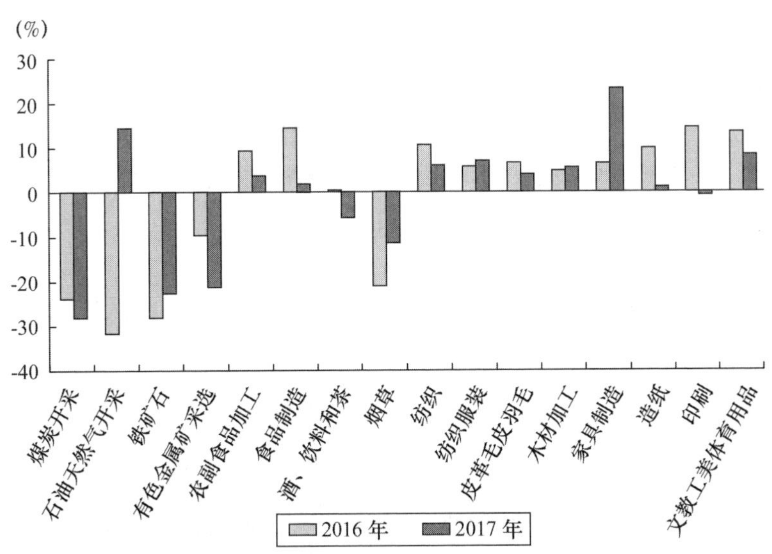


**图 8　2016 年、2017 年工业分行业投资增速的比较之一**

资料来源：CEIC 数据库。

二是高技术行业的投资增速普遍回升。例如，通用设备行业的投资增速从2016年的-2.3%提高到2017年的3.9%，专用设备制造业的投资增速从2016年的-2.6%提高到2017年的4.7%。汽车和计算机两个行业投资增速回升尤其显著。汽车的投资增速从2016年的4.5%提高到2017年的10.2%，计算机、通信电子设备从2016年的15.8%进一步提高到25.3%，这反映了高技术行业正在取得更快的增长，符合产业升级的一般规律（见图9）。

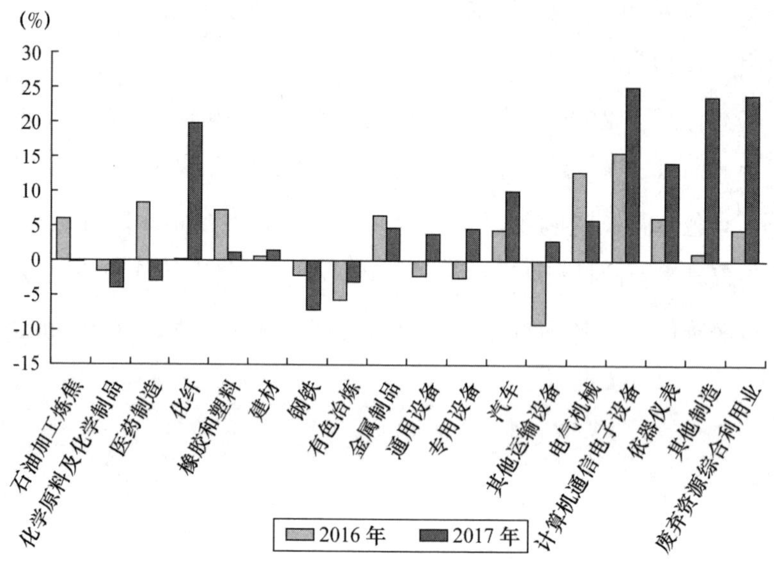


**图9　2016年、2017年工业分行业投资增速的比较之二**

资料来源：CEIC数据库。

### （四）东部地区和中部地区民间投资态势较好，投资的区域结构呈优化态势

中国是一个幅员辽阔的大国，各地区的发展水平、产业结构、市场化水平等都有很大差距，投资效率也有不小的差距。因此，从效率的角度看，如果效率高的地区的增速较高、占比更大，而效益差的地区的投资增速放缓一些，无疑有利于提高整体的投资效率。

2004年以来，全国四大地区的投资情况大体可以分为两个大的阶段（见图10）。

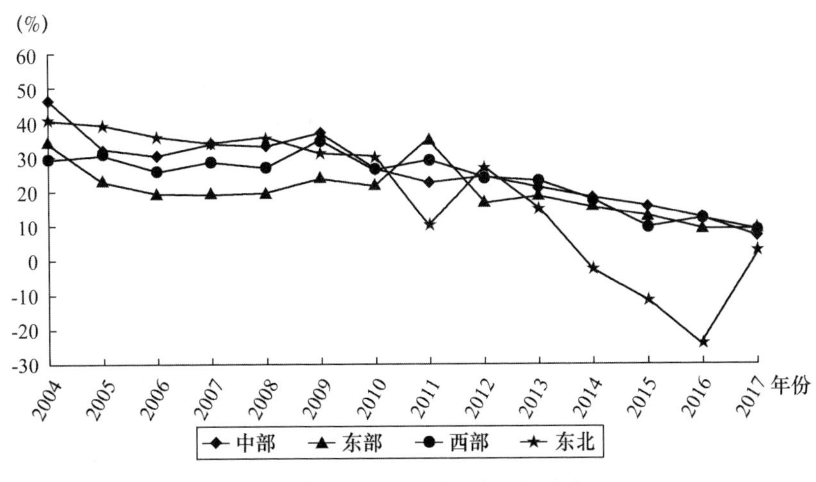


**图 10 全国四大地区的投资增长速度**

资料来源：CEIC 数据库。

一是 2004～2010 年，这一期间的明显特征是中西部地区，包括东北地区的投资增速较高，而东部地区的投资增长较慢。在这一轮工业化和城镇化快速发展过程中，重化工业发展较快，而中西部地区和东北地区利用较好的资源优势，在重化工产业方面取得了更快的发展，并带动了投资快速增长。

二是 2010～2017 年，这一期间东部地区投资增速逐步赶上了中西部地区，特别是 2017 年，东部地区投资增速达 8.3%，自 2011 年以来首次超过中部地区，与西部地区也仅相差 0.2 个百分点。

由于东部地区近年来转型升级更好，企业效益更高，因此东部地区投资增速回升，逐步赶上甚至超过中西部地区，有利于提高全国的投资效率。

各地区之间民间投资与政策性投资关系的特征也说明东部地区投资较快增长有利于效率提升。从全国来看，2017 年民间投资增速要低于总投资 1.2 个百分点，但东部地区民间投资增速是 8.6%，超过东部地区总投资增速（8.3%）0.3 个百分点，扭转了 2016 年东部地区民间投资增速低于总投资的局面。类似地，中部地区民间投资增速是 7.4%，也高于总投资增速0.5个百分点，这说明东部地区和中部地区的投资增长已经逐步恢复为主要依靠市场内生性投资，投资的增长已经不太依赖政策性投资，这有利于整体投资的稳定增长，也有利于投资效率提升（见图11）。

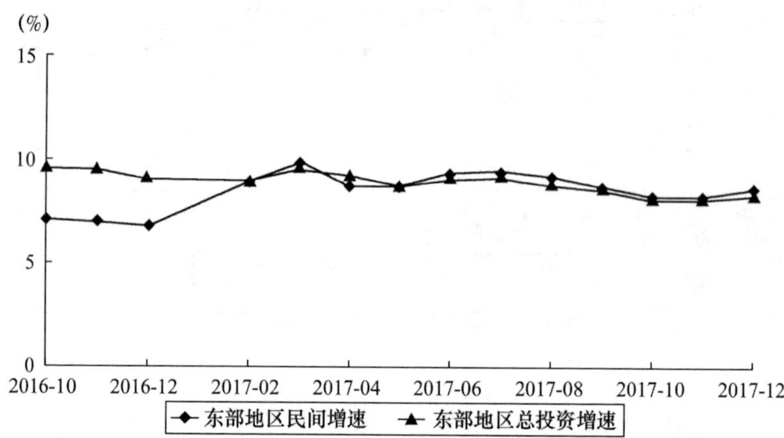


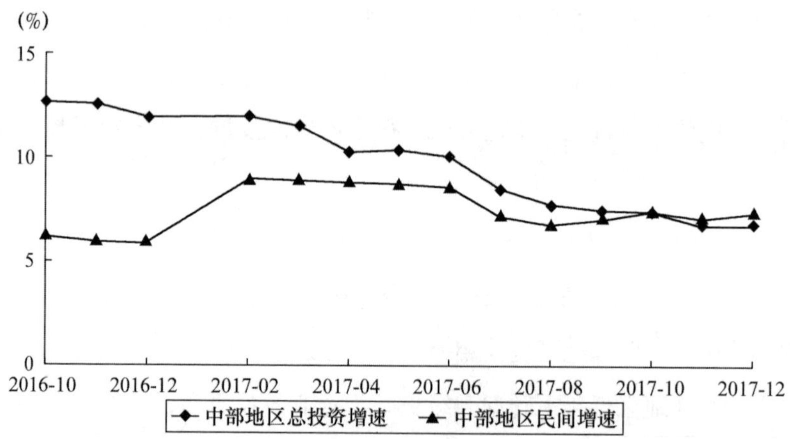


**图11 东部地区和中部地区总投资增速与民间投资增速比较**

资料来源：Wind 数据库。

与东部地区和中部地区不同，西部地区由于产业转型升级进程较慢，民间投资仍然不够活跃，总投资仍然主要依靠政策性投资拉动。2017年，西部地区总投资累计增长8.5%，而民间投资增速仅为3.9%，两者相差近4.6个百分点。东北地区由于产业结构重化特征突出，而且企业营商环境还有较大改进空间，民间投资刚刚开始正增长（见图12）。

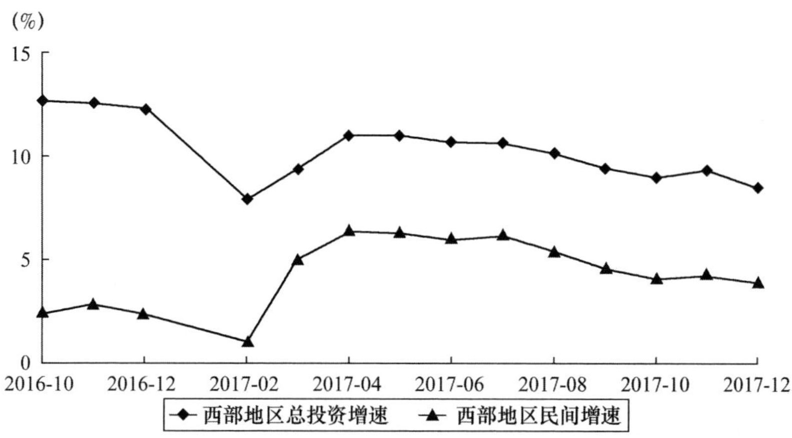


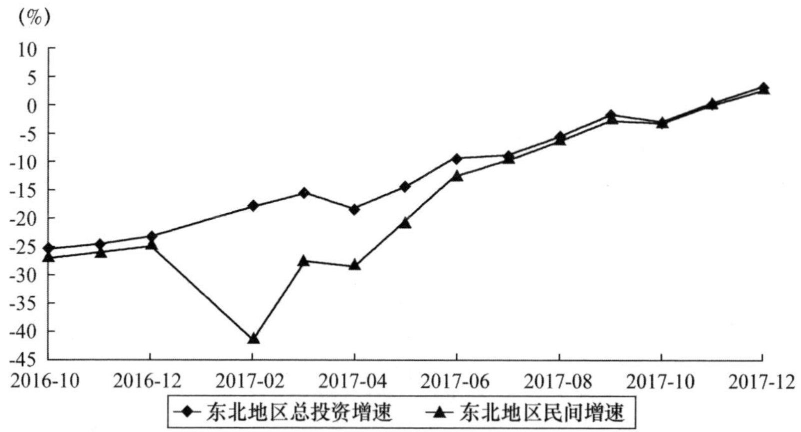


**图 12 东北地区和西部地区总投资增速与民间投资增速比较**

资料来源：Wind 数据库。

## 三、2018 年投资仍将呈增速略降但结构优化的态势

### （一）虽然总投资增速已经降至较低水平，但 2018 年预计仍将略有降低

#### 1. 从国际经验看当前发展阶段的投资增速普遍较低

2017 年，按麦迪森国际元（一种购买力平价法）计算，中国的人均 GDP 水平大约在 1.2 万国际元水平（1990 年不变价），本文对发达国家达

到1.2万国际元后的投资增长情况进行了统计分析。

“二战”后，达到人均GDP 1.2万国际元的经济体共41个（不包括2个数据不全的经济体），其中，人口在2300万人以下的共32个，在3000万人以上的共9个，考虑到人口太少经济体受各种因素的波动较大，我们总结了这9个人口大于3000万人的经济体的投资增长情况，如表2所示。

**表2　　达到1.2万国际元后5年的平均投资增速**　　单位:%

| 国　家 | 1.2万国际元年份 | 人口（万人） | 固定资本形成5年平均增速 | GDP名义增速 | GDP实际增速 | 资本形成占GDP比重 |
|---|---|---|---|---|---|---|
| 美国 | 1963 | 20071 | 7.8 | 8.1 | 5.2 | 22.0 |
| 德国 | 1977 | 7833 | 5.8 | 6.2 | 1.7 | 23.3 |
| 日本 | 1977 | 11845 | 7.3 | 7.9 | 4.2 | 29.4 |
| 西班牙 | 1990 | 3939 | 3.6 | 7.0 | 1.5 | 22.0 |
| 韩国 | 1995 | 4701 | 6.2 | 8.0 | 5.4 | 31.6 |
| 沙特阿拉伯 | 2010 | 3154 | 7.6 | 4.2 | 3.8 | 28.8 |
| 法国 | 1972 | 5476 | 12.7 | 14.4 | 3.5 | 24.0 |
| 英国 | 1976 | 5633 | 11.3 | 15.8 | 1.5 | 19.6 |
| 意大利 | 1978 | 5656 | 19.0 | 20.3 | 2.4 | 22.7 |

在9个国家中，有3个国家的投资增速较高，分别是法国、英国和意大利，分别在11%～19%，但此3国名义GDP增速更高，而实际增速一般，说明这3个国家高投资增长主要是由于通货膨胀的因素。在其他6个国家中，投资增速在3.6%～7.8%，不过增速最低的西班牙实际GDP增速仅为1.5%，显著低于中国。这样从其余5个国家总结看，在类似当前中国发展阶段，6%～8%的投资增速属于正常水平。

进一步研究发现，制造业投资增速在4%～5%也是正常水平。随着发展水平的提升，中国经济结构进一步转向以消费和服务为主，制造业投资增速触底企稳之后大幅反弹的可能性也不大。综合美国、日本、德国和韩国等制造业强国的投资情况看，未来制造业投资增速可能围绕4%～5%的水平波动，难有显著回升。2016年中国制造业投资增速最低点一度下探到2.1%，2017年上半年冲高到5.5%，下半年又回落到4.1%。结合长期趋势判断，制造业投资增速触底企稳的特征较为明显。

**2. 受资金来源和地方债务管理规范影响，基础设施投资有一定回调压力**

基础设施投资的直接经济效益不高，大量项目都需要地方政府提供或明或暗的财政支持。近两年来，通过PPP合作、产业基金等创新模式，引入了不少社会资本，为基础设施投资扩大融资来源。但很多基础设施项目投入大、回报周期长、直接收益不高的性质没有改变，总体看社会资金进入也很有限，无法从根本上解决基础设施长期资金来源不足的问题。特别是2017年下半年以来，中央政府高度强调防范和化解地方债务风险，这将对2018年的基础设施投资来源产生进一步的影响。

**3. 房地产投资增速预计会出现小幅回落**

房地产调控在销售面积上的效果显现，下一步可能会进一步在投资上有所反映。2017年，商品房销售面积同比增长7.7%，这一速度比2016年下降了近15个百分点。同时，全国商品房价格逐渐趋于稳定，随着中国继续贯彻"房子是用来住的，不是用来炒的"定位，投资和投机性需求进一步受到约束，由此导致居民对房价预期改变，可能会进一步降低需求增长速度，并进而带动2018年投资增速小幅回调。

### （二）影响投资分化的因素没有改变，投资结构优化的趋势仍将持续

虽然2018年投资可能仍将略有下调，但2017年已经发生的投资占经济比重触顶回落、投资主体结构优化、行业结构升级、区域结构改善的主要决定因素都没有改变，例如消费仍将较快增长，投资消费结构必然会继续调整，基础设施投资在防止地方债务风险和追求高质量增长的政策导向下，很可能会有显著下调，而中国产业转型升级的趋势更加明显，供给侧

结构性改革推动的方向没有变化，这些都决定了投资结构将会进一步优化。

## 四、高质量增长要求投资调控从稳速度转向调结构

### （一）投资下行对经济增长拖累的压力基本释放，调结构有了良好的宏观经济基础

虽然2018年投资增速可能略有下降，但并不会对经济增长产生压力。一是因为继续下调的幅度将会非常有限，可能只是0.5个百分点左右，这与2012～2017年平均每年2.7个百分点的下调幅度不可同日而语。二是不同类型的投资对增长的贡献是不同的，比如基础设施投资中有很大一部分转化为转移支付，并不直接对经济产生拉动作用，而制造业投资当中的设备投资等对经济能产生长链条的拉动作用。三是2018年钢铁和能源的价格上涨幅度预期将大幅度减小，因此基础设施增速下降但伴随价格指数减小，导致实物量下降较小，对增长的影响较小。综合来看，自2012年以来由于投资下行给经济增长带来的下调压力已经基本释放，这将为高质量增长奠定良好的基础。

在经济下行期，考虑到投资在经济中的份额大，面对投资增速快行下行的趋势，往往会更加强调稳投资的重要性。但近年来的实际发展表明，在消费占比越来越大的情况下，投资与经济增长的关系有弱化趋势。因此，在当前国际形势较好，出口增长较快，特别是消费保持稳定较快增长的情况下，尽快扭转对投资速度的过分关注，把宏观调控重点从投资速度转到投资效率和质量上来，对于提高经济运行效率促进经济转型升级具有重要意义。

### （二）多措并举，进一步优化投资结构、提高投资效率

中国正在从高速增长转向高质量增长阶段，高质量的投资必不可少，

在符合需求升级、产业转型、创新驱动、社会民生和绿色发展等方面的投资空间仍然较大，有的甚至很急迫。与此同时，由于部分领域投资门槛过高，部分企业债务问题久拖不决，部分地区投融资环境不佳，企业资本支出意愿不足。能否释放有效投资潜力，进一步增强中高速增长的可持续性，需要进一步着力促进民间投资，优化投资结构。

**1. 以规范地方举债和金融去杠杆为重点，着力优化投融资环境**

加强地方政府性债务摸底排查，完善过度举债问责机制，约束地方政府隐性债务，避免无效投资挤出有效投资。加快清理地方政府各种形式的拖欠，缓解民营经济主体资金链紧张状况。着力推动金融业供给侧结构性改革，完善对银行理财、金融控股、产业基金和互联网金融的宏观和微观监管，减少资金内部循环、杠杆嵌套，促进资金“脱虚向实”。加强金融机构治理改革，完善社会信用体系建设，增加金融机构对风险的控制和识别能力，纠正信息不对称问题对民营企业融资的影响。加快发展直接融资市场，尤其是股权市场，增加直接融资占全社会融资的比重。

**2. 以降税费、降成本为重点，降低实体经济负担**

继续清理各种不合理收费，缩小收费范围。研究降低增值税率，减少生产环节的税负。尽快推出综合与分类相结合的个人所得税改革，实施宽税基和低税率，降低企业人力成本。加快电力市场化改革，扩大用户直购电企业范围，减少企业能源成本。鼓励电商与传统商贸的融合，完善物流等配套条件，降低流通环节成本。

**3. 以推进审批改革为重点，优化投资制度环境**

全面实施审批负面清单制度，真正落实“法无禁止即可”，打破制约民间投资进入的各种隐性藩篱，促进市场竞争。简化人工智能、互联网、大数据、智能制造、无人驾驶、生物医药等领域的项目审批程序，加快新经济发展。在完善信息隐私保护和维护信息安全的前提下，加大政府和其他公共属性强的部门信息公开程度，促进新兴行业加速发展。

#### 4. 以优化完善市场秩序为重点，有效发挥需求引领作用

加强法律和标准的引导作用，扩大对高质量商品需求空间，促进传统产业转型升级。着力加大市场质量监管力度，完善商品和服务质量监督体系，充分利用互联网等技术手段，创新监管制度，实行随机抽查企业、随机抽检产品、随机选择检测机构的方式，加大假冒伪劣和不公平竞争的打击力度。改革完善招投标制度，营造优质优价的社会氛围。

执笔人：许召元

**参考文献**

[1] [美] 钱纳里．吴奇等译．工业化和经济增长的比较研究．北京：生活·读书·新知三联书店，1986.
[2] 国务院发展研究中心课题组．打好风险攻坚战：思路与对策．北京：中国发展出版社，2017.
[3] 刘世锦．陷阱还是高墙，中国经济面临的真实挑战和战略选择．北京：中信出版社，2011.
[4] 刘伟．中国宏观经济失衡的新特征．中共中央党校学报，2017（2）.
[5] 赵昌文，许召元，朱鸿鸣．工业化后期的中国经济增长新动力．中国工业经济，2015（6）.

第十四章

# 迈向高质量出口：中国出口结构新特点及下一步出口升级方向

国际金融危机以来，发达国家纷纷实施再工业化战略，应对国际金融危机调整；中国劳动力成本不断上升，部分劳动密集型产业转移到成本更低的发展中国家，加速全球经济格局调整。在全球经济格局调整过程中，中国出口呈现新特点。受国际金融危机影响，全球贸易增速下滑，但中国货物贸易出口增长率高于全球和一些发达经济体、新兴经济体，中国出口占比不断上升。近两年，初级产品出口增长较快、中国主要出口商品增长较快的既有玩具、塑料制品等传统产品，又有集成电路、自动数据处理设备及其部件等技术含量相对高的产品，中国高新技术产品、机电产品出口，面向东盟、金砖国家和“一带一路”沿线国家出口增长较快，一般贸易方式出口快速增长，民营企业在出口中发挥越来越重要的作用。但中国出口结构存在需要优化空间，比如：出口市场仍主要集中在美日欧等发达国家和地区，重要的机电产品出口占比下降，货物出口与服务出口不均衡，外商投资企业出口增长乏力，出口增长新动能正在培育之中，等等。今后，要加快建设贸易强国，不仅要加快运用新兴技术，推动传统出口产品转型升级，巩固中国传统产品出口大国地位；还要加快推动技术进步，增强高新技术和机电产品领域的出口竞争优势；还要利用制造业和服务业融合发展机遇，加快服务业出口。既要充分发挥自身优势，增强对发达经济体的出口优势，又要通过投资等途径，深化与新兴经济体和“一带一路”沿线国家合作，拓展出口市场。

## 一、中国出口结构新特点

### （一）中国在全球出口中的地位不断上升

对比全球货物贸易出口增长率看，2007～2016年中国每年出口增长率均高于全球；2007～2015年中国每年出口增长率均高于美国，而2016年中国出口增长率低于美国。2007～2016年中国出口平均增长率为8.99%，高于全球（3.76%）、美国（4.17%）、欧盟（2.34%）、日本（1.05%）、韩国（5.04%）、俄罗斯（2.29%）的出口增长率（见表1）。

表1 货物贸易出口额增长率 单位:%

| 年份 | 2007 | 2008 | 2009 | 2010 | 2011 | 2012 | 2013 | 2014 | 2015 | 2016 | 平均 |
|---|---|---|---|---|---|---|---|---|---|---|---|
| 全球 | 15.61 | 15.18 | -22.25 | 21.87 | 19.85 | 0.86 | 2.47 | 0.25 | -13.23 | -3.04 | 3.76 |
| 中国 | 25.95 | 17.23 | -16.01 | 31.30 | 20.32 | 7.92 | 7.82 | 6.03 | -2.94 | -7.73 | 8.99 |
| 美国 | 11.91 | 12.13 | -17.97 | 21.06 | 15.96 | 4.26 | 2.19 | 2.59 | -7.28 | -3.19 | 4.17 |
| 欧盟 | 16.47 | 10.79 | -22.39 | 12.50 | 17.52 | -4.66 | 4.60 | 1.35 | -12.50 | -0.22 | 2.34 |
| 日本 | 10.45 | 9.39 | -25.68 | 32.56 | 6.94 | -2.99 | -10.51 | -3.42 | -9.48 | 3.22 | 1.05 |
| 韩国 | 14.14 | 13.60 | -13.86 | 28.29 | 19.05 | -1.32 | 2.15 | 2.33 | -8.02 | -5.95 | 5.04 |
| 俄罗斯 | 16.75 | 33.07 | -35.67 | 32.05 | 30.30 | 1.39 | -1.40 | -4.80 | -31.27 | -17.51 | 2.29 |
| 印度 | 23.28 | 29.75 | -15.36 | 37.26 | 33.82 | -2.01 | 6.07 | 2.49 | -17.12 | -1.14 | 9.70 |

资料来源：联合国贸发会议数据。

2017年前三季度中国货物出口量季度同比增长率分别为8.94%、8.89%、5.66%，均高于世界、美国、欧盟、日本同期增长率。2017年有望连续9年保持全球货物贸易出口第一大国地位（见表2）。

从货物贸易出口占世界出口的比重看，中国货物贸易出口占世界出口的比重一直呈现上升趋势，从2007年的8.70%上升至2016年的13.12%。虽然美国、韩国、印度从2007年至2016年货物贸易出口占世界出口的比

**表 2　　2017 年货物贸易出口量季度同比增长率**　　单位：%

| | 一季度 | 二季度 | 三季度 |
|---|---|---|---|
| 世界 | 4.47 | 3.54 | 4.77 |
| 中国 | 8.94 | 8.89 | 5.66 |
| 美国 | 4.37 | 4.23 | 2.93 |
| 欧盟 | 5.20 | 1.26 | 3.47 |
| 日本 | 5.75 | 5.72 | 5.99 |
| 韩国 | 4.04 | 6.70 | 13.75 |
| 俄罗斯 | 1.39 | 8.15 | 4.29 |
| 印度 | 8.49 | 4.93 | 8.09 |

资料来源：联合国贸发会议数据。

重有所上升，但上升幅度不大。而欧盟、日本、俄罗斯货物贸易出口占世界出口的比重呈现下降趋势，欧盟货物贸易出口占世界出口的比重从 2007 年的 38.22% 下降至 2016 年的 33.63%。日本则是从 2007 年的 5.09% 下降至 2016 年的 4.03%，俄罗斯则是从 2007 年的 2.53% 下降至 2016 年的 1.76%（见表 3）。

**表 3　　货物贸易出口金额占世界的比重**　　单位：%

| 年份 | 2007 | 2008 | 2009 | 2010 | 2011 | 2012 | 2013 | 2014 | 2015 | 2016 |
|---|---|---|---|---|---|---|---|---|---|---|
| 中国 | 8.70 | 8.86 | 9.57 | 10.31 | 10.35 | 11.08 | 11.65 | 12.33 | 13.79 | 13.12 |
| 美国 | 8.19 | 7.97 | 8.41 | 8.36 | 8.08 | 8.36 | 8.33 | 8.53 | 9.11 | 9.10 |
| 欧盟 | 38.22 | 36.77 | 36.70 | 33.88 | 33.22 | 31.40 | 32.05 | 32.41 | 32.68 | 33.63 |
| 日本 | 5.09 | 4.84 | 4.63 | 5.03 | 4.49 | 4.32 | 3.77 | 3.63 | 3.79 | 4.03 |
| 韩国 | 2.65 | 2.61 | 2.90 | 3.05 | 3.03 | 2.96 | 2.95 | 3.01 | 3.19 | 3.10 |
| 俄罗斯 | 2.53 | 2.92 | 2.42 | 2.62 | 2.85 | 2.86 | 2.75 | 2.61 | 2.07 | 1.76 |
| 印度 | 1.07 | 1.21 | 1.31 | 1.48 | 1.65 | 1.60 | 1.66 | 1.70 | 1.62 | 1.65 |

资料来源：根据联合国贸发会议数据计算得出。

从服务贸易出口占世界服务出口的比重看，中国服务出口比重呈现上升趋势，从 2007 年的 3.51% 上升至 2016 年的 4.27%。2016 年服务贸易出口占世界服务出口的比重，已超过日本、韩国、俄罗斯和印度，成为重要的服务贸易出口大国（见表 4）。

表4　服务贸易出口金额占世界的比重　单位:%

| 年份 | 2007 | 2008 | 2009 | 2010 | 2011 | 2012 | 2013 | 2014 | 2015 | 2016 |
|---|---|---|---|---|---|---|---|---|---|---|
| 中国 | 3.51 | 3.62 | 3.42 | 4.55 | 4.56 | 4.45 | 4.29 | 4.25 | 4.47 | 4.27 |
| 美国 | 13.65 | 13.26 | 14.29 | 14.38 | 14.25 | 14.49 | 14.55 | 14.42 | 15.44 | 15.42 |
| 欧盟 | 47.81 | 47.23 | 46.10 | 44.01 | 44.15 | 42.87 | 43.53 | 43.83 | 42.16 | 42.30 |
| 日本 | 3.40 | 3.51 | 3.37 | 3.43 | 3.20 | 3.02 | 2.81 | 3.18 | 3.35 | 3.56 |
| 韩国 | 2.00 | 2.27 | 2.03 | 2.12 | 2.06 | 2.29 | 2.15 | 2.18 | 2.01 | 1.90 |
| 俄罗斯 | 1.23 | 1.42 | 1.28 | 1.25 | 1.32 | 1.38 | 1.45 | 1.28 | 1.06 | 1.04 |
| 印度 | 2.42 | 2.64 | 2.59 | 2.99 | 3.14 | 3.21 | 3.09 | 3.05 | 3.21 | 3.32 |

资料来源：根据联合国贸发会议数据计算得出。

### （二）中国出口商品结构不断优化

总的来看，中国积极推进产业转型升级，高新技术、机电产品出口增长较快，且占比越来越高，出口商品结构有所改善。

#### 1. 初级产品与工业制品出口占比相对稳定，但近两年初级产品出口增长较快

2007～2017年中国初级产品与工业制品出口占全国出口的比重相对稳定，初级产品出口占全国出口的比重大约在5%，工业制品出口占全国出口的比重大约在95%（见表5）。

表5　初级产品与工业制品出口情况

| 年份 | 初级产品出口（亿美元） | 工业制品出口（亿美元） | 初级产品出口占比（%） | 工业制品出口占比（%） |
|---|---|---|---|---|
| 2007 | 615.47 | 11564.68 | 5.05 | 94.95 |
| 2008 | 778.48 | 13506.98 | 5.45 | 94.55 |
| 2009 | 630.99 | 11385.64 | 5.25 | 94.75 |
| 2010 | 817.17 | 14962.16 | 5.18 | 94.82 |
| 2011 | 1005.52 | 17980.48 | 5.30 | 94.70 |
| 2012 | 1005.81 | 19483.54 | 4.91 | 95.09 |
| 2013 | 1072.83 | 21027.36 | 4.85 | 95.15 |

续表

| 年份 | 初级产品出口（亿美元） | 工业制品出口（亿美元） | 初级产品出口占比（%） | 工业制品出口占比（%） |
|---|---|---|---|---|
| 2014 | 1127.05 | 22300.41 | 4.81 | 95.19 |
| 2015 | 1039.77 | 21709.72 | 4.57 | 95.43 |
| 2016 | 1050.70 | 19930.84 | 5.01 | 94.99 |
| 2017 | 1177.09 | 21458.13 | 5.20 | 94.80 |

资料来源：Wind 数据库。

从增长率看，2012～2015 年初级产品出口增长率均低于工业制品出口增长率，但 2016 年中国工业制品出口增长率为 -8.10%，低于初级产品 1.10% 的出口增长率，2017 年工业制品出口增长率为 7.70%，低于初级产品 11.90% 的出口增长率（见表 6）。

**表 6　初级产品与工业制品出口增长率**　单位:%

| 年份 | 初级产品出口增长率 | 工业制品出口增长率 |
|---|---|---|
| 2007 | 16.30 | 26.20 |
| 2008 | 24.80 | 16.80 |
| 2009 | -19.10 | -15.80 |
| 2010 | 29.50 | 31.40 |
| 2011 | 23.10 | 20.20 |
| 2012 | 0.00 | 8.40 |
| 2013 | 6.70 | 7.90 |
| 2014 | 5.10 | 6.10 |
| 2015 | -7.70 | -2.68 |
| 2016 | 1.10 | -8.10 |
| 2017 | 11.90 | 7.70 |

资料来源：Wind 数据库。

从初级产品主要出口产品看（按照 STTC 分类），食品及活动物，鱼、甲壳及软体类动物及其制品，蔬菜及水果，石油、石油产品及有关原料这几大类产品出口占比越来越高。2007 年食品及活动物，鱼、甲壳及软体类动物及其制品，蔬菜及水果，石油、石油产品及有关原料这几大类产品出口占初级产品出口的比重分别为 49.96%、15.00%、18.28%、19.78%，2017 年分别上升至 53.22%、17.34%、20.73%、24.54%（见表 7）。

**表 7　　初级产品主要出口产品占初级产品出口的比重　　单位:%**

| 年份 | 食品及活动物 | 鱼、甲壳及软体类动物及其制品 | 蔬菜及水果 | 非食用原料（燃料除外） | 矿物燃料、润滑油及有关原料 | 煤、焦炭及煤砖 | 石油、石油产品及有关原料 |
|---|---|---|---|---|---|---|---|
| 2007 | 49.96 | 15.00 | 18.28 | 14.87 | 32.40 | 10.33 | 19.78 |
| 2008 | 42.09 | 12.96 | 15.92 | 14.57 | 40.64 | 14.21 | 23.86 |
| 2009 | 51.67 | 16.20 | 19.43 | 12.93 | 32.30 | 4.09 | 25.03 |
| 2010 | 50.36 | 16.15 | 19.58 | 14.20 | 32.67 | 4.46 | 24.96 |
| 2011 | 50.22 | 16.88 | 19.03 | 14.90 | 32.10 | 4.18 | 24.93 |
| 2012 | 51.78 | 18.02 | 18.33 | 14.26 | 30.85 | 2.02 | 25.58 |
| 2013 | 51.95 | 18.11 | 18.76 | 13.58 | 31.50 | 2.05 | 26.09 |
| 2014 | 52.28 | 18.52 | 18.21 | 14.04 | 30.57 | 2.13 | 25.15 |
| 2015 | 55.93 | 18.82 | 21.13 | 13.39 | 26.87 | 1.96 | 21.59 |
| 2016 | 58.11 | 19.03 | 22.51 | 12.45 | 25.55 | 2.03 | 20.70 |
| 2017 | 53.22 | 17.34 | 20.73 | 13.11 | 30.03 | 2.77 | 24.54 |

资料来源：Wind 数据库。

从工业制品主要出口产品看（按照 STTC 分类），占工业制品出口半壁江山的机械及运输设备出口占比较为稳定，化学成品及有关产品，通用工业机械设备及零件，未列名电力机械、装置、器具及其电气零件这三类产品占比有所上升。2007 年化学成品及有关产品，通用工业机械设备及零件，未列名电力机械、装置、器具及其电气零件这三类产品占工业制品出口的比重分别为 5.22%、4.06%、11.08%，2017 年分别上升至 6.59%、5.03%、13.47%；而服装及衣着附件占工业制品出口的比重有所下降，从 2007 年的 9.97% 下降至 2017 年的 7.34%（见表 8）。

**表 8　工业制品主要出口产品占比**

单位:%

| 年份 | 化学成品及有关产品 | 按原料分类的制成品 | 纱布纺织制成品及未列名纺织有关产品 | 机械及运输设备 | 通用工业机械设备及零件 | 办公用机械及自动数据处理设备 | 电信及声音的录制或重放装置及设备 | 未列名电力机械、装置、器具及其电气零件 | 杂项制品 | 服装及衣着附件 | 鞋靴 | 未列名杂项制品 |
|---|---|---|---|---|---|---|---|---|---|---|---|---|
| 2007 | 5. 22 | 19. 01 | 4. 84 | 49. 91 | 4. 06 | 12. 72 | 14. 27 | 11. 08 | 25. 67 | 9. 97 | 2. 19 | 6. 03 |
| 2008 | 5. 87 | 19. 38 | 4. 83 | 49. 85 | 4. 52 | 11. 82 | 13. 25 | 11. 31 | 24. 77 | 8. 88 | 2. 20 | 6. 04 |
| 2009 | 5. 45 | 16. 23 | 5. 25 | 51. 86 | 4. 43 | 12. 91 | 13. 97 | 11. 77 | 26. 32 | 9. 42 | 2. 46 | 6. 22 |
| 2010 | 5. 85 | 16. 65 | 5. 14 | 52. 15 | 4. 31 | 13. 12 | 12. 71 | 12. 65 | 25. 24 | 8. 68 | 2. 38 | 5. 86 |
| 2011 | 6. 38 | 17. 77 | 5. 25 | 50. 16 | 4. 44 | 11. 70 | 12. 06 | 12. 12 | 25. 55 | 8. 55 | 2. 32 | 6. 43 |
| 2012 | 5. 83 | 17. 10 | 4. 90 | 49. 50 | 4. 44 | 11. 40 | 12. 08 | 12. 33 | 27. 50 | 8. 19 | 2. 40 | 7. 60 |
| 2013 | 5. 69 | 17. 15 | 5. 07 | 49. 42 | 4. 47 | 10. 41 | 12. 26 | 13. 92 | 27. 65 | 8. 44 | 2. 41 | 7. 50 |
| 2014 | 6. 04 | 17. 95 | 5. 01 | 48. 01 | 4. 58 | 9. 93 | 12. 57 | 12. 51 | 27. 90 | 8. 37 | 2. 52 | 7. 95 |
| 2015 | 5. 97 | 18. 02 | 5. 02 | 48. 80 | 4. 66 | 8. 75 | 13. 62 | 13. 22 | 27. 09 | 8. 04 | 2. 47 | 6. 93 |
| 2016 | 6. 12 | 17. 62 | 5. 25 | 49. 40 | 5. 02 | 8. 63 | 14. 04 | 13. 21 | 26. 57 | 7. 94 | 2. 37 | 6. 89 |
| 2017 | 6. 59 | 17. 15 | 5. 09 | 50. 47 | 5. 03 | 9. 16 | 14. 07 | 13. 47 | 25. 53 | 7. 34 | 2. 24 | 6. 94 |

资料来源：Wind 数据库。

**2. 中国主要出口商品增长较快的既有玩具、塑料制品等传统产品，又有集成电路、自动数据处理设备及其部件等技术含量相对高的产品**

表9中所列主要出口商品出口占中国出口近四成，其中：纺织纱线、织物及制品出口占4.85%，服装及衣着附件出口占6.94%，集成电路出口占2.95%，自动数据处理设备及其部件出口占6.99%。

**表9　2017年主要出口商品出口占比和出口增长率**　单位:%

| 主要出口商品 | 出口占比 | 出口增长率 |
| --- | --- | --- |
| 农产品 | 3.31 | 3.20 |
| 纺织纱线、织物及制品 | 4.85 | 4.50 |
| 旅行用品及箱包 | 1.18 | 6.90 |
| 服装及衣着附件 | 6.94 | -0.40 |
| 鞋类 | 2.13 | 2.00 |
| 玩具 | 1.06 | 30.40 |
| 家具及其零件 | 2.21 | 4.50 |
| 灯具、照明装置及类似品 | 1.26 | -4.90 |
| 成品油（海关口径） | 1.12 | 30.90 |
| 塑料制品 | 1.71 | 8.60 |
| 贵金属或包贵金属的首饰 | 0.48 | 8.60 |
| 集成电路 | 2.95 | 9.80 |
| 自动数据处理设备及其部件 | 6.99 | 15.20 |
| 汽车零件 | 2.19 | 8.90 |
| 全国出口 | — | 7.90 |

资料来源：Wind数据库。

在这些主要出口商品中，2017年出口增长率高于全国出口增长率的主要有玩具、成品油、塑料制品、贵金属或包贵金属的首饰、集成电路、自动数据处理设备及其部件、汽车零件，其出口增长率分别为30.40%、30.90%、8.60%、8.60%、9.80%、15.20%、8.90%。

按照HS分类，“化学工业及其相关工业的产品”“塑料及其制品；橡胶及其制品”这两类产品出口占总出口的比重有所上升，分别从2007年的4.19%、2.99%，上升至2017年的5.06%、4.01%；而“纺织原料及纺织制品”“贱金属及其制品”出口占出口的比重呈下降趋势，分别从2007年的13.59%、9.47%，下降至2017年的11.35%、7.29%；而“机电、音像设备及其零件、附件”“车辆、航空器、船舶及运输设备”“光学、医疗等仪器；钟表；乐器”这三类产品出口额占出口的比重相对较为稳定（见表10）。

**表10　出口商品占比情况**　单位:%

| 年份 | 化学工业及其相关工业的产品 | 塑料及其制品；橡胶及其制品 | 纺织原料及纺织制品 | 贱金属及其制品 | 机电、音像设备及其零件、附件 | 车辆、航空器、船舶及运输设备 | 光学、医疗等仪器；钟表；乐器 |
|---|---|---|---|---|---|---|---|
| 2007 | 4.19 | 2.99 | 13.59 | 9.47 | 43.34 | 4.51 | 3.34 |
| 2008 | 4.81 | 2.88 | 12.53 | 10.05 | 42.68 | 4.95 | 3.33 |
| 2009 | 4.50 | 2.99 | 13.43 | 6.42 | 44.70 | 5.00 | 3.54 |
| 2010 | 4.75 | 3.14 | 12.65 | 7.02 | 44.28 | 5.63 | 3.59 |
| 2011 | 5.11 | 3.50 | 12.67 | 7.64 | 42.12 | 5.75 | 3.48 |
| 2012 | 4.61 | 3.78 | 12.01 | 7.28 | 42.14 | 5.29 | 3.88 |
| 2013 | 4.42 | 3.84 | 12.40 | 7.06 | 42.77 | 4.55 | 3.71 |
| 2014 | 4.67 | 3.86 | 12.28 | 7.87 | 41.49 | 4.47 | 3.46 |
| 2015 | 4.67 | 3.79 | 12.03 | 7.77 | 42.18 | 4.72 | 3.57 |
| 2016 | 4.73 | 3.87 | 12.07 | 7.36 | 42.78 | 4.43 | 3.55 |
| 2017 | 5.06 | 4.01 | 11.35 | 7.29 | 43.39 | 4.63 | 3.39 |

资料来源：Wind数据库。

按照HS分类，2017年“化学工业及其相关工业的产品”“塑料及其制品；橡胶及其制品”“机电、音像设备及其零件、附件”“车辆、航空器、船舶及运输设备”这四类产品出口增长率分别为15.30%、11.80%、9.50%、12.80%，均高于全国出口增长率；而“纺织原料及纺织制品”“贱金属及其制品”“光学、医疗等仪器；钟表；乐器”出口增长率分别为1.50%、6.90%、3.20%，均低于全国出口增长率（见表11）。

表 11　　主要出口商品增长率　　单位：%

| 年份 | 化学工业及其相关工业的产品 | 塑料及其制品；橡胶及其制品 | 纺织原料及纺织制品 | 贱金属及其制品 | 机电、音像设备及其零件、附件 | 车辆、航空器、船舶及运输设备 | 光学、医疗等仪器；钟表；乐器 | 全国出口额 |
|---|---|---|---|---|---|---|---|---|
| 2007 | 35.40 | 23.20 | 20.10 | 35.40 | 27.70 | 43.10 | 14.30 | 25.75 |
| 2008 | 34.80 | 12.70 | 8.10 | 24.40 | 15.50 | 28.70 | 16.90 | 17.40 |
| 2009 | -21.50 | -13.20 | -10.20 | -46.50 | -12.10 | -15.00 | -10.50 | -16.01 |
| 2010 | 38.80 | 38.00 | 23.60 | 43.70 | 30.10 | 47.90 | 33.00 | 31.30 |
| 2011 | 29.50 | 33.80 | 20.60 | 30.80 | 14.50 | 22.80 | 16.60 | 20.32 |
| 2012 | -2.70 | 16.60 | 2.30 | 2.90 | 8.00 | -0.70 | 20.30 | 7.92 |
| 2013 | 3.50 | 9.80 | 11.40 | 4.70 | 9.50 | -7.20 | 3.20 | 7.82 |
| 2014 | 12.00 | 6.50 | 5.00 | 18.10 | 2.90 | 4.60 | -0.90 | 6.03 |
| 2015 | -2.90 | -4.70 | -4.90 | -4.10 | -1.30 | 2.30 | 0.20 | -2.94 |
| 2016 | -6.50 | -5.80 | -7.40 | -12.60 | -6.40 | -13.40 | -8.20 | -7.73 |
| 2017 | 15.30 | 11.80 | 1.50 | 6.90 | 9.50 | 12.80 | 3.20 | 7.90 |

资料来源：Wind 数据库。

### 3. 中国高新技术产品、机电产品出口占比不断提升

2007～2017 年，中国高新技术产品出口额从 2007 年的 3478.25 亿美元增长至 2017 年的 6674.28 亿美元，增长近一倍；但是，高新技术产品出口占全国出口的比重相对稳定在 30% 左右，且占比有所上升；2017 年高新技术产品出口增长率为 10.60%，高于全国出口增长率（7.90%）（见表 12、表 13）。

2007～2017 年，中国机电产品出口额从 2007 年的 7011.71 亿美元增长至 2017 年的 13214.66 亿美元；但是，机电产品出口占全国出口的比重相对稳定在 57%～60%。2011 年至今，机电产品出口占全国出口的比重呈现上升趋势，占比从 2011 年的 57.18% 上升至 2017 年的 58.38%。2017 年机电技术产品出口增速为 9.30%，高于全国出口增速（7.90%）（见表 12、表 13）。

表 12　　高新技术产品和机电产品出口情况

| 年份 | 高新技术产品出口额（亿美元） | 高新技术产品出口增长率（%） | 机电产品出口额（亿美元） | 机电产品出口增长率（%） | 全国出口额（亿美元） | 出口增长率（%） |
|---|---|---|---|---|---|---|
| 2007 | 3478.25 | 23.60 | 7011.71 | 27.60 | 12204.60 | 25.75 |
| 2008 | 4156.11 | 13.10 | 8229.30 | 17.30 | 14306.90 | 17.40 |
| 2009 | 3769.09 | -9.30 | 7131.13 | -13.40 | 12016.10 | -16.01 |
| 2010 | 4924.14 | 30.70 | 9334.34 | 30.90 | 15777.54 | 31.30 |
| 2011 | 5487.88 | 11.50 | 10855.89 | 16.30 | 18983.81 | 20.32 |
| 2012 | 6011.96 | 9.60 | 11794.21 | 8.70 | 20487.14 | 7.92 |
| 2013 | 6603.30 | 9.80 | 12655.27 | 7.30 | 22090.04 | 7.82 |
| 2014 | 6605.34 | 0.10 | 13109.04 | 3.70 | 23422.93 | 6.03 |
| 2015 | 6552.12 | -0.80 | 13107.15 | 0.00 | 22734.68 | -2.94 |
| 2016 | 6038.73 | -7.80 | 12093.97 | -7.70 | 20976.31 | -7.73 |
| 2017 | 6674.28 | 10.60 | 13214.66 | 9.30 | 22634.90 | 7.90 |

资料来源：Wind 数据库。

表 13　　高新技术产品和机电产品出口占比情况　　单位:%

| 年份 | 高新技术产品出口占全国出口的比重 | 机电产品出口额占全国出口的比重 |
|---|---|---|
| 2007 | 28.50 | 57.45 |
| 2008 | 29.05 | 57.52 |
| 2009 | 31.37 | 59.35 |
| 2010 | 31.21 | 59.16 |
| 2011 | 28.91 | 57.18 |
| 2012 | 29.35 | 57.57 |
| 2013 | 29.89 | 57.29 |
| 2014 | 28.20 | 55.97 |
| 2015 | 28.82 | 57.65 |
| 2016 | 28.79 | 57.66 |
| 2017 | 29.49 | 58.38 |

资料来源：Wind 数据库。

### （三）面向东盟、金砖国家出口增长较快，且占中国出口的比重呈现上升趋势

从2007～2017年中国面向主要经济体出口占中国出口的比重变化情况看，面向欧盟、日本、中国香港、俄罗斯等出口市场的出口比重呈现下降趋势。面向欧盟的出口占比从2007年的20.09%下降至2017年的16.44%；面向日本的出口占比从2007年的8.36%下降至2017年的6.07%；面向中国香港的出口占比从2007年的15.11%下降至2017年的12.34%；面向俄罗斯的出口占比从2007年的2.33%下降至2017年的1.89%。面向东盟、印度、澳大利亚等出口市场的出口比重呈现上升趋势。面向东盟的出口占比从2007年的7.72%上升至2017年的12.33%；面向印度的出口占比从2007年的1.97%上升至2017年的3.01%；面向澳大利亚的出口占比从2007年的1.47%上升至2017年的1.83%。面向美国、韩国、南非、巴西等出口市场的出口比重总体较为稳定。2007～2017年面向美国出口占中国出口的比重大致在17%～19%；面向韩国出口占中国出口的比重大致在4.50%；面向南非出口占中国出口的比重大致在0.60%～0.7%；面向巴西出口占中国出口的比重大致在1.00%～1.50%（见表14）。

**表14　面向主要经济体出口占全国出口的比重**　单位：%

| 年份 | 美国 | 欧盟 | 日本 | 中国香港 | 中国台湾 | 韩国 |
|---|---|---|---|---|---|---|
| 2007 | 19.07 | 20.09 | 8.36 | 15.11 | 1.92 | 4.60 |
| 2008 | 17.63 | 20.47 | 8.12 | 13.33 | 1.81 | 5.17 |
| 2009 | 18.38 | 19.66 | 8.15 | 13.83 | 1.71 | 4.47 |
| 2010 | 17.96 | 19.73 | 7.67 | 13.84 | 1.88 | 4.36 |
| 2011 | 17.09 | 18.75 | 7.81 | 14.12 | 1.85 | 4.37 |
| 2012 | 17.17 | 16.30 | 7.40 | 15.79 | 1.80 | 4.28 |
| 2013 | 16.68 | 15.35 | 6.80 | 17.42 | 1.84 | 4.13 |
| 2014 | 16.91 | 15.83 | 6.38 | 15.51 | 1.98 | 4.28 |

续表

| 年份 | 美国 | 欧盟 | 日本 | 中国香港 | 中国台湾 | 韩国 |
|---|---|---|---|---|---|---|
| 2015 | 18.01 | 15.65 | 5.97 | 14.55 | 1.97 | 4.46 |
| 2016 | 18.36 | 16.16 | 6.16 | 13.72 | 1.92 | 4.47 |
| 2017 | 18.99 | 16.44 | 6.07 | 12.34 | 1.94 | 4.54 |
| 年份 | 东盟 | 印度 | 南非 | 俄罗斯 | 澳大利亚 | 巴西 |
| 2007 | 7.72 | 1.97 | 0.61 | 2.33 | 1.47 | 0.93 |
| 2008 | 7.98 | 2.20 | 0.60 | 2.31 | 1.55 | 1.31 |
| 2009 | 8.85 | 2.47 | 0.61 | 1.46 | 1.72 | 1.17 |
| 2010 | 8.76 | 2.59 | 0.68 | 1.88 | 1.73 | 1.55 |
| 2011 | 8.96 | 2.66 | 0.70 | 2.05 | 1.79 | 1.68 |
| 2012 | 9.97 | 2.33 | 0.75 | 2.15 | 1.84 | 1.63 |
| 2013 | 11.05 | 2.19 | 0.76 | 2.25 | 1.70 | 1.64 |
| 2014 | 11.62 | 2.31 | 0.67 | 2.29 | 1.67 | 1.49 |
| 2015 | 12.21 | 2.56 | 0.70 | 1.53 | 1.77 | 1.21 |
| 2016 | 12.20 | 2.78 | 0.61 | 1.78 | 1.78 | 1.05 |
| 2017 | 12.33 | 3.01 | 0.66 | 1.89 | 1.83 | 1.28 |

资料来源：Wind 数据库。

从面向主要经济体出口增长率看，2007～2017 年全国出口平均增长率为8.89%，面向韩国、东盟、印度、南非、俄罗斯、澳大利亚、巴西等经济体的出口平均增长率分别为9.22%、13.95%、16.67%、10.51%、15.46%、11.52%、18.06%，高于全国出口平均增长率；而面向美国、欧盟、日本、中国香港、中国台湾等经济体的出口平均增长率分别为7.52%、7.35%、4.44%、6.64%、8.28%，低于全国出口平均增长率（见表15）。

中国面向“一带一路”沿线国家出口快速增长。从出口增长率看，中国向“一带一路”沿线国家出口增长率高于全国出口增长率。2016 年中国向“一带一路”沿线国家出口3.8 万亿元，增长0.7%，增速高于全国出口增速1.3 个百分点。2017 年中国向“一带一路”沿线国家出口4.3 万亿

表 15　　面向主要经济体出口增长率　　单位：%

| 年份 | 美国 | 欧盟 | 日本 | 中国香港 | 中国台湾 | 韩国 |
|---|---|---|---|---|---|---|
| 2007 | 14.40 | 29.20 | 11.40 | 18.70 | 13.10 | 26.10 |
| 2008 | 8.40 | 19.50 | 13.80 | 3.40 | 10.30 | 31.00 |
| 2009 | -12.50 | -19.40 | -15.70 | -12.80 | -20.80 | -27.40 |
| 2010 | 28.30 | 31.80 | 23.70 | 31.30 | 44.80 | 28.10 |
| 2011 | 14.50 | 14.40 | 22.50 | 22.80 | 18.30 | 20.60 |
| 2012 | 8.40 | -6.20 | 2.30 | 20.70 | 4.80 | 5.70 |
| 2013 | 4.70 | 1.10 | -0.90 | 19.00 | 10.50 | 4.00 |
| 2014 | 7.50 | 9.40 | -0.50 | -5.50 | 13.90 | 10.10 |
| 2015 | 3.40 | -4.00 | -9.20 | -8.90 | -3.00 | 1.00 |
| 2016 | -5.90 | -4.70 | -4.70 | -12.90 | -10.10 | -7.50 |
| 2017 | 11.50 | 9.70 | 6.10 | -2.80 | 9.30 | 9.70 |
| 平均增长率 | 7.52 | 7.35 | 4.44 | 6.64 | 8.28 | 9.22 |

| 年份 | 东盟 | 印度 | 南非 | 俄罗斯 | 澳大利亚 | 巴西 | 全国出口 |
|---|---|---|---|---|---|---|---|
| 2007 | 32.10 | 64.70 | 28.80 | 79.90 | 32.10 | 54.10 | 25.75 |
| 2008 | 20.70 | 31.20 | 15.70 | 15.90 | 23.60 | 64.90 | 17.40 |
| 2009 | -7.00 | -6.10 | -14.50 | -47.10 | -7.20 | -24.90 | -16.01 |
| 2010 | 30.10 | 38.00 | 46.70 | 69.00 | 31.90 | 73.30 | 31.30 |
| 2011 | 23.10 | 23.50 | 23.70 | 31.40 | 24.60 | 30.20 | 20.32 |
| 2012 | 20.10 | -5.70 | 14.70 | 13.20 | 11.30 | 5.00 | 7.92 |
| 2013 | 19.50 | 1.60 | 9.80 | 12.60 | -0.40 | 8.30 | 7.82 |
| 2014 | 11.50 | 12.00 | -6.70 | 8.20 | 4.30 | -2.80 | 6.03 |
| 2015 | 2.00 | 7.40 | 1.00 | -35.20 | 3.00 | -21.40 | -2.94 |
| 2016 | -7.70 | 0.30 | -19.00 | 7.40 | -7.50 | -19.80 | -7.73 |
| 2017 | 9.00 | 16.50 | 15.40 | 14.80 | 11.00 | 31.80 | 7.90 |
| 平均增长率 | 13.95 | 16.67 | 10.51 | 15.46 | 11.52 | 18.06 | 8.89 |

资料来源：Wind 数据库。

元，增长 12.1%，增速高于全国出口增速 1.3 个百分点。从出口占比看，中国向“一带一路”沿线国家出口占比不断提升。2016 年中国向“一带一路”沿线国家出口占中国出口的比重为 27.46%，2017 年上升至 28.10%。

### （四）一般贸易方式出口快速增长，且一般贸易方式出口占比不断提升

与全国出口增长率比较而言，中国一般贸易方式出口增长率相对较快。除2009年、2012年外，2007～2017年其他年份一般贸易方式出口增长率，均高于全国出口增长率，也使得中国一般贸易方式出口占全国出口的比重不断提高，从2007年的44.13%上升至2017年的54.34%（见表16）。

表16　一般贸易方式出口情况

| 年份 | 一般贸易方式出口增长率（%） | 一般贸易方式出口金额（亿美元） | 全国出口增长率（%） | 全国出口金额（亿美元） | 一般贸易方式出口占全国出口的比重（%） |
|---|---|---|---|---|---|
| 2007 | 29.40 | 5385.76 | 25.75 | 12204.60 | 44.13 |
| 2008 | 22.90 | — | 17.40 | 14306.90 | 0.00 |
| 2009 | -20.10 | 5298.33 | -16.01 | 12016.10 | 44.09 |
| 2010 | 36.00 | 7207.33 | 31.30 | 15777.54 | 45.68 |
| 2011 | 27.30 | 9171.24 | 20.32 | 18983.81 | 48.31 |
| 2012 | 7.70 | 9880.07 | 7.92 | 20487.14 | 48.23 |
| 2013 | 10.10 | 10875.53 | 7.82 | 22090.04 | 49.23 |
| 2014 | 10.70 | 12036.82 | 6.03 | 23422.93 | 51.39 |
| 2015 | 1.20 | 12172.53 | -2.94 | 22734.68 | 53.54 |
| 2016 | -7.00 | 11293.66 | -7.73 | 20976.31 | 53.84 |
| 2017 | 8.70 | 12300.84 | 7.90 | 22634.90 | 54.34 |

资料来源：Wind数据库。

### （五）民营企业在出口中发挥越来重要的作用

近两年，中国民营企业出口增长率高于全国出口增长率，2016年、2017年民营企业出口增长率分别为-0.2%、12.3%，而全国出口增长率分别为-2.00%、10.80%。与此同时，民营企业出口占全国的比重不断提升，从2016年的45.88%上升至2017年的46.50%，这表明了民营企业在出口中发挥越来越重要的作用（见表17）。

表 17　　民营企业出口情况

| 年份 | 民营企业出口额（亿元） | 民营企业出口同比增长率（%） | 全国出口额（亿元） | 全国出口增长率（%） | 民营企业出口占全国出口的比重（%） |
|---|---|---|---|---|---|
| 2016 | 63500. 00 | -0. 20 | 138408. 67 | -2. 00 | 45. 88 |
| 2017 | 71300. 00 | 12. 30 | 153318. 32 | 10. 80 | 46. 50 |

资料来源：Wind 数据库。

## 二、中国出口结构面临的问题与不足

### （一）出口市场仍主要集中在美日欧等发达经济体，且面向发达经济体与新兴经济体的出口商品结构相似性较高

近年来，中国不断加大出口市场多元化开拓力度，中国面向东盟和金砖国家的出口占出口的比重有所上升，从 2007 年的 13. 56% 上升至 2017 年的 19. 17%，但中国出口市场主要集中面向美国、欧盟、日本和韩国，2017 年面向美国、欧盟、日本和韩国的出口占比为 46. 03%（见表 18）。

表 18　　面向主要经济体出口占全国出口比重　　单位:%

| 年份 | 美国、欧盟、日本、韩国 | 东盟、印度、南非、俄罗斯、巴西 |
|---|---|---|
| 2007 | 52. 12 | 13. 56 |
| 2008 | 51. 39 | 14. 40 |
| 2009 | 50. 66 | 14. 56 |
| 2010 | 49. 71 | 15. 47 |
| 2011 | 48. 03 | 16. 05 |
| 2012 | 45. 16 | 16. 83 |
| 2013 | 42. 95 | 17. 89 |
| 2014 | 43. 41 | 18. 38 |
| 2015 | 44. 09 | 18. 20 |
| 2016 | 45. 15 | 18. 43 |
| 2017 | 46. 03 | 19. 17 |

资料来源：Wind 数据库。

总的来看，中国面向主要发达经济体和新兴经济体出口的产品主要是“机电、音像设备及其零件、附件”和“纺织原料及纺织制品”这两类（具体见附表1至附表9）。而且，机电产品是面向发达经济体和新兴经济体的第一大出口产品，占比均在30%以上。2017年面向美国、欧盟、日本、韩国和澳大利亚出口“机电、音像设备及其零件、附件”占其出口的比重分别为46.20%、42.62%、41.08%、45.90%、35.72%；而面向巴西、俄罗斯、南非和印度出口“机电、音像设备及其零件、附件”占其出口的比重分别为39.09%、37.59%、32.77%、50.05%。除印度之外，“纺织原料及纺织制品”均是面向主要发达经济体和新兴经济体前三大出口商品。随着中国劳动力成本上升，部分劳动力密集型产品转移到成本更低的发展中国家。与此同时，中国加快推进产业转型升级，高新技术产业快速发展。中国劳动密集型产品、高新技术产品（包括机电产品在内）将会面临来自发展中国家、发达经济体的竞争。另外，面向发达经济体与新兴经济体的出口商品结构较高的相似性，也增加了中国出口增长面临的风险和压力。

### （二）重要的机电产品出口占比下降

中国机电产品出口包括医疗仪器及器械、船舶、汽车零件和自动数据处理设备及其部件、自动数据处理设备的零件等。虽然自动数据处理设备及其部件、自动数据处理设备的零件和通断保护电路装置及零件、家具及其零件占机电产品出口的比重相对较大，但是，自动数据处理设备及其部件出口占机电产品出口的比重呈现下降趋势，从2007年的17.64%下降至2016年的11.36%；自动数据处理设备的零件出口占机电产品出口的比重，从2007年的4.61%下降至2016年的2.07%（见表19）。

### （三）货物出口与服务出口不均衡

改革开放以来，中国已成为世界重要的货物出口大国和货物贸易大

表19　各机电产品出口占机电产品出口的比重　单位:%

| 年份 | 自动数据处理设备及其部件 | 自动数据处理设备的零件 | 通断保护电路装置及零件 | 家具及其零件 |
|---|---|---|---|---|
| 2007 | 17.64 | 4.61 | 1.37 | 3.16 |
| 2008 | 16.41 | 3.81 | 1.44 | 3.27 |
| 2009 | 17.16 | 3.61 | 1.46 | 3.55 |
| 2010 | 17.56 | 3.29 | 1.58 | 3.53 |
| 2011 | 16.24 | 2.76 | 1.62 | 3.50 |
| 2012 | 15.71 | 2.51 | 1.69 | 4.14 |
| 2013 | 14.40 | 2.26 | 1.71 | 4.10 |
| 2014 | 13.86 | 2.32 | 1.88 | 3.97 |
| 2015 | 11.62 | 2.14 | 1.86 | 4.03 |
| 2016 | 11.36 | 2.07 | 2.05 | 3.95 |

资料来源：Wind 数据库。

国。但与货物出口相比，中国的服务出口不仅规模小，且占世界服务出口的比重较少，与欧盟、美国的服务出口有较大差距。2016 年美国、欧盟的服务贸易出口占世界服务出口的比重分别为 15.42%、42.30%，而中国占比只有 4.27%。

中国服务出口与服务业发展状况不相称。中国是全球制造业大国，成就了中国的货物出口大国地位。近年来，中国服务业占 GDP 的比重不断上升，目前服务业增加值占 GDP 的比重达到 60%。但是，中国服务出口在世界服务出口中的地位，与中国服务业的现状不相称、不匹配。

### （四）外商投资企业出口增长乏力，出口占比不断降低

2007～2017 年外商投资企业、中外合作企业、中外合资企业、外商独资企业出口增长率分别为 5.91%、-5.12%、5.37%、6.47%，均低于同期全国出口平均增长率（8.89%），而只有同期外商独资企业出口平均增长率（6.47%）略高于全国出口平均增长率，由此说明外资企业出口增长

乏力（见表20）。外资企业出口增长乏力与中国劳动力成本上升、中国吸引外资主要集中在第三产业有关。

**表20**　　**外资企业出口增长率**　　单位:%，美元计价

| 年份 | 外商投资企业出口增长率 | 中外合作企业出口增长率 | 中外合资企业出口增长率 | 外商独资企业出口增长率 | 全国出口额同比增长率 |
|---|---|---|---|---|---|
| 2007 | 23.40 | 2.30 | 21.40 | 25.20 | 25.75 |
| 2008 | 13.60 | 1.20 | 14.20 | 13.80 | 17.40 |
| 2009 | -15.00 | -20.50 | -19.50 | -12.90 | -16.01 |
| 2010 | 28.30 | 13.00 | 30.30 | 28.00 | 31.30 |
| 2011 | 15.40 | 7.30 | 14.90 | 15.90 | 20.32 |
| 2012 | 2.80 | -8.50 | 5.20 | 2.10 | 7.92 |
| 2013 | 2.10 | -2.90 | 4.70 | 1.20 | 7.82 |
| 2014 | 3.00 | -13.00 | 1.70 | 3.90 | 6.03 |
| 2015 | -6.50 | -16.60 | -7.50 | -5.90 | -2.94 |
| 2016 | -8.70 | -13.40 | -10.00 | -8.10 | -7.73 |
| 2017 | 6.60 | -5.20 | 3.70 | 8.00 | 7.90 |
| 平均增长率 | 5.91 | -5.12 | 5.37 | 6.47 | 8.89 |

资料来源：Wind数据库。

由于外商投资企业出口增长乏力，使得外商投资企业出口占全国出口的比重从2007年的56.99%下降至2017年的43.19%（见图1）。

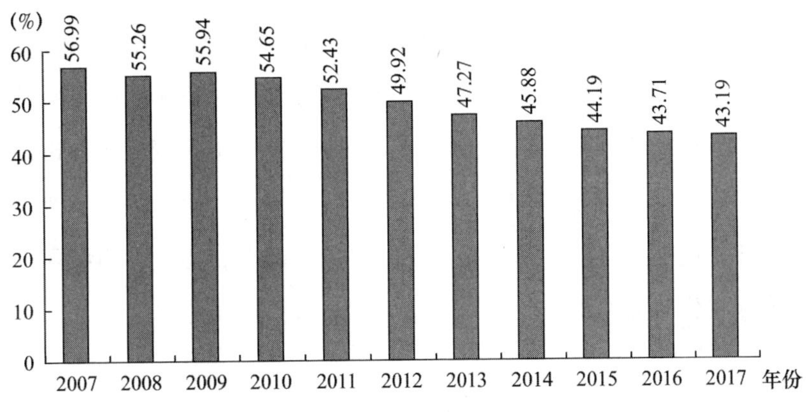


**图1　外商投资企业出口占全国出口的比重**

资料来源：Wind数据库。

### （五）出口处于新旧动力转换阶段，出口增长新动能正在培育之中

近年来，中国实施采购贸易方式试点、建立跨境电子商务综合试验区，大力推进外贸新模式发展，为应对严峻的出口形势、促进出口提供了有力的支撑。这两年，跨境电子商务、市场采购贸易等出口增速明显快于全国出口整体增速，出口新动能培育成效显著。但是，目前跨境电子商务、市场采购贸易等出口规模占全国出口的规模还不高，出口增长新动能正在培育之中。

## 三、中国下一步出口升级方向

结合中国出口结构的特点和存在的问题，出口升级总的思路就是：不仅要加快运用新兴技术，推动传统出口产品转型升级，巩固中国传统产品出口大国地位；还要加快推动技术进步，增强高新技术和机电产品领域的出口竞争优势；还要利用制造业和服务业融合发展机遇，加快服务业出口。既要充分发挥自身优势，增强对发达经济体的出口优势，又要通过投资等途径，深化与新兴经济体和“一带一路”沿线国家合作，拓展出口市场。

### （一）加大力度开拓新兴经济体和“一带一路”沿线国家出口市场

为应对中国出口市场主要集中在美日欧等发达经济体而存在的风险与不确定性，应加快开拓新兴经济体和“一带一路”沿线国家出口市场。随着“一带一路”建设加快推进，中国与“一带一路”沿线国家经贸合作将不断深化，应加大对“一带一路”沿线国家市场开拓力度，为中国出口增长和升级提供有力的支撑。

### （二）顺应中国服务业发展趋势，加快发展服务贸易出口

改变中国服务业国际竞争力相对较弱、中国出口过于集中于货物的现

状，就要加快发展服务出口。随着中国产业转型升级的推进，服务业加快发展、制造业呈现服务化、制造业和服务业融合发展是未来趋势。顺应这种趋势，应加快服务业发展，促进服务出口。一方面，加快推进中国制造服务化步伐，大力发展与制造业相关服务出口。另一方面，顺应未来需要，重点加快文化、教育、旅游等相关出口。

### （三）加快技术进步，力促高新技术和机电产品出口

中国目前出口商品的重点是机电产品，今后出口升级方向是加快推进机电产品发展，挖掘机电产品出口潜力。充分利用国际金融危机以来出口竞争激烈的压力，倒逼企业加快技术进步，积极鼓励企业深化在高新技术、机电产品领域与发达国家合作，推动与发达国家形成分工合作。

### （四）在纺织服装、玩具等传统出口领域植入互联网、人工智能等元素，不断提升传统行业出口竞争力

纺织服装等传统出口领域，是中国出口重点商品。在传统出口领域，虽然属于劳动密集型产业，但可以植入互联网、人工智能元素，将这些产业发展成为技术密集型、资本密集型产业。在纺织服装、玩具等行业，植入互联网、人工智能元素，大幅降低劳动力成本，提升国际竞争力；在传统领域，引入互联网、人工智能元素，更好对接个性化需求，加快发展个性化出口。加快运用新技术，不断提升传递产品的竞争力，使中国继续保持“传统产品”出口大国地位。

### （五）加快培育出口新动能，大力发展外贸新业态

大力发展跨境电子商务、市场采购贸易等外贸新业态，为出口培育新动能。加快运用信息技术和新兴技术，发展外贸综合服务业。鼓励企业探索发展外贸新业态，发挥企业在培育出口新动能方面的积极性、主动性。

### （六）加快推动加工贸易转型升级

顺应中国加工贸易发展趋势，应加快推动加工贸易企业由单纯的贴牌生产（OEM）向委托设计（ODM）、自有品牌（OBM）方式发展。延长产业链，提升加工贸易在全球价值链中的地位。发挥沿海地区加工贸易产业配套完备、产业集聚、物流便捷、监管高效等优势，促进产业转型升级。与此同时，加快珠三角加工贸易转型升级示范区和东莞、苏州加工贸易转型升级试点城市以及示范企业建设，带动加工贸易转型升级。

执笔人：赵福军

附表 1　**面向美国出口主要商品占比**

单位：%

| 年份 | 化学工业及其相关工业的产品 | 塑料及其制品；橡胶及其制品 | 纺织原料及纺织制品 | 鞋帽伞等；已加工的羽毛及其制品；人造花；人发制品 | 贱金属及其制品 | 机电、音像设备及其零件、附件 | 车辆、航空器、船舶及运输设备 | 光学、医疗等仪器；钟表；乐器 |
|---|---|---|---|---|---|---|---|---|
| 2007 | 2.59 | 3.87 | 9.83 | 4.27 | 7.66 | 46.34 | 3.84 | 2.29 |
| 2008 | 3.50 | 3.75 | 9.22 | 4.41 | 8.16 | 44.98 | 3.77 | 2.50 |
| 2009 | 3.09 | 3.80 | 11.13 | 4.79 | 5.41 | 47.41 | 2.86 | 2.62 |
| 2010 | 3.23 | 3.70 | 11.10 | 4.70 | 5.30 | 46.90 | 3.68 | 2.70 |
| 2011 | 3.57 | 4.13 | 10.80 | 4.62 | 5.51 | 46.22 | 3.89 | 2.54 |
| 2012 | 3.33 | 4.55 | 10.28 | 4.66 | 5.41 | 46.42 | 3.80 | 2.70 |
| 2013 | 3.21 | 4.64 | 10.57 | 4.53 | 5.39 | 45.96 | 3.79 | 2.60 |
| 2014 | 3.23 | 4.53 | 10.57 | 4.39 | 5.60 | 46.16 | 4.29 | 2.62 |
| 2015 | 3.06 | 4.39 | 10.93 | 4.51 | 5.67 | 43.84 | 4.14 | 2.69 |
| 2016 | 3.07 | 4.24 | 10.94 | 4.11 | 5.11 | 44.78 | 4.36 | 2.82 |
| 2017 | 3.25 | 4.31 | 9.88 | 3.71 | 5.24 | 46.20 | 4.58 | 2.48 |

资料来源：Wind 数据库。

附表 2　　面向欧盟出口主要商品占比　　单位：%

| 年份 | 化学工业及其相关工业的产品 | 塑料及其制品；橡胶及其制品 | 纺织原料及纺织制品 | 鞋帽伞等；已加工的羽毛及其制品；人造花；人发制品 | 贱金属及其制品 | 机电、音像设备及其零件、附件 | 车辆、航空器、船舶及运输设备 | 杂项制品 |
|---|---|---|---|---|---|---|---|---|
| 2008 | 4.29 | 2.24 | 12.70 | 2.35 | 8.80 | 45.73 | 5.54 | 6.99 |
| 2009 | 4.15 | 2.42 | 14.64 | 2.83 | 5.18 | 45.85 | 5.69 | 7.89 |
| 2010 | 4.39 | 2.54 | 13.83 | 2.74 | 5.72 | 46.58 | 5.70 | 7.19 |
| 2011 | 4.63 | 3.03 | 14.53 | 3.07 | 6.60 | 43.63 | 5.37 | 7.24 |
| 2012 | 4.55 | 3.46 | 13.60 | 3.46 | 6.24 | 43.28 | 4.57 | 8.45 |
| 2013 | 4.60 | 3.60 | 14.75 | 3.89 | 6.24 | 42.34 | 3.78 | 8.43 |
| 2014 | 4.57 | 3.57 | 15.33 | 3.96 | 6.74 | 41.76 | 4.03 | 8.36 |
| 2015 | 4.56 | 3.52 | 14.45 | 3.91 | 6.79 | 41.06 | 3.86 | 9.42 |
| 2016 | 4.63 | 3.58 | 13.98 | 3.76 | 6.23 | 41.82 | 4.04 | 9.47 |
| 2017 | 4.95 | 3.68 | 12.70 | 3.54 | 6.24 | 42.62 | 4.62 | 9.48 |

资料来源：Wind 数据库。

附表 3　面向日本出口主要商品占比

单位：%

| 年份 | 食品；饮料、酒及醋；烟草及制品 | 化学工业及其相关工业的产品 | 塑料及其制品；橡胶及其制品 | 塑料及其制品 | 纺织原料及纺织制品 | 贱金属及其制品 | 机电、音像设备及其零件、附件 | 光学、医疗等仪器；钟表；乐器 | 杂项制品 |
|---|---|---|---|---|---|---|---|---|---|
| 2007 | 4.83 | 5.53 | 2.66 | 2.23 | 18.79 | 1.82 | 35.65 | 3.40 | 4.43 |
| 2008 | 3.74 | 6.02 | 2.61 | 2.22 | 17.84 | 7.18 | 35.89 | 3.34 | 4.81 |
| 2009 | 4.35 | 4.57 | 2.76 | 2.40 | 21.17 | 4.56 | 36.21 | 3.15 | 5.56 |
| 2010 | 4.15 | 5.61 | 2.79 | 2.41 | 17.98 | 5.58 | 39.15 | 3.46 | 4.75 |
| 2011 | 4.05 | 6.62 | 2.95 | 2.53 | 17.76 | 6.91 | 36.40 | 3.60 | 5.30 |
| 2012 | 4.47 | 5.08 | 3.10 | 2.64 | 17.43 | 5.58 | 38.66 | 4.08 | 5.96 |
| 2013 | 4.21 | 4.71 | 3.28 | 2.84 | 17.43 | 5.10 | 40.18 | 3.57 | 5.76 |
| 2014 | 4.14 | 5.02 | 3.41 | 2.94 | 15.91 | 5.69 | 41.31 | 3.74 | 5.61 |
| 2015 | 4.15 | 5.22 | 3.48 | 3.00 | 15.44 | 5.53 | 41.05 | 3.87 | 5.69 |
| 2016 | 4.10 | 5.08 | 3.59 | 3.11 | 15.20 | 5.41 | 41.19 | 3.65 | 6.08 |
| 2017 | 3.89 | 5.40 | 3.62 | 3.13 | 14.34 | 5.63 | 41.08 | 3.60 | 6.44 |

资料来源：Wind 数据库。

附表 4 面向韩国出口主要商品占比

单位：%

| 年份 | 矿产品 | 化学工业及其相关工业的产品 | 纺织原料及纺织制品 | 贱金属及其制品 | 机电、音像设备及其零件、附件 | 光学、医疗等仪器；钟表；乐器 |
| --- | --- | --- | --- | --- | --- | --- |
| 2008 | 5.73 | 6.04 | 7.32 | 26.88 | 36.71 | 2.58 |
| 2009 | 4.57 | 6.47 | 7.60 | 14.02 | 45.33 | 3.61 |
| 2010 | 3.61 | 7.03 | 7.69 | 15.90 | 41.77 | 4.43 |
| 2011 | 3.50 | 7.84 | 7.78 | 17.44 | 38.88 | 5.20 |
| 2012 | 3.06 | 6.73 | 6.60 | 15.30 | 43.76 | 5.10 |
| 2013 | 2.69 | 6.87 | 7.34 | 12.77 | 47.26 | 4.67 |
| 2014 | 2.53 | 6.92 | 7.98 | 13.97 | 45.89 | 4.20 |
| 2015 | 2.03 | 6.50 | 8.76 | 11.47 | 47.52 | 4.33 |
| 2016 | 1.99 | 7.10 | 8.06 | 11.83 | 46.50 | 4.00 |
| 2017 | 2.80 | 8.25 | 7.68 | 11.88 | 45.90 | 3.75 |

资料来源：Wind 数据库。

附表 5　　面向澳大利亚出口主要商品占比　　单位：%

| 年份 | 化学工业及其相关工业的产品 | 塑料及其制品；橡胶及其制品 | 纺织原料及纺织制品 | 贱金属及其制品 | 机电、音像设备及其零件、附件 | 车辆、航空器、船舶及运输设备 | 杂项制品 |
|---|---|---|---|---|---|---|---|
| 2007 | 4.83 | 4.63 | 15.28 | 10.71 | 39.39 | 4.33 | 8.43 |
| 2008 | 6.59 | 4.53 | 14.37 | 12.17 | 35.65 | 4.71 | 9.43 |
| 2009 | 4.82 | 4.81 | 14.36 | 9.02 | 37.94 | 4.95 | 10.13 |
| 2010 | 4.87 | 4.88 | 13.41 | 11.36 | 39.57 | 4.77 | 8.67 |
| 2011 | 6.34 | 5.39 | 12.76 | 10.32 | 37.63 | 5.62 | 9.12 |
| 2012 | 6.83 | 5.79 | 12.14 | 10.52 | 34.30 | 6.70 | 10.51 |
| 2013 | 6.10 | 5.78 | 12.96 | 10.34 | 34.12 | 5.99 | 10.53 |
| 2014 | 6.38 | 5.72 | 13.37 | 9.45 | 34.27 | 5.02 | 10.34 |
| 2015 | 6.44 | 5.71 | 13.03 | 8.90 | 33.94 | 4.46 | 10.50 |
| 2016 | 6.74 | 5.96 | 12.88 | 8.74 | 33.06 | 3.67 | 10.92 |
| 2017 | 6.75 | 6.02 | 11.63 | 9.28 | 35.72 | 3.56 | 10.72 |

资料来源：Wind 数据库。

**附表 6　　面向巴西出口主要商品占比**

单位：%

| 年份 | 化学工业及其相关工业的产品 | 塑料及其制品；橡胶及其制品 | 纺织原料及纺织制品 | 鞋帽伞等；已加工的羽毛及其制品；人造花；人发制品 | 贱金属及其制品 | 机电、音像设备及其零件、附件 | 车辆、航空器、船舶及运输设备 | 光学、医疗等仪器；钟表；乐器 | 杂项制品 |
|---|---|---|---|---|---|---|---|---|---|
| 2007 | 10.71 | 3.42 | 10.28 | 1.67 | 8.23 | 43.50 | 3.74 | 6.72 | 2.74 |
| 2008 | 9.65 | 2.90 | 8.57 | 1.56 | 8.85 | 41.61 | 4.97 | 7.83 | 2.57 |
| 2009 | 9.49 | 2.71 | 9.90 | 1.88 | 6.73 | 46.66 | 4.66 | 8.91 | 3.13 |
| 2010 | 7.78 | 3.34 | 9.98 | 1.30 | 9.88 | 43.52 | 5.22 | 7.87 | 2.86 |
| 2011 | 8.67 | 3.98 | 10.89 | 1.11 | 8.75 | 41.94 | 6.43 | 6.74 | 3.12 |
| 2012 | 8.58 | 4.42 | 10.87 | 1.21 | 7.93 | 41.43 | 6.08 | 6.51 | 4.72 |
| 2013 | 9.31 | 4.35 | 11.08 | 1.12 | 8.41 | 41.13 | 5.89 | 5.91 | 4.48 |
| 2014 | 10.40 | 4.59 | 12.74 | 1.06 | 9.28 | 39.20 | 5.64 | 5.22 | 4.17 |
| 2015 | 12.36 | 4.61 | 13.40 | 1.22 | 7.87 | 35.09 | 5.22 | 5.89 | 5.96 |
| 2016 | 13.63 | 4.85 | 11.78 | 1.15 | 6.73 | 39.47 | 3.79 | 5.38 | 4.70 |
| 2017 | 12.60 | 4.82 | 12.09 | 1.23 | 7.01 | 39.09 | 4.65 | 5.50 | 5.29 |

资料来源：Wind 数据库。

**附表 7　面向俄罗斯出口主要商品占比**

单位：%

| 年份 | 化学工业及其相关工业的产品 | 塑料及其制品；橡胶及其制品 | 革、毛皮及制品；箱包；肠线制品 | 纺织原料及纺织制品 | 鞋帽伞等；已加工的羽毛及其制品；人造花；人发制品 | 贱金属及其制品 | 机电、音像设备及其零件、附件 | 车辆、航空器、船舶及运输设备 | 杂项制品 |
|---|---|---|---|---|---|---|---|---|---|
| 2007 | 2. 18 | 3. 72 | 2. 83 | 33. 79 | 6. 64 | 8. 26 | 22. 39 | 7. 03 | 3. 69 |
| 2008 | 2. 58 | 4. 76 | 2. 47 | 20. 71 | 5. 53 | 10. 33 | 28. 41 | 6. 95 | 7. 14 |
| 2009 | 3. 76 | 4. 33 | 5. 48 | 19. 49 | 8. 30 | 8. 53 | 29. 18 | 2. 20 | 5. 28 |
| 2010 | 3. 34 | 4. 22 | 5. 32 | 17. 21 | 8. 50 | 9. 10 | 31. 50 | 4. 04 | 4. 28 |
| 2011 | 3. 35 | 5. 00 | 4. 63 | 16. 25 | 7. 00 | 8. 80 | 32. 29 | 5. 92 | 4. 25 |
| 2012 | 3. 27 | 4. 80 | 5. 21 | 16. 15 | 6. 89 | 8. 07 | 32. 79 | 7. 14 | 4. 43 |
| 2013 | 3. 20 | 4. 68 | 5. 98 | 19. 69 | 7. 66 | 7. 77 | 29. 96 | 5. 54 | 4. 65 |
| 2014 | 3. 15 | 4. 93 | 6. 61 | 18. 71 | 6. 87 | 7. 58 | 29. 40 | 4. 58 | 7. 00 |
| 2015 | 4. 32 | 4. 24 | 7. 24 | 19. 18 | 6. 18 | 7. 81 | 29. 77 | 3. 98 | 5. 56 |
| 2016 | 4. 08 | 3. 96 | 7. 86 | 15. 33 | 5. 74 | 7. 29 | 35. 36 | 5. 08 | 4. 66 |
| 2017 | 4. 47 | 3. 92 | 7. 51 | 13. 83 | 5. 47 | 7. 05 | 37. 59 | 4. 40 | 5. 11 |

资料来源：Wind 数据库。

附表 8　　面向南非出口主要商品占比　　单位:%

| 年份 | 纺织原料及纺织制品 | 鞋帽伞等；已加工的羽毛及其制品；人造花；人发制品 | 贱金属及其制品 | 机电、音像设备及其零件、附件 | 车辆、航空器、船舶及运输设备 | 杂项制品 |
|---|---|---|---|---|---|---|
| 2008 | 17.63 | 5.43 | 9.91 | 34.39 | 5.77 | 4.69 |
| 2009 | 21.42 | 7.23 | 7.23 | 33.04 | 3.30 | 5.40 |
| 2010 | 21.38 | 6.54 | 6.91 | 33.72 | 4.33 | 5.24 |
| 2011 | 20.18 | 6.74 | 8.45 | 31.76 | 3.90 | 5.61 |
| 2012 | 18.15 | 8.39 | 8.46 | 28.60 | 4.34 | 8.98 |
| 2013 | 16.66 | 6.99 | 8.82 | 32.37 | 4.22 | 8.72 |
| 2014 | 16.97 | 7.76 | 8.79 | 32.46 | 5.01 | 7.11 |
| 2015 | 15.76 | 7.16 | 9.48 | 33.28 | 6.40 | 6.52 |
| 2016 | 16.13 | 7.19 | 8.68 | 33.81 | 3.90 | 5.94 |
| 2017 | 15.08 | 6.82 | 8.97 | 32.77 | 4.77 | 6.69 |

资料来源：Wind 数据库。

**附表 9　面向印度出口主要商品占比**

单位：%

| 年份 | 化学工业及其相关工业的产品 | 塑料及其制品；橡胶及其制品 | 纺织原料及纺织制品 | 矿物材料制品；陶瓷品；玻璃及制品 | 贱金属及其制品 | 机电、音像设备及其零件、附件 | 杂项制品 |
|---|---|---|---|---|---|---|---|
| 2008 | 16.56 | 2.76 | 6.63 | 1.83 | 11.61 | 48.71 | 1.51 |
| 2009 | 15.03 | 2.41 | 6.98 | 1.95 | 8.01 | 55.09 | 1.66 |
| 2010 | 18.10 | 3.00 | 7.41 | 2.02 | 10.64 | 47.50 | 2.34 |
| 2011 | 19.42 | 3.02 | 7.09 | 2.15 | 10.55 | 45.68 | 2.14 |
| 2012 | 19.43 | 3.46 | 7.06 | 2.45 | 9.97 | 44.34 | 3.03 |
| 2013 | 18.34 | 4.46 | 8.08 | 2.79 | 8.80 | 42.14 | 3.88 |
| 2014 | 19.52 | 4.69 | 7.93 | 2.75 | 11.01 | 38.81 | 3.99 |
| 2015 | 19.63 | 4.26 | 7.23 | 2.81 | 9.88 | 40.49 | 4.76 |
| 2016 | 15.63 | 4.45 | 7.00 | 2.57 | 7.92 | 46.70 | 4.26 |
| 2017 | 14.34 | 4.37 | 6.33 | 2.48 | 7.56 | 50.05 | 4.23 |

资料来源：Wind 数据库。

第十五章

# 迈向高质量就业：就业形势总体向好，劳动保护仍面临挑战[*]

2017 年，中国经济实现了 6.9% 的增长，实现了 2011 年以来的首度回升。经济增速的回升和增长质量的提升为就业形势的向好奠定了基础。在 16~59 岁劳动年龄人口由 2016 年的 9.07 亿下降到 2017 年的 9.02 亿的情况下，2017 年年末全国就业人员达到了 77640 万人，比上一年的 77603 万人还略有增长，特别是城镇就业人员达到 42462 万人，比上一年的 41428 万人增加了 1034 万人。在就业形势持续向好的同时也需要注意到当前中国就业领域面临的一些问题和挑战。新技术革命的发展和全球化的不断深入，智能制造人工智能等领域的快速发展并影响着全球产业链的分工，都对劳动者的素质提出了新的要求，并不断激发就业模式的创新，而中国劳动者技能的提升与产业发展和参与国际竞争的需求仍存在差距，劳动力市场的分割和社会保障网的不健全，也影响了劳动力市场的配置效率。当前中国经济已由高速增长阶段转向高质量发展阶段，特别是中国劳动年龄人口持续下降，改变着中国劳动力市场的格局，要实现发展方式的转变、经济结构的优化和增长动力的转换，就必须依赖劳动力市场效率的提升以及劳动者素质和收入的提高。无论是对于供给侧还是需求侧而言，就业质量都是关键性因素。就业质量的提升也是解决当前中国社会主要矛盾、促进经济发展更加平衡和更加充分的必要条件。

---

* 本研究数据除特别注明外均来源于国务院发展研究中心“中国民生调查”课题组。

## 一、就业形势总体向好，未就业者的结构特征突出

### （一）城镇就业形势向好，失业水平持续走低

多种渠道的数据都可以反映出2017年就业总体形势向好。从国家统计局公布的部分月份31个大城市城镇调查失业率的数据看，2017年的数据较上一年有明显的下降，2017年10月调查失业率更是下降到4.83%，成为近年来的最低值，12月调查失业率为4.98%，虽然较10月略有上升，但仍然维持在5%以下（见图1）。

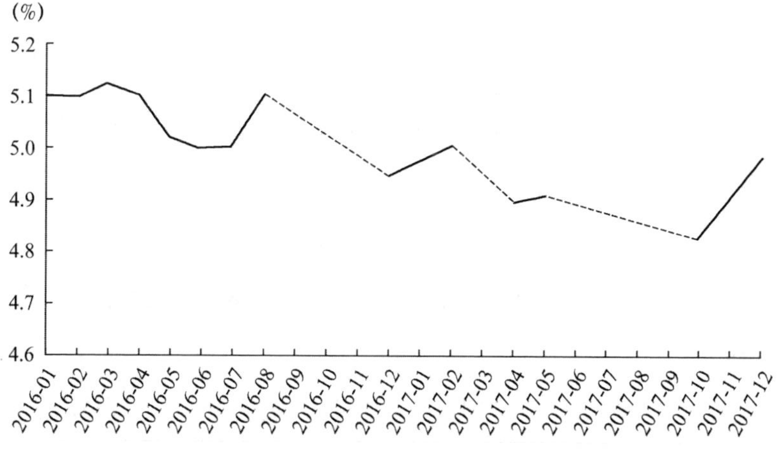


**图1　2016～2017年全国31个大城市城镇调查失业率**

资料来源：CEIC。

央行进行的城镇储户问卷调查则显示，认为形势较好就业容易的居民占比从2017年3月的13.6%持续上升到12月的15.9%，比2016年6月的低点10.6%，上升了5.3个百分点。当前就业感受指数也从2017年年初的41.28上升到12月的44.9，全年的平均水平为42.8，比2016年的38上升了4.8（见图2）。

在就业向好的同时，居民收入也实现了较快增长。2017年全国居民人均可支配收入25974元，扣除价格因素实际增长7.3%，增速比GDP和人

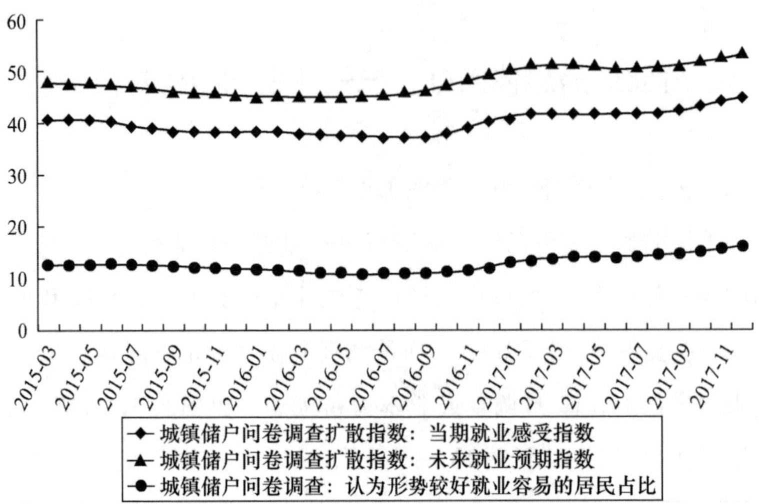


**图2 居民当期和未来的就业感受以及对就业形势的看法**

资料来源：CEIC。

均 GDP 分别快 0.4 个和 1.0 个百分点，也高于上一年人均可支配收入的增速 1 个百分点。

### （二）因单位原因不工作的比例下降，但中年和中等教育水平的劳动者是脆弱群体

而国务院发展研究中心中国民生调查电话调查（下称电话调查）的数据则显示，在没有工作的人中，认为是单位因素不工作的被访者较上一年有明显下降，即因为单位破产、停工等导致离开该工作岗位并且没有进入新岗位的人数占比下降。2017 年，在所有未就业的 18 ~ 74 岁的人口中有 5.26% 的人认为是由于单位的原因导致自己没有工作，而在 2016 年这一占比则为 10.37%（见图 3）。2016 年为优化产业结构，中国大力推行去产能、去库存、去杠杆、降成本、补短板等供给侧结构性改革，淘汰落后产能的力度较大，在一定程度上影响了部分行业、企业的就业。随着 2016 年去产能任务的提前超额完成，2017 年去产能的压力大大减轻，经济增速加快，对于就业的增长都起到了积极的作用。

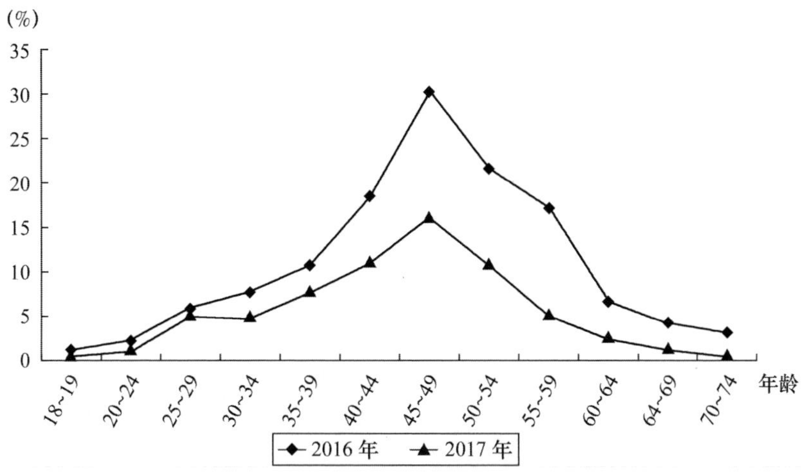


**图 3　同年龄段因单位原因未就业的人员占比**

分年龄段看，青年劳动者因为单位原因不工作的占比相对较低，中年群体成为被动不工作占比较高的人群，峰值出现在 45 ~49 岁，此后则逐步下降。当经济向好的时候，中年未工作人口认为是由于单位的原因导致没有工作的占比也迅速下降。2016 年 45 ~49 岁组这一占比为 30. 4% ，2017 年则降到 16. 1% 。

而从不同教育程度的劳动者看，因为单位原因不工作的比例也差异较大。其中占比最高的是高中、中专或技校，2017 年该类人群占总未工作人群的比重为 7. 4% ，比 2016 年的 14. 2% 有了明显下降，但仍然高于其他各个教育程度人群（见图 4）。总体而言，专业技能单一、学习新技能和转换新工作模式能力和意愿较弱、就业信息匮乏都不利于劳动者实现就业的转换，而年龄较大，有技能但技能的可转换性差的劳动者就成为脆弱群体。

### （三）因照料家庭而退出劳动力市场的人群出现上升，女性退休的比重有所下降

2017 年调查显示，因为料理家务及照料家庭成员而不工作的人群占总样本的比重为 7. 71% ，比 2015 年的 4. 81% 上升了 2. 9 个百分点。而且，

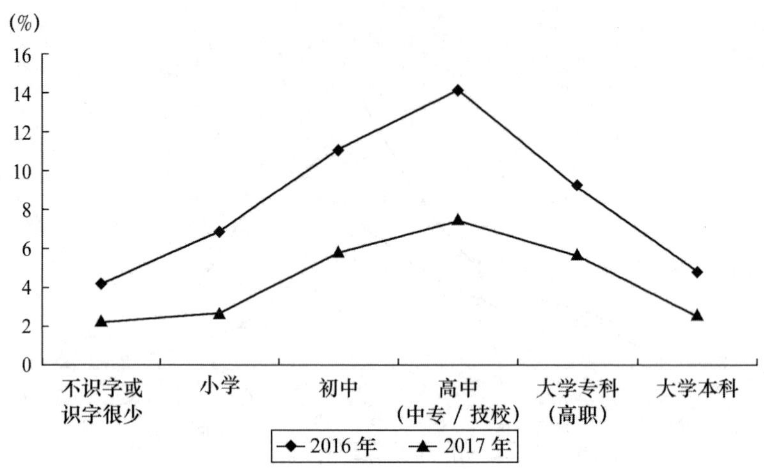


**图4　不同教育程度因单位原因未就业的人员占比**

无论男女这一占比都有所上升，男性从0.96%上升到1.93%，上升了近1个百分点，而女性则从9.11%上升到14.48%，上升了5.37个百分点。而且2017年女性因料理家务及照料家庭成员的年龄分布呈现了明显的双峰模式，即30~34岁以及50~54岁两个年龄组的比重处于波峰，2017年这两个年龄组数据的上升可能与“二孩政策”的放开有关（见表1）。2017年中国出生人口1723万，虽然较2016年的1786万略有下降，但二孩数量达到883万人，比上年增加80万人。“二孩政策”放开后累计的二孩家庭达到1600万个以上，由于中国除了产假外没有育儿假，托幼机构又严重匮乏，双职工家庭难以照料两个幼儿，因此夫妻中的一方或者祖辈放弃工作来照顾孩子就成为难以避免的选择。

**表1　分性别、年龄因料理家务及照料家庭成员而不工作的人口占比**　单位:%

| 年龄段 | 合计 | | 男 | | 女 | |
|---|---|---|---|---|---|---|
| | 2017年 | 2015年 | 2017年 | 2015年 | 2017年 | 2015年 |
| 18~19岁 | 0.93 | 0.81 | 0.96 | 0.17 | 0.90 | 1.39 |
| 20~24岁 | 2.35 | 2.39 | 0.81 | 0.46 | 3.89 | 4.03 |
| 25~29岁 | 6.63 | 5.17 | 0.70 | 0.49 | 12.79 | 9.50 |
| 30~34岁 | 9.58 | 6.36 | 1.09 | 0.52 | 17.84 | 12.08 |

续表

| 年龄段 | 合　计 | | 男 | | 女 | |
|---|---|---|---|---|---|---|
| | 2017 年 | 2015 年 | 2017 年 | 2015 年 | 2017 年 | 2015 年 |
| 35 ~ 39 岁 | 8. 00 | 6. 25 | 1. 46 | 0. 80 | 15. 29 | 12. 40 |
| 40 ~ 44 岁 | 8. 69 | 6. 01 | 1. 75 | 0. 97 | 16. 60 | 11. 68 |
| 45 ~ 49 岁 | 7. 42 | 4. 62 | 2. 00 | 0. 79 | 14. 87 | 9. 50 |
| 50 ~ 54 岁 | 7. 45 | 3. 86 | 2. 84 | 0. 82 | 14. 96 | 7. 61 |
| 55 ~ 59 岁 | 11. 56 | 4. 98 | 2. 67 | 2. 20 | 21. 27 | 9. 11 |
| 60 ~ 64 岁 | 9. 96 | 4. 56 | 3. 99 | 1. 94 | 19. 22 | 7. 85 |
| 65 ~ 69 岁 | 6. 85 | 4. 10 | 3. 60 | 1. 60 | 11. 97 | 7. 67 |
| 70 ~ 74 岁 | 8. 80 | 3. 30 | 5. 18 | 1. 45 | 13. 91 | 5. 90 |
| 合计 | 7. 71 | 4. 81 | 1. 93 | 0. 96 | 14. 48 | 9. 11 |

同样可能受到政策影响，女性退休的占比有所下降。从数据看，尽管在 70 岁之前的各个年龄组，女性退休的占比仍然明显高于男性，但女性 2017 年的退休比重已比 2015 年有所下降（见表 2）。2015 年十二届人大三次会议对于女性的退休年龄作出新的规定，即处级女干部退休年龄由 55 岁延迟至 60 岁，但可以在 55 岁申请自愿退休。这一规定所涉及的人群虽然限于在职女干部，但打破了男女退休年龄不一致的现象，事实上对于中老年女性更多留在工作岗位上起到了积极作用。

**表 2　　分性别和年龄因退休而不工作的人口占比**　　单位：%

| 年龄段 | 合　计 | | 男 | | 女 | |
|---|---|---|---|---|---|---|
| | 2017 年 | 2015 年 | 2017 年 | 2015 年 | 2017 年 | 2015 年 |
| 50 ~ 54 岁 | 10. 49 | 11. 74 | 4. 43 | 2. 64 | 20. 36 | 23. 01 |
| 55 ~ 59 岁 | 21. 18 | 25. 62 | 13. 71 | 9. 89 | 29. 35 | 48. 98 |
| 60 ~ 64 岁 | 41. 98 | 50. 76 | 37. 82 | 43. 79 | 48. 43 | 59. 49 |
| 65 ~ 69 岁 | 52. 44 | 58. 30 | 46. 85 | 55. 09 | 61. 26 | 62. 88 |
| 70 ~ 74 岁 | 57. 79 | 68. 93 | 56. 35 | 67. 02 | 59. 83 | 71. 62 |

## 二、劳动力市场的结构和风险面临调整

### （一）一半以上的农业户口劳动者在非农部门就业，户籍带来的就业门槛仍然突出

国务院发展研究中心中国民生调查入户调查（下称入户调查）的数据显示，从总人口看，占比较高的分别为这几类劳动者：占比最高的专兼职农民占总在业人口的34.34%，其中9.52%为兼业农民即农闲期间打各类定期、不定期零工；占比第二高的是民营/私营企业职工，为20.23%；个体工商户（含开网店/微店）雇主占总在业人口的7.64%，个体工商户（含开网店/微店）雇员也占了7.68%，二者合计占劳动者的15.32%；此外，还有9.17%的劳动者属于非固定单位的临时务工（见表3）。

从城乡看，农村户籍的在业人员有44.37%属于专业或兼业农民；还有2.93%为农村自营业者，包括小卖铺、代销点、小作坊、手工艺品制作贩卖等；2.16%为农村专业管理人员，包括村医、村教、技术服务人员以及专职的村干部等；剩余的50.5%则在非农部门就业。而比较农村户籍和非农户籍的劳动者，其结构差异非常明显，农村户籍居民在党政机关、社会团体、事业单位、国有企业的比重明显低于城镇户籍，而且农村户籍的劳动者中在教科文卫等事业单位不在编（聘用）职工的占比明显较非农户籍的劳动者高，在农村户籍的劳动者中，事业单位不在编人员的数量是在编人员的1.06倍，而非农户籍的劳动者中，事业单位不在编人员数量仅占在编人员的43%。28.14%农业户口的非农就业劳动者为个体工商户雇主或雇员，18.67%为非固定单位的临时务工，这些比重也都明显高于非农户籍人口。

### （二）一线生产人员占比下降，临时聘用人员占比增长

从2015年到2017年占比不断下滑的是单位负责人（高层管理人员）、

表3　不同户籍人口的就业状况　单位:%

| 户口类型 | 农　业 | 非　农 | 合　计 |
|---|---|---|---|
| 专业务农 | 32.20 | 3.78 | 24.82 |
| 兼业农民 | 12.17 | 1.98 | 9.52 |
| 农村自营业者 | 2.93 | 0.98 | 2.43 |
| 农村专业管理人员 | 2.16 | 0.91 | 1.84 |
| 党政机关、社会团体在编职员 | 0.84 | 6.60 | 2.34 |
| 党政机关、社会团体聘用职员 | 0.75 | 5.45 | 1.97 |
| 教科文卫等事业单位在编职工 | 0.93 | 8.21 | 2.82 |
| 教科文卫等事业单位聘用职工 | 0.99 | 3.50 | 1.64 |
| 国有（国有控股）企业职工 | 1.56 | 11.29 | 4.09 |
| 民营/私营企业职工 | 18.61 | 24.84 | 20.23 |
| 合资、外资或港澳台企业员工 | 0.63 | 1.56 | 0.87 |
| 民办非企业单位、非营利组织 | 0.63 | 1.30 | 0.80 |
| 个体工商户（含开网店/微店）雇主 | 6.79 | 10.05 | 7.64 |
| 个体工商户（含开网店/微店）雇员 | 7.43 | 8.38 | 7.68 |
| 非固定单位的临时务工 | 9.43 | 8.43 | 9.17 |
| 自由职业者 | 1.89 | 2.21 | 1.97 |
| 其他 | 0.05 | 0.52 | 0.17 |
| 样本量（个） | 13118 | 4605 | 17723 |

部门负责人/中层以上管理人员和一线生产人员，占比分别由2015年的5.47%、4.44%和23.76%下滑到2017年的2.71%、3.33%和21.39%。专业技术人员在2015年的占比为14.04%，2016年下滑至12.17%，2017年又回升到13.17%。而值得关注的是，临时聘用人员由2015年的23.58%上升到2016年的27.65%，2017年则继续上升至30.42%，增幅明显（见图5）。

从临聘人员的占比看，随着教育程度的提高，临聘人员的占比在减少，2017年的调查显示本科及以上的在业人口中只有5.7%为临聘人员，而小学及以下的在业人口中占比却高达50.95%。教育水平的提高有助于劳动者得到更加稳定的工作。

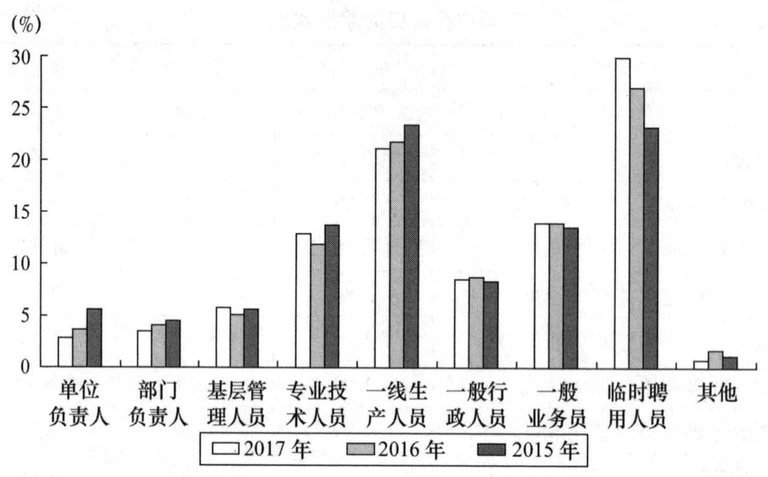


**图5　2015～2017年不同职位在业人口占比**

但比较2015～2017年的数据也可以发现，各个教育水平的临聘人员占比都在上升，而且大专及以上人口占比上升得更快。初中人口的临聘人员占比从2015年的31.53%上升到2017年的39.04%，上升约7.5个百分点，升幅为23.82%，而大专人口的临聘人员占比从2015年的7.62%上升到2017年的14.41%，上升约6.8个百分点，升幅为88.99%（见表4）。可见，在新的经济环境下，中高教育水平的劳动者也面临着更大的就业不稳定风险。

**表4　临时聘用人员占不同教育程度被访者的比重**　　单位：%

| 时　间 | 小学及以下 | 初中 | 高中 | 大专 | 本科及以上 |
|---|---|---|---|---|---|
| 2017年 | 50.95 | 39.04 | 26.21 | 14.41 | 5.70 |
| 2016年 | 48.27 | 35.93 | 23.23 | 11.71 | 4.73 |
| 2015年 | 39.79 | 31.53 | 20.18 | 7.62 | 3.34 |
| 2015～2017年增幅 | 28.04 | 23.82 | 29.91 | 88.99 | 70.75 |

### （三）临时聘用人员工作量下滑，中层和基层管理人员的工作量上升较大

有18.3%的劳动者认为过去一年的工作量有所上升，其中有2.9%认

为大幅增加，认为有所下降的占 12.7%，其中 2.1% 认为大幅下降。而有 69% 的劳动者认为并没有变化。其中，临时聘用人员的工作量增加的占比最小，只有 13.05%，而工作量下降的比重最大，为 14.7%，临时聘用人员的工作量总体下滑。中层和基层管理人员的工作量上升最大，部门负责人/中层以上管理人员中有 38% 的人认为工作量增加，其中认为大幅增加的占 8.29%，而基层管理人员（包括村干部）中有 37.5% 的人认为工作量增加，其中认为大幅增加的占 13.2%（见图 6）。

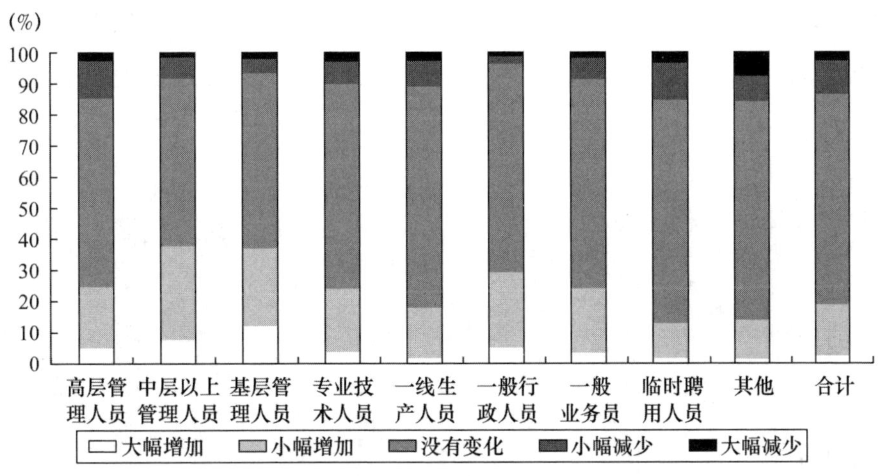


**图 6　不同职位在业人员的工作量变化状况**

而基层管理人员当中工作量上升较大的为公共部门及国有单位的职工，特别是党政机关、社会团体在编基层管理人员中有 13.3% 认为工作量大幅度增加，而党政机关、社会团体不在编（聘用）职员中这一占比更是高达 17.1%，农村专业管理人员中包括村医、村教、技术服务人员以及专职的村干部等，则有 16.94% 认为工作量大幅度增加。

### （四）高层管理人员收入分化，临时聘用人员中收入下降的占比较大

入户问卷的被访者中有 18.43% 认为与 2016 年同期相比，月平均收入有所上升，有 12.3% 的人认为收入有所下降，认为没有变化的人占 69.23%。不同职位就业人员的收入变化状况差异较大，中高层管理人员收

入增加人群的占比最大，其中部门负责人/中层以上管理人员中有32.85%收入有所增加，这一占比在单位负责人/高层管理人员中为27.46%，但单位负责人/高层管理人员收入下降的比重也是最高，达到17.6%，收入不变的占比最低，为54.93%，呈现出更加明显的分化趋势，这也在一定程度上反映出企业盈利状况的分化。而临时聘用人员收入下降的占比也较大，有16.9%的被访者认为较上一年收入有所下降，而认为收入上升的占比是各职位中的最低值，只有11%，比平均水平低了7.4个百分点。而一般行政人员，包括基层公务员、企业人事、财务等行政部门基层人员收入的稳定性较好，认为有所下降的占比仅为3.88%，明显低于其他职位（见图7）。

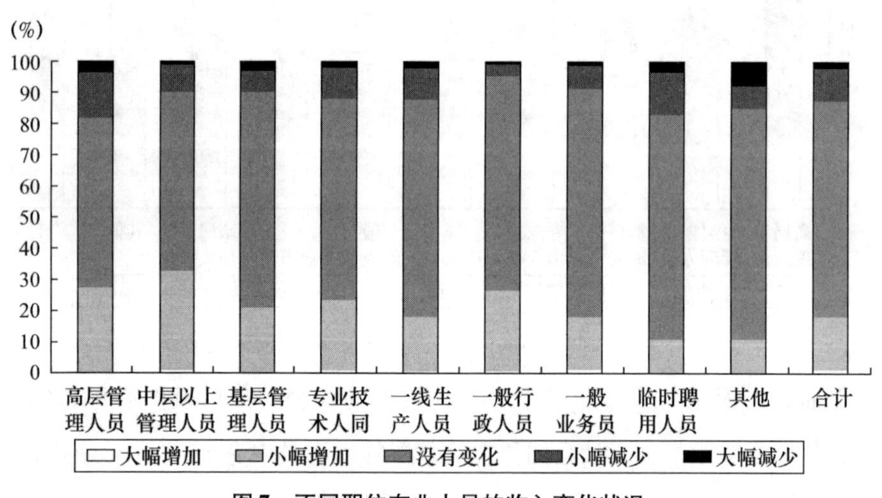


图7 不同职位在业人员的收入变化状况

## 三、劳动者的保障水平仍有待提高

### （一）临时务工劳动者被拖欠工资的占比较高

2011年恶意欠薪正式入刑，2015年高法、高检、人社部和公安部联合下发了《关于加强涉嫌拒不支付劳动报酬犯罪案件查处衔接工作的通知》，加大了惩处恶意欠薪的执行力度。但对于一些劳动关系稳定性不高的劳动者而言，仍然面临着工资被拖欠的风险，从调查数据看，非固定单位的临时务工者过去一年中有9.89%遭遇过拖欠工资的情况，自由职业者、个体工商户雇员以及民营私营企业员工的欠薪比例也都在5%以上。全部劳动者中在过去一年里遭遇过拖欠工资的占5.25%（见图8）。

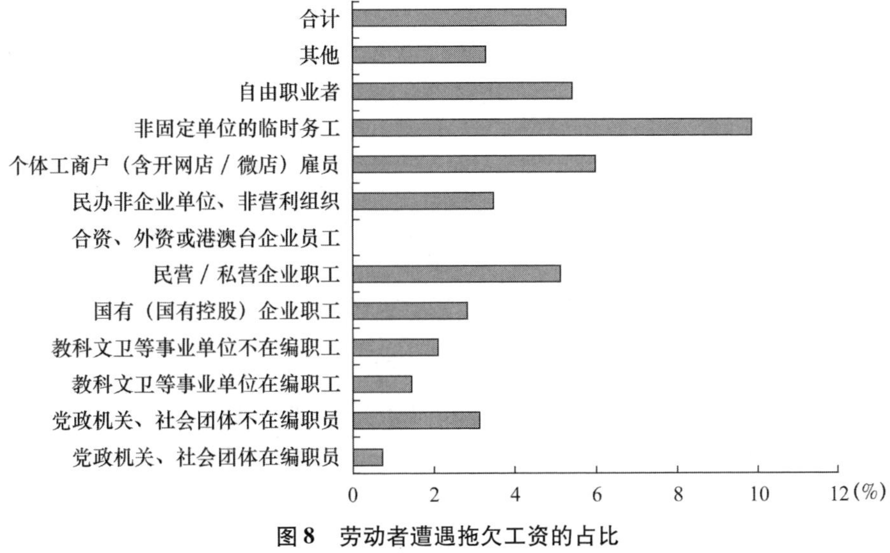


**图8　劳动者遭遇拖欠工资的占比**

### （二）私人部门和公共部门的聘用人员劳动合同的签订率都不高

入户调查显示城镇就业人员（扣除个体工商户雇主），有43.66%的人员没有签订劳动合同，而签订了无固定期限劳动合同的只有8.2%。另有34%签订了固定期限劳动合同。部分人群的劳动合同签订率更低，非固定单位的临时务工有78.5%都没有合同，而个体工商户雇员这一占比为64.75%，民营/私营企业职工和民办非企业单位、非营利组织的职工也有39.69%和47.55%的人没有合同。除了私人部门的劳动合同签订率偏低外，党政机关、社会团体以及教科文卫等事业单位不在编的聘用制员工合同签订率也不高，分别有23.92%和26.8%的劳动者没有合同（见表5）。2008年《中华人民共和国劳动合同法》实施后，中国劳动合同的签订率有了明显上升，但仍然覆盖率不高，很多用人单位还利用劳务派遣等一系列形式规避责任。而在公共部门，这种情况则多发于聘用制人员中间。

表 5　城镇在业人员劳动合同签订情况　单位：%

| | 没有签订 | 无固定期限 | 有期限 | 以工作任务为期限 | 不需要不适用 | 样本量（个） |
|---|---|---|---|---|---|---|
| 党政机关、社会团体在编职员 | 8.07 | 5.62 | 11.98 | 0 | 74.33 | 409 |
| 党政机关、社会团体不在编职员 | 23.92 | 14.12 | 54.76 | 0.58 | 6.63 | 347 |
| 教科文卫等事业单位在编职工 | 3.43 | 10.30 | 30.91 | 0 | 55.36 | 495 |
| 教科文卫等事业单位不在编职工 | 26.80 | 8.25 | 58.42 | 0.34 | 6.19 | 291 |
| 国有（国有控股）企业职工 | 7.10 | 24.37 | 59.89 | 0.14 | 8.50 | 718 |
| 民营/私营企业职工 | 39.69 | 8.10 | 48.51 | 1.04 | 2.67 | 3568 |
| 合资、外资或港澳台企业员工 | 5.81 | 14.84 | 72.90 | 1.29 | 5.17 | 155 |
| 民办非企业单位、非营利组织 | 47.55 | 16.78 | 32.17 | 1.40 | 2.10 | 143 |
| 个体工商户雇员 | 64.75 | 3.88 | 13.52 | 1.12 | 16.73 | 1339 |
| 非固定单位的临时务工 | 78.50 | 2.92 | 7.40 | 2.18 | 9.01 | 1609 |
| 自由职业者 | 66.86 | 1.45 | 6.69 | 2.91 | 22.09 | 344 |
| 其他 | 32.26 | 41.94 | 25.81 | 0 | 0 | 31 |
| 合计 | 43.66 | 8.20 | 34.00 | 1.11 | 13.03 | 9449 |

### （三）城镇职工养老保险的覆盖面窄，非农就业人员仍然依赖居民养老保险

2016 年年末中国就业人员 77603 万人，其中城镇就业人员 41428 万人，年末全国参加城镇职工基本养老保险的参保职工为 27826 万人，职工基本医疗保险为 29532 万人，失业保险为 18089 万人，工伤保险为 21889 万人，生育保险为 18451 万人，都远小于应参保人口。其中重要的原因是，农民工大部分参加的是居民养老和居民医疗保险，而不是城镇职工保险，保障水平不足的问题较为突出。而且由于制度设计存在巨大的差异，不同类别和不同地区保险之间的衔接也存在明显障碍，流动人口缴纳职工保险的积极性也很低。而生育保险、失业保险上，由于领取不便缴费水平高、实际功能不足等原因，农民工参加的占比更低。2016 年全国农民工为 2.8 亿人，参加失业保险的仅有 4659 万人。

入户调查的数据显示，中国劳动者中仅有 21.41% 参加了城镇职工养老保险，参加城乡居民养老保险的占在业人员的 62.04%，还有 13.11% 的人没有参加任何保险（见表 6）。中国已经实现了养老保险制度上的全覆盖，但不同制度安排之间的缴费模式、待遇水平存在较大差距。城镇职工养老保险的保障水平较高，但个人缴费的水平较高。而城乡居民养老保险以个人缴费和财政补助为资金来源，但保障水平较低。私人部门大量劳动者依赖城乡居民保险不但不利于他们自身老年生活保障，也不利于养老保险制度的健康发展。

**表 6　　不同类型就业者参加养老保险的状况**　　单位：%

| | 城镇职工养老保险 | 城乡居民养老保险 | 其他 | 都没有 | 不知道 | 样本量（个） |
|---|---|---|---|---|---|---|
| 专业务农 | 1.11 | 86.36 | 0.64 | 11.18 | 0.70 | 4400 |
| 兼业农民 | 4.39 | 83.25 | 0.95 | 11.05 | 0.36 | 1684 |
| 农村自营业者 | 9.88 | 76.71 | 0.71 | 12.24 | 0.47 | 425 |
| 农村专业管理人员 | 25.62 | 59.26 | 2.47 | 12.35 | 0.31 | 324 |
| 党政机关、社会团体在编职员 | 61.11 | 8.70 | 25.85 | 2.66 | 1.69 | 414 |
| 党政机关、社会团体不在编职员 | 59.14 | 31.71 | 2.00 | 6.86 | 0.29 | 350 |
| 教科文卫等事业单位在编职工 | 71.89 | 8.03 | 17.67 | 2.21 | 0.20 | 498 |
| 教科文卫等事业单位不在编职工 | 51.55 | 31.62 | 3.09 | 12.37 | 1.37 | 291 |
| 国有（国有控股）企业职工 | 80.28 | 12.14 | 4.97 | 2.21 | 0.41 | 725 |
| 民营/私营企业职工 | 36.74 | 47.70 | 2.12 | 12.02 | 1.42 | 3587 |
| 合资、外资或港澳台企业员工 | 67.10 | 23.23 | 5.81 | 3.87 | 0.00 | 155 |
| 民办非企业单位、非营利组织 | 37.32 | 43.66 | 0.00 | 16.90 | 2.11 | 142 |
| 个体工商户雇主 | 14.66 | 64.40 | 0.96 | 18.87 | 1.11 | 1351 |
| 个体工商户雇员 | 10.45 | 64.53 | 1.40 | 22.08 | 1.55 | 1359 |
| 非固定单位的临时务工 | 6.43 | 67.93 | 0.92 | 23.32 | 1.41 | 1634 |
| 其他 | 67.74 | 22.58 | 3.23 | 6.45 | 0.00 | 31 |
| 自由职业者 | 15.85 | 66.57 | 0.00 | 15.85 | 1.73 | 347 |
| 合计 | 21.41 | 62.04 | 2.46 | 13.11 | 0.99 | 17717 |

## 四、政策建议

### （一）加大社会的人力资本投入，完善终身教育体系，改善就业服务质量

伴随技术进步的迅猛发展，当前全球都面临着产业结构和生产方式的调整，而中国一方面传统产业处于追赶地位，而另一方面很多新兴产业走在技术进步的前沿，因此中国的劳动力市场面临着更大的转型压力，对劳动者的技能要求也越来越高。劳动者特别是技能单一的劳动者，面临技术升级、工作方式变革、行业转换的风险。

各级政府应该把人力资本投资和提高就业服务质量作为促进高质量增长的关键性举措。例如，在就业服务领域，可以采用政府购买服务等形式，吸引社会力量参与服务的提供，进一步拓展服务内容和服务方式，加强对于服务效果的综合评估，防止单纯以服务人次数进行补贴的做法。在就业较为集中的区域，配备公共图书馆并提供讲座、夜校等公共资源；鼓励支持各类主体探索互联网时代的新型教育培训形式，如在线课程等。在终身教育和职业教育中应更多发挥企业和行业协会的作用。加大对进行职业教育和培训企业的补贴力度，更好地利用公共资源撬动企业的积极性；单个企业，特别是中小企业组织培训的难度较大，应该更多通过行业协会、产业联盟来开展教育培训；推动职业院校与企业更为紧密协作，鼓励行业企业参与办学和管理，改变目前在专业设置、课程内容、教学方式等方面以教育部门为主导的局面，给企业更大的话语权。此外，还可以参考带薪年假制度，探索将员工培训作为普遍性的劳动标准。

### （二）关注临时性工作的增加，积极探索对企业和劳动关系的分层管理

目前中国产业结构复杂、企业数量多，企业的性质、规模、用工方式

多种多样，劳动者也存在着多种多样的诉求。而且当面对经济结构调整带来的工作转变，“双创”带来的小微企业、创新型企业的发展等新的变化时，旧的单一标准的劳动关系认定就难以应对新的就业形式和新型用工方式的挑战。应该积极探索对企业和劳动关系的分层管理，允许一些更加灵活的劳动关系存在。对于小微企业、初创企业等在劳动合同关系的认定、企业规章制度的建立、员工绩效要求等方面给予更宽松的环境。对于企业高管、核心技术人员的劳动关系也应该给予双方更多的谈判空间。

### （三）保障劳动者基本权益，更好发挥社会保障制度的作用

在探索对于劳动关系分层管理的同时，无论是否与用人单位签订标准的劳动合同，劳动者的安全、健康等基本权益都必须得到保护。因此，对于基本的劳动标准，如工作条件、工作时间、最低工资等应设立最低标准。同时，尽快推进社会保险跨地区跨部门转移接续的便利性，设立全国性的调剂金制度，使更多的劳动者，特别是就业流动性较强的劳动者有意愿参加城镇职工社会保险。

### （四）增强劳动力市场的公平性，破除各类就业歧视

当前，中国的劳动力市场仍存在各种各样的歧视问题，如户籍歧视、年龄歧视等。应进一步加强反歧视法律法规对劳动者的保障作用，尽快通过立法或司法解释增强反就业歧视相关法律法规的操作性，并进一步拓宽其适用范围，加大用人单位的举证责任。在维护劳动力市场的公平性上，公共部门应该发挥示范作用。公共部门的人事管理制度是劳动力市场公平和规范程度的标杆，必须改革当前公共部门在选人、用人制度上存在的大量不规范的情况，清理同工不同酬等现象。

执笔人：张冰子

第十六章

# 迈向高质量物流：中国交通物流行业运行特点与升级方向

中国经济由高速增长阶段转向高质量发展阶段，2017 年经济增长逐步企稳回升，交通物流也呈现企稳向好的态势。货物运输和物流需求都有一定幅度的回升，运输货物结构不断优化，降本增效成果显著，新经济增长强劲，交通物流逐步迈向高质量发展的特征日益显现。中国交通物流行业发展已经进入供需基本平衡阶段，但仍面临供需结构性失衡、综合运输体系建设滞后、运输成本居高不下、服务体系不完善、管理体制分割等问题，已经成为制约交通物流迈向高质量发展的瓶颈。为推动交通物流加快迈向高质量发展阶段，应坚持问题导向，聚焦关键环节和瓶颈问题，深入推进交通物流供给侧结构性改革，建立完善的网络化综合基础设施体系，大力发展交通物流新经济，着力完善交通物流服务体系，深化交通物流管理体制改革，切实推动交通物流实现质量提升和效率变革。

## 一、2017 年交通物流发展的总体态势

2017 年，随着中国经济逐步企稳回暖，交通物流发展呈现出稳中向好的总体态势。货物运输和物流需求开始回升，物流结构不断优化，运输市场全面回暖，快递业供需关系发生转换。交通物流基础设施建设不断完善，质量效率日益提升。

### （一）货运交通总体呈现稳中向好态势

在近年来全球经济持续低迷、中国经济增速放缓的背景下，货物运输增速在过去几年曾出现较大幅度回落。2017 年，随着中国经济由高速增长阶段转向高质量发展阶段，供给侧结构性改革不断深入推进，市场供需矛盾有所缓解，市场预期改善，大宗商品价格回升，货物运输增速不断下降的趋势得到扭转，交通运输总体呈现稳中向好的态势。2017 年完成货物运输总量约 471.5 亿吨，同比增长 9.3%，比 2016 年提高 3.6 个百分点，为 2014 年以来最高；完成货物周转量 19.1 万亿吨千米，同比增长 4.9%，比 2016 年回升了 0.9 个百分点（见图 1、图 2）。从月度变化看，2017 年货运量和货物周转量的增速在 2015 年快速下滑、2016 年有所企稳基础上又上了一个台阶，个别月份增速甚至创出近 5 年来新高，企稳回暖态势更趋明显（见图 3）。

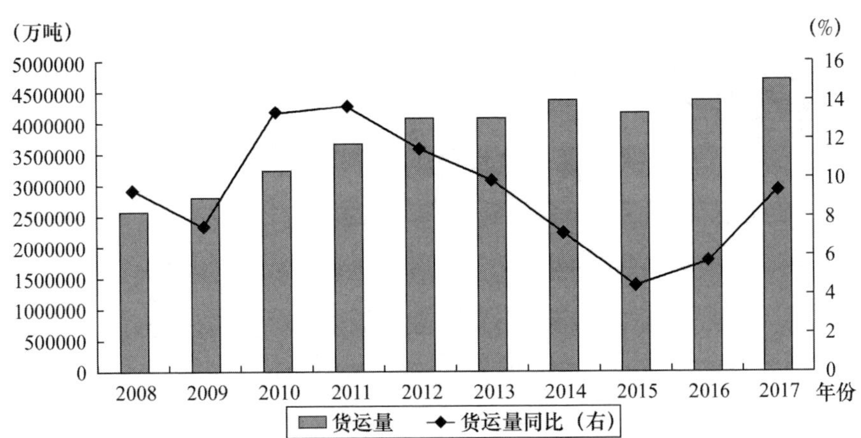


**图 1　2008 ~ 2017 年货运量与同比变化**

资料来源：Wind 数据库，增速按可比口径计算。

从具体结构看，公路和铁路货物运输回升是货运量增速回稳的主要带动力量。2017 年全国完成公路货运量 368.0 亿吨，同比增长 10.1%，增速比上年回升了 3.3 个百分点；受煤炭、钢铁等大宗物资需求回暖影响，铁路完成货运量 36.9 亿吨，同比增长 10.7%，4 年来首次实现正增长，铁路货运占比达 7.8%，比上年提高 0.1 个百分点。全国公路和铁

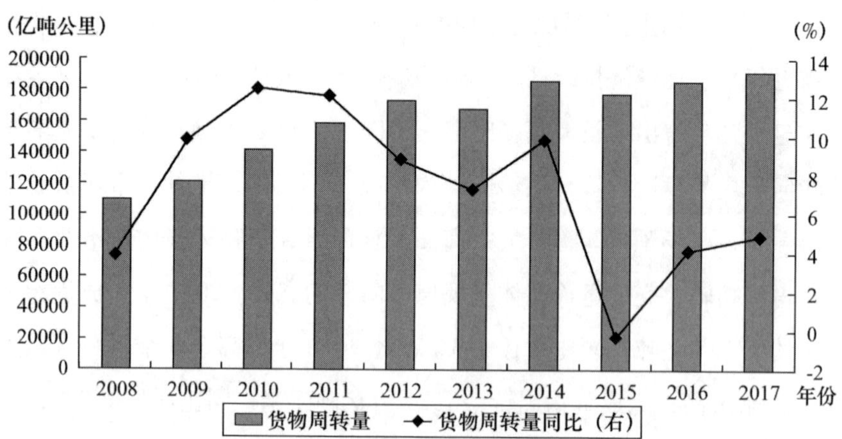


**图 2　2008～2017 年货物周转量与同比变化**

资料来源：Wind 数据库，增速按可比口径计算。

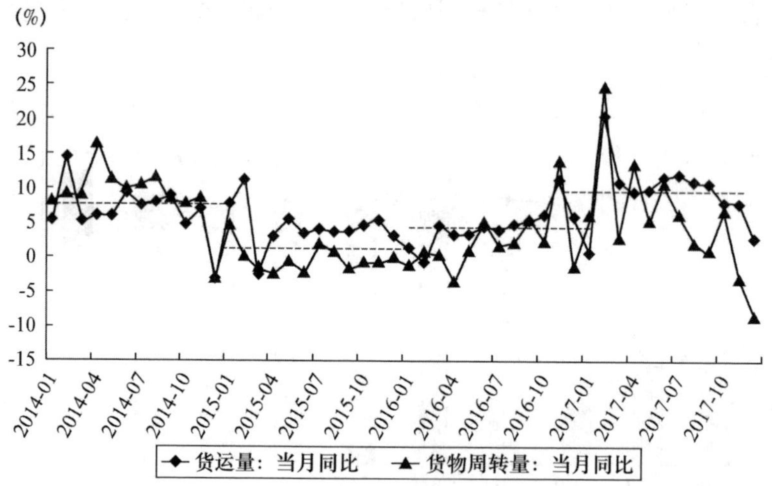


**图 3　2014～2017 年全社会货运量与货物周转量月度同比增速变化**

资料来源：Wind 数据库，交通运输部，国家统计局。

路货物周转量也分别同比上升了 9.2% 和 13.3%，增速提高了 3.6 个和 13.1 个百分点（见图 4、图 5）。公路和铁路运输在货物运输结构中占比超过 85%，其增速的强劲回升，带动了货运增长总体呈现企稳向好态势。同时，随着外贸的回暖，港口货物吞吐量也有所回升，2017 年沿海规模以上港口完成货物吞吐量 86.25 亿吨，同比增长 6.4%，增速提高 3.4 个百分点。

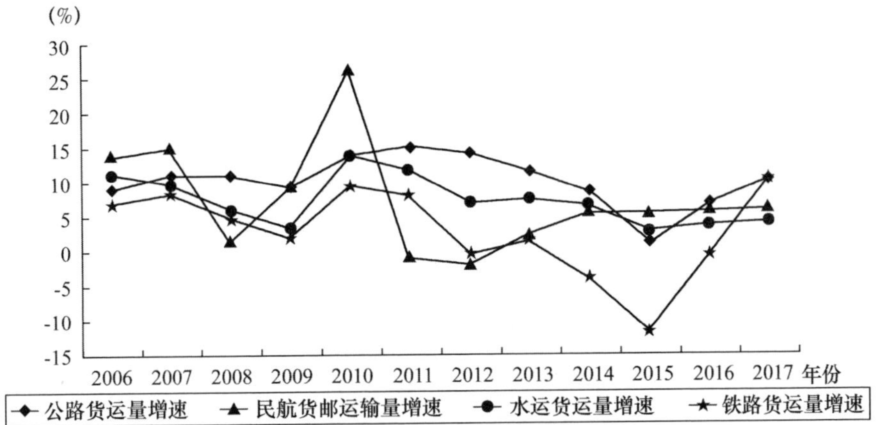


**图 4　不同运输方式的货运量同比增速**

资料来源：Wind 数据库，增速按可比口径计算。

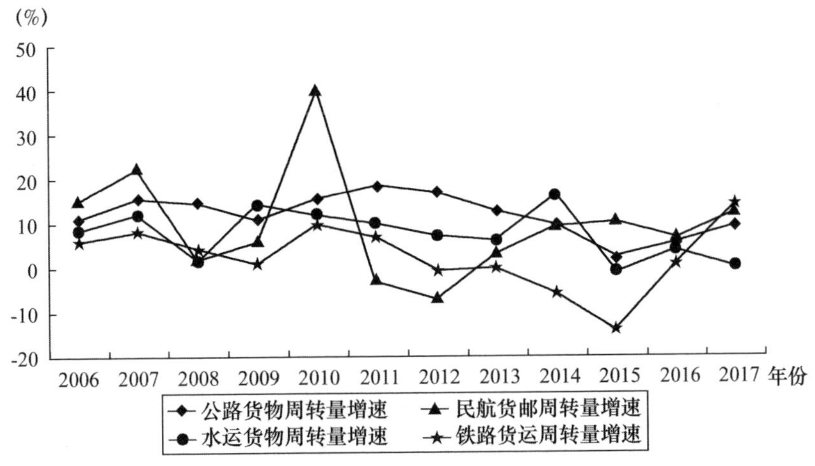


**图 5　不同运输方式的货物周转量同比增速**

资料来源：Wind 数据库，增速按可比口径计算。

### （二）运输市场呈现全面回暖格局

随着国际国内经济环境的改善，运输市场价格保持了总体回暖的态势。从国际上看，随着全球经济复苏态势加强，大宗商品价格回升，进出口以及相关物流需求实现较快增长。从国内来看，随着供给侧结构性改革深入推进，PPI 保持回升势头，工业生产不断恢复，公路和水运等领域淘汰过剩运能、更新升级运力的步伐也在不断加快。这些变化使得物流市场供需平衡性不断增强，物流服务价格稳中有升。

从不同市场的表现来看，物流运输市场价格呈现全面回暖的格局。2017 年，铁路运价保持总体稳定，部分铁路线路实现价格浮动。公路运力更新升级不断加快，物流市场需求增势相对稳定，运价同比保持上升态势，中国公路物流运价指数年平均值为 106.5 点，同比上涨 3.2%。水运运价回升明显，海运运力供给过剩情况有所改善，大宗商品需求不断上升，市场运行态势良好，干散货、集装箱市场供需关系都有所改善。波罗的海干散货运价指数（BDI）均值比上年大幅回升了 70.2%；中国沿海散货运价指数（CCBFI）同比上涨 25.1%，创近 5 年来新高；出口集装箱运价指数（CCFI）均值上涨 15.4%。在运输市场总体回暖的情况下，运输企业效益均有所好转。

### （三）物流需求呈现稳中有升态势

工业生产的恢复、消费加快升级以及进出口形势好转，带动了物流需求的增长。2017 年社会物流总需求呈现稳中有升的发展态势。全年社会物流总额完成 252.8 万亿元，同比增长 6.7%，增速比上年提高 0.6 个百分点（见图 6）。其中，工业品物流总额 234.5 万亿元，按可比价格计算，同比增长 6.6%，增速比上年同期提高 0.6 个百分点；消费与民生领域的单位与居民物品物流总额同比增长 29.9%，高于社会物流总额增长 23.2 个百分点，成为物流需求增长的重要驱动力；进口货物物流总额 12.5 万亿元，增长 8.7%，提高 1.3 个百分点。

物流成本费用继续下降，质量和效益不断提升。2017 年社会物流总费用 12.1 万亿元，同比增长 9.2%，增速低于社会物流总额、GDP 现价增长。同时，社会物流总费用与 GDP 的比率有所回落，单位 GDP 物流成本在不断下降。2017 年社会物流总费用与 GDP 的比率继续降至 14.6%（见图 7），比上年同期下降 0.3 个百分点。这显示出物流增长模式正在发生积极的变化，物流运行质量和效益正在不断提升。同时，物流业总收入也实

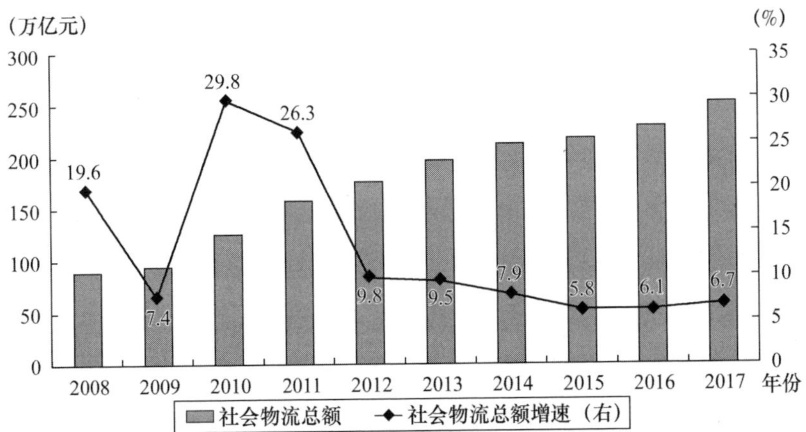


**图6 2008～2017 年社会物流总额及同比增速**

资料来源：Wind 数据库。

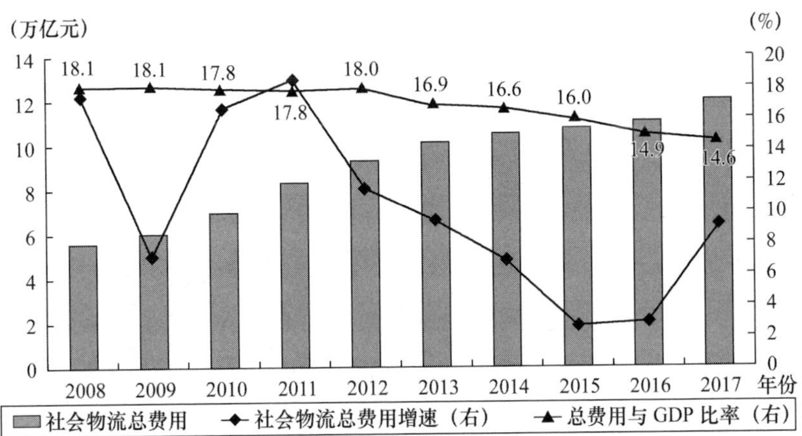


**图7 2008～2017 年社会物流总费用及同比增速**

资料来源：Wind 数据库。

现了较快增长。2017 年物流业总收入 8.8 万亿元，比上年增长 11.5%，增速比上年同期提高 6.9 个百分点（见图 8）。

物流业景气状况良好，物流企业效益有所改善。近年来，物流企业业务需求相对旺盛，物流业市场需求整体活跃。2017 年物流业景气状况保持良好，处于近年来较高水平，物流景气指数平均为 55.3%，比 2016 年均值高出 0.1 个百分点，新订单指数、业务活动预期指数均值都有一定提升。其中，反映企业效益的主营业务利润指数平均为 51.6%，同比提高 1.7 个

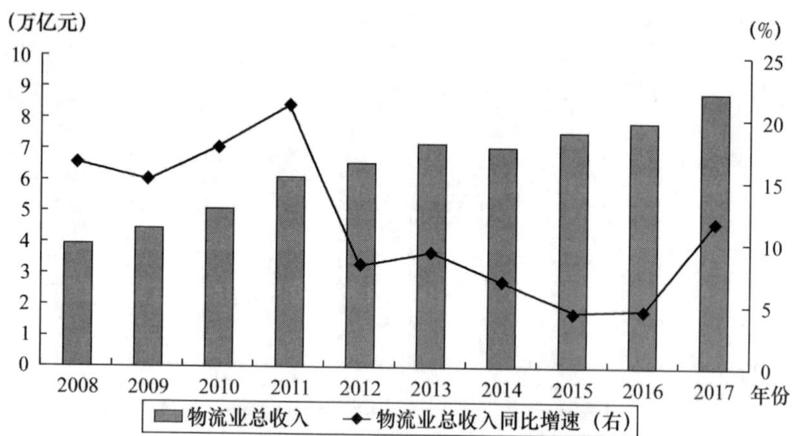


**图8　2008～2017 年社会物流总收入及同比增速**

资料来源：Wind 数据库，中国物流与采购联合会。

百分点（见图9）。说明随着物流市场需求不断改善，企业效益也有所提升。

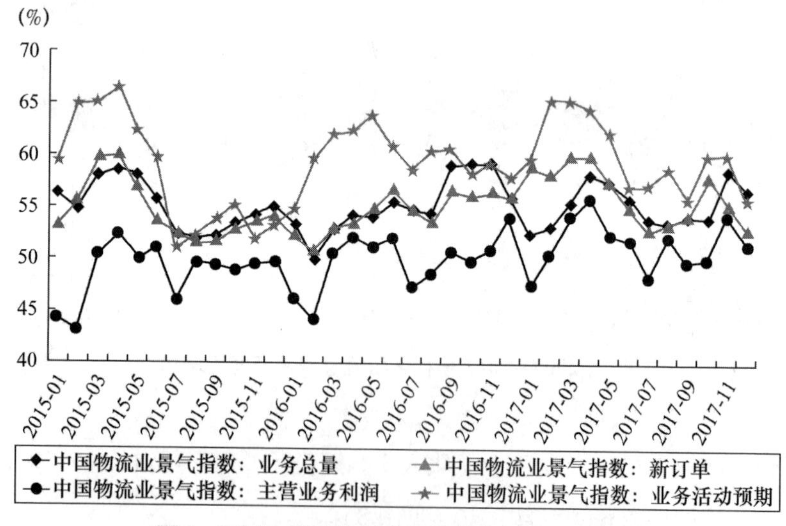


**图9　2015～2017 年社会物流总费用及同比增速**

资料来源：Wind 数据库。

### （四）快递市场发展进入"2.0 时代"

快递爆发式增长告一段落，市场发展进入"2.0 时代"。经过6年连续50%左右的高速增长，中国快递业务增长在2017 年出现较大幅度回落。根据统计，2017 年中国快递业务量完成 401 亿件，同比增长 28%，快递业务收入完成 4957 亿元，同比增长 24.7%，增速回落幅度均接近 20 个百分点。这反映出快递行业供需关系正在发生转换，行业竞争加剧，以前供不应求的局面正在逐步扭转，以往供给短缺带来的快递业务爆发式增长已经结束，快递行业增长有望由供给推动转向需求拉动，由迅速扩张填补市场空白为主的“1.0 时代”进入提高服务质量获取竞争优势为主的“2.0 时代”。

### （五）交通基础设施更加完善，运输能力进一步提升

交通路网密度持续增加，路网结构不断优化。2017 年，中国综合交通运输网络继续完善，交通基础设施水平进一步提升。中国铁路网规模继续扩大，全国铁路营业里程达到 12.7 万千米，比上年增长了 2.4%，路网密度达到 132 千米/万平方千米，比上年提高 3 千米/万平方千米。路网结构进一步优化，高等级道路占比持续提高。截至 2017 年年底，宝兰、西成、石济等高铁开通运营，高铁里程达到 2.5 万千米，占世界高铁总量的 66.3%。

物流基础设施短板进一步补强，中西部地区、农村、贫困地区交通基础设施建设加快。中西部地区铁路建设有所加快，郑万、银西、杭温铁路等建设稳步推进。2017 年全年新改建农村公路 28.5 万千米，快递服务网点乡镇覆盖率超过了 87%，农村地区收投快件量超过了 100 亿件。

服务“一带一路”建设，中欧班列开行数量迅速增长。2017 年全年开通中欧班列 3673 列，同比增长 116%，超过前 6 年开行数量总和。目前已通达欧洲 13 个国家的 36 个城市，回程班列稳定在去程的一半以上，国内已有 38 个城市开行中欧班列。其中，渝新欧铁路运邮业务实现常态化运营。海上运输服务已覆盖“一带一路”沿线所有国家。

运输便利化取得积极进展。2017 年，厦门港、青岛港、上海洋山四期全自动化集装箱码头投入使用，首艘江海直达集装箱船下水，多家企业试

点无人机快递业务。各种运输方式一体化衔接协同性改善，综合货运枢纽、物流园区、港口集疏运铁路公路系统建设积极推进。

## 二、迈向高质量的交通物流发展趋势与特征

随着经济由高速增长转向高质量发展阶段，交通物流也在不断向高质量迈进。运输货物结构不断优化升级，降本增效成果显著，交通物流新经济增长强劲，智慧化、绿色化趋势不断强化，交通物流高质量发展的特征日益显现。

### （一）运输结构加快升级，快速化、综合化、市场化趋势加强

运输货物结构不断升级，新兴产业物流需求增长强劲。随着经济迈向高质量发展阶段，传统制造业大规模扩张的阶段已经基本结束，工业原材料、初级产品的需求增长逐渐达到峰值，煤炭、钢铁等货物运输需求出现转折性变化，新兴产业快速发展，传统货物运输需求结构必然发生相应的转变，不断向高质量发展阶段迈进。从不同产业结构变化来看，新兴产业继续保持强劲增长趋势，传统产业不断转型升级。2017 年 1 ~ 12 月，高新技术产业 PMI 指数均值水平达 53% 以上，消费品行业和装备制造业均值较上年同期均有提升。与之形成鲜明对比的是，基础原材料等高耗能行业均值持续在 50% 以下，相应的物流需求均低于所有产业平均水平。

随着交通运输迈向高质量阶段，运输货物需求结构发生改变的同时，运输方式也呈现出更强的快速化、综合化、市场化趋势。其一，高速运输需求不断上升。随着经济不断迈进高质量发展阶段，高精尖技术产业的快速发展和个性化、品质化的消费升级趋势加快，对运输速度和效率的需求越来越高，民航和铁路运输长期保持在 10% 以上的增长速度。其中，联网计重收费数据显示，2017 年高速公路货物发送量增长了 14.2%；航空货邮周转量增长达到 12.5%，连续保持了快速增长态势。其二，多式联运高速

增长。迈向高质量发展阶段，传统单一货物运输的需求增长逐渐放缓，而多式联运的需求快速增加。比如，2017 年前三季度集装箱铁水联运量达到 250 万标箱，同比增长 30% 以上。铁路冷链物流运输量同比增长 1.2 倍。其三，运输市场化速度不断加快，与社会物流企业加速融合发展。2017 年，集装箱、商品汽车、冷链物流运量分别大幅增长 37%、58% 和 110%。

在需求结构变化的情况下，随着近年来较大规模的基础设施建设投入，交通运输基础设施不足的情况已经基本改变，这就要求必须深化交通运输供给侧结构性改革，适应需求结构变化，加快从单纯增加交通基础设施供给向交通运输提质增效转变，这也是交通运输迈向高质量发展阶段的必然要求。

### （二）交通物流持续降本增效，物流协同性不断增强

随着供给侧结构性改革的深入推进，交通物流领域“降成本”不断取得实效，物流各环节协同性不断增强。为进一步推进物流降本增效，国务院连续两年出台推进物流业降本增效的文件，物流领域“降成本”取得一定成效。从物流费用构成变化情况看，运输环节在社会物流总费用中的比重持续提高，保管环节则连续下降，表明当前物流流转速度提升，库存、资金占用时间及成本有所下降。2017 年，物流运输费用占比为 54.7%，同比提高 0.9 个百分点，保管费用和管理费用占比分别下降 0.8 个和 0.1 个百分点（见图 10）。运输物流效率不断提升，运输物流协调性增强。2017 年，运输费用占 GDP 的比重为 7.99%，比上年下降 0.02 个百分点，表明各种运输方式的连通性有所加强。多式联运、甩挂运输、江海直达运输等加快发展，主要港口集装箱铁水联运量增长超过 10%，装卸搬运费用占比连续两年小幅回落，比上年下降 0.1 个百分点。

在成本有所下降的同时，交通物流的时效性持续提升。通过新一代信息技术的推广应用、政府放管服改革以及交通基础设施加快升级等措施，交通物流的时效持续提升。电商领域表现得尤为明显，2017 年电商物流时

效指数平均为121.2点，比上年提高6.4点（见图11）。仓储指数中的平均库存周转次数指数平均为52.1点，全年均处在扩张区间，表明仓储物流企业周转效率持续保持较快增长。

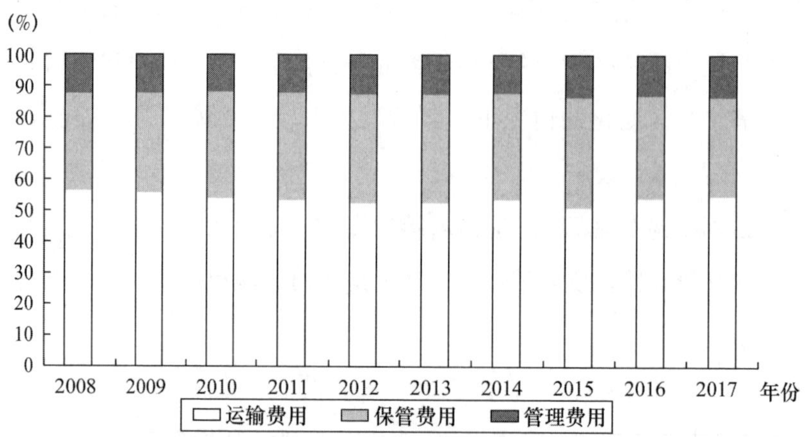


**图10 2008～2017年社会物流总费用构成情况**

资料来源：Wind数据库。

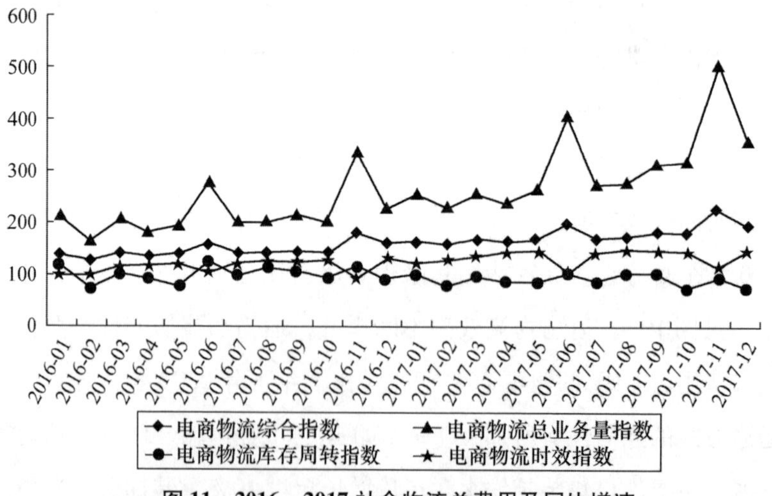


**图11 2016～2017社会物流总费用及同比增速**

## （三）物流新经济加快成长，新领域、新模式、新业态不断涌现

近年来，以电商物流为代表的新经济增势强劲，逐步成长为交通物流增长新引擎。2017年，全国电子商务交易额达到29.2万亿元，比上年增

长 11.7%；网上零售额达到 7.2 万亿元，比上年增长 32.2%，其中网上商品零售额 5.5 万亿元，比上年增长 28.0%，比社会消费品零售总额增速高出 17.8 个百分点，占社会消费品零售总额的比重为 15.0%，比上年提高 2.4 个百分点。从行业发展指数来看，2017 年电商物流总业务量指数平均达到 143.4 点，反映出全年电商物流业务量同比增速超过 40%，2017 年总业务量达到 2015 年的 3.5 倍以上。电商物流的迅猛发展，强有力地支撑了消费领域物流需求的增长。

互联网、大数据、人工智能等新一代信息技术的快速发展，也使物流的新业态、新模式不断涌现。借助新一代信息技术，物流逐渐从“笨重人力”向“智能优化”转变，速度、效率大幅提升。物流企业新模式不断涌现，以菜鸟网络为代表的平台模式、怡亚通等企业为代表的供应链模式、达达等为代表的 O2O 模式等层出不穷。目前“互联网 +”平台已经覆盖铁路、公路、水路、航空、邮政和城市配送等各个领域，“互联网 + 车货匹配”“互联网 + 仓储管理”等新领域快速发展，智能化匹配、分拨、管理为交通物流迈向高质量发展打开了新空间。据统计，2017 年前三季度 283 家无车承运试点企业累计完成货运交易 293.7 万单，有效利用社会货运车辆 160 万次。

### （四）交通物流智慧化进程加快，运输效率大大提升

智慧物流加快发展，为降低物流成本和提升效率提供了技术基础。近年来，各个物流企业都强化了互联网、大数据和智能技术的应用，以提升企业运营效率、降低物流成本。如京东无人仓实现了入库、存储、包装、分拣的全流程智能化和无人化，苏宁组建了机器人仓库群，申通启用智能分拣机器人可节省 70% 的人力。通过大数据等技术，快递企业可以提前预测快递量，并依托智能分仓技术提前进行物流匹配，实现“订单未下、物流先行”，运输、仓储、分拣、派送等环节效率大大提高。如雀巢将仓储和销售数据与菜鸟物流、天猫平台打通，提前预测需求进行仓储配送，优

化库存配比，运输成本降低了40%，而“次日达”比例则提升至60%，“当日达”比例提升一倍多。随着人力、物力不断增加、物流设备不断升级、技术创新加快发展，快递速度也在不断加快，效率提升明显。2012年，中国快递总量为56.9亿件，平均时效在4天以上，2017年快递总量突破400亿件，但平均时效下降到2.5天以下，发达地区已经低于2天。随着互联网、大数据、物联网和人工智能技术的不断突破，“互联网+”高效运输、智能仓储、便捷运送、智能终端协同的特征将更趋明显，智慧物流发展将进一步加快。

### （五）绿色化成为发展新趋势，绿色物流加快推广

随着绿色发展的理念逐渐深入人心，绿色物流逐渐成为交通物流发展的重要趋势。一方面，交通运输的绿色化日益明显。2017年，内河水运应用LNG动力加快推进，新能源汽车推广应用成效明显，新能源公交车超过20万辆，顺丰等快递企业电子运单使用率超过80%。另一方面，绿色物流亮点纷呈，绿色发展理念逐渐融入交通物流领域，绿色材料、循环应用等加快推广。以京东的循环包装袋、苏宁的共享快递盒等为代表的绿色包装不断兴起，社区回收、企业回收等都正在加快探索。目前正在从末端的绿色包装，向推动全流程绿色加快发展。

## 三、制约交通物流迈向高质量发展的瓶颈与问题

随着近年来大规模的交通物流基础设施建设，中国交通物流行业发展已经进入供需基本平衡阶段，但仍面临供需结构性失衡、综合运输体系建设滞后、运输成本居高不下、服务体系不完善、管理体制分割等问题，已经成为制约交通物流迈向高质量发展的瓶颈。

### （一）交通物流供需结构性失衡问题仍然突出

近年来，中国投入了大规模的基础设施投资，交通建设取得了突破性

进展，交通基础设施状况得到大幅改善，高速公路、高速铁路等的发展已经位居全球第一。总体上看，目前中国交通基础设施已经基本进入了供需相对平衡的阶段，交通瓶颈的制约已经基本消除。在这一阶段，交通物流供需矛盾已经不是基础设施的总量需求不足，更主要的是结构性失衡，尤其表现在一些新兴领域和短板领域。

近年来，交通物流出现了一些新的变化，对高端化、服务化、个性化交通物流的需求不断增加，智慧化、绿色化的物流需求加快发展，而由于传统交通物流领域已经投入建设了大规模的基础设施，在需求结构已经发生转折性变化时，大量资源沉淀在传统领域不能及时有效退出，而增量投入又受到财政和体制的制约，难以有效创造新需求，带来了供需的结构性失衡。比如，近年来，电商物流、快递快运、冷链物流等物流持续快速增长，小批量、灵活性、个性化的生活性物流需求上升，而现有的物流产品和服务主要适用于传统大批量、规模化的生产性物流，导致新需求难以得到满足，而传统物流又产能过剩，有效供给不足，市场资源配置效率低下。典型的如中国的仓储设施总量规模已经相对领先，但适应智慧化物流发展的仓储设施严重短缺，高标准仓储仅占全部仓储面积的2%左右，大量老旧的仓储设施已经难以满足现代化物流的需求。

尤其要指出的是，由于快递产业已由规模扩张的“1.0时代”进入质量提升的“2.0时代”，其转型升级仍面临较多供需失衡的制约。进入质量提升的“2.0时代”，快递业发展除了仍需要不断开拓业务增长新空间，更重要的是通过提高网络化、规模化、规范化和智能化水平，提升快递物流服务的质量和水平，提高效率，降低成本，获取竞争优势。然而，城市基础设施不配套、城市管理不适应、行业过度竞争、智能化发展动力不足、跨境业务渠道不畅等突出问题，严重制约了快递产业的转型升级。

### （二）综合交通运输体系建设有待进一步加强

尽管中国交通基础设施在很多领域已经全球领先，但交通运输“大而不强”问题仍然较为突出。主要表现在：其一，综合交通运输体系融合发展不够。铁路、水路交通运输成本优势发挥不足，综合运输通道建设仍需进一步优化，不同运输方式、不同区域、不同部门间的协作仍需进一步加强。其二，交通物流基础设施短板仍然明显。比如，农村物流服务不仅是实现乡村振兴、推动共享发展的重要途径，而且农村物流也具有非常广阔的市场前景。然而，目前全国大型物流企业的配送终端大多只延伸到县级，乡镇村庄布点严重不足，农村物流配送效率低、配送能力不足问题突出。其三，综合交通运输法制化、规范化建设仍然滞后，大部门管理体制和跨部门协作机制仍需进一步完善。

**（三）交通物流成本仍然偏高**

虽然近年来中国交通物流成本持续下降，但与发达国家相比物流成本仍然较高。2017 年中国物流总费用占 GDP 的比重继续下降到 14.6%，但仍然远远高于发达国家 8% ~9% 的平均水平（2014 年美国为 8.3%、日本为 8.5%），比世界平均水平也要高 3 个百分点左右。

综合来看，造成中国交通物流成本偏高的原因主要有以下几个方面。其一，运输成本偏高，尤其是高速公路收费成本高。2017 年运输费用同比增长 10.9%，增速比上年同期提高 7.6 个百分点，占总费用的比重达到 54.7%。公路运输是中国货运的主要运输方式，比重超过 80%。而中国绝大多数高速公路都是收费公路，据估算，高速公路收费要占干线运输企业成本的 30% ~40%。其二，交通物流标准化和多式联运不足，运输衔接不畅造成成本偏高。目前中国海运、铁路、公路多式联运比重偏低，甩挂运输等发展相对不足。欧洲相对成熟的港口，多式联运占货物运输总量的比重一般可以达到 20% ~30%（美国约为 40%，法国约为 35%，印度约为 25%），而中国还不到 5%。主要是因为中国铁路、公路、水运和航空分属不同管理体制，运输标准不统一，运输环节之间也缺乏有效衔接，无法形成有效的联合运输，进而影响成本和效率。比如铁路集装箱规格标准不一致问题制约了铁水联运的有效衔接。其三，一体化物流管理体制不畅，物流转运环节多、周期长，导致保管和管理费用偏高。在物流成本中，保管费用和管理费用约占45%。从单个物流企业运营状况看，中国每吨货物千米运输费用要低于发达国家，但因为中国货物往往要分多个批次才能完成，大量的中间环节和较长的运送周期，导致相对较高的管理和保管费用。其四，行政审批和管理部门仍然较多，多头管理、重复审批现象仍然存在，导致管理成本增加。中国管理环节的成本占社会物流总费用超过12%，而美国仅为3%左右，通过简政放权降低物流成本仍有较大空间。

### （四）交通物流服务的体系化、标准化、规范化仍然不足

近年来，中国交通和物流业发展迅速，但对比发达国家，中国的交通物流发展总体还比较粗放，物流服务的体系化、标准化、规范化仍然不足，服务质量和效率仍亟待提高。第一，产业规模化、品牌化仍然不足。比如，近年来中国快递业发展十分迅猛，但仍然是“大而不强”。就综合实力而言，中国所有快递企业总和尚不及美国联邦快递、UPS等中的一家。第二，多元化物流服务供给缺乏。企业规模扩张迅速，但质量和效益不足，增量不增收现象明显。产品服务单一化严重，缺乏差异化、层次化、多样化的服务供给。第三，标准化、信息化物流服务不足。集装箱的多部门分散管理带来多标并行，阻碍了多式联运的发展。同时，交通物流行业跨企业、跨平台、跨组织的信息系统编码、数据接口、电子数据交换代码等信息基础标准缺失，导致难以实现信息交换共享，成为制约行业发展的瓶颈，尤其是线上多式联运难以实现，各自为政、圈地服务成为普遍现象。据统计，全国7000万家中小企业缺乏信息互通，90%的物流企业没有数据互联，客观上制约了物流效率。

### （五）交通物流管理体系仍不完善

由于物流管理信息不对称性，交通物流管理的效率仍有较大提升空

间。比如，一些交通物流运营资质受不同部门管理，道路运输、医药物流、快递物流、安全运输、超限运输等都需要分别向不同部门申请，周期长、难度大、手续烦琐，且各个部门标准不一，给综合运输带来限制。在一些交通基础设施配套环境建设中，不同地方协调不足、标准不一，越位、缺位以及地方保护现象仍然存在。另外，交通物流服务领域仍然存在着相当程度的垄断，部分管理体制与制度相对僵化，部分领域市场化不足，开放度不够，民营资本难以进入，即使竞争性领域民营企业发展也会受限。如民营快递在发展航空货运等基础网络建设仍面临多重障碍，用地审批困难、通关申报审批时间过长等问题仍然比较突出。

## 四、交通物流转型升级方向与短期趋势

### （一）高质量交通物流的转型升级方向

进入新时代，交通物流也进入了迈向高质量发展的阶段。在新的历史阶段，中国的交通基础设施规模已经世界领先，运输服务保障能力相比以前有了大幅提升，科技创新也已经由跟跑为主向跟跑、并跑和领跑并存转变，中国已经基本具备了由规模扩张转向质量提升的物质基础。在这个时期，应坚持问题导向，聚焦关键环节和瓶颈问题，深入推进交通物流供给侧结构性改革，建立完善的网络化综合基础设施体系，大力发展交通物流新经济，着力完善交通物流服务体系，深化交通物流管理体制改革，切实推动交通物流实现质量提升和效率变革。

深入推进交通物流供给侧结构性改革，推动交通物流供需再平衡。随着中国交通运输基础设施网络建设不断完善，交通运输设施供需平衡发生新的变化，推动交通物流高质量发展，应改变以往的需求决定供给的发展思路，尽快将交通运输发展重心从基础设施建设转向运输组织效率提升，推动交通运输发展由支撑经济发展向引领经济发展转变。重点是优化交通设施供给结构、改善交通组织方式、补齐交通设施短板，推动放管服改

革，降低制度性成本。

适应需求优化交通物流设施网络，建立完善的网络化综合基础设施体系。推动交通物流高质量发展，应从以前重点补齐基础设施数量转向优化提升交通物流设施质量和网络化结构转变，重点加强国际国内区域大通道建设，打造国际运输通道网络，做优中欧货运通道，提升交通物流质量和效率。与城镇化格局紧密结合，打造高速运输通道网络。优化交通设施网络结构，构建联运通道体系，加强综合立体交通枢纽建设，推动城市交通物流基础设施网络化、规模化和标准化。

完善交通物流服务体系，推动降本增效。居高不下的成本和服务效率不高是制约交通物流迈向高质量发展的重要瓶颈。要加快交通物流体制改革，加强一体化软硬件基础设施建设，建成体系化、规范化、标准化的物流服务网络。重点清理相关不合理收费，大力发展多式联运，创新交通物流组织模式，推动交通物流标准化建设。

大力发展交通物流新经济，推进智慧化、绿色化物流发展。推动交通物流高质量发展，应适应智慧化、绿色化发展趋势，积极鼓励并支持交通物流企业用信息化手段发展新经济，改造提升传统交通物流，搭建信息共享服务平台，支持新业态发展，提升物流发展质量。加快绿色交通建设，提升能源利用效率，建立完善的绿色物流政策法规体系，构建绿色物流文化生态。

深化交通物流管理体制改革，建立一体化高效率的管理体制机制。协调通畅、系统高效的体制机制是交通物流迈向高质量发展的重要保障。要持续深化交通物流管理体制改革，加强顶层设计，构建相互协调、多元支撑的物流政策体系。进一步放松管制，鼓励竞争，推动交通物流融合发展。加强国际沟通协调，进一步推动运输便利化。

### （二）2018 年交通物流发展趋势判断

立足交通物流的转型升级方向，综合研判国际国内经济形势，在迈向高质量发展阶段，2018 年交通物流发展有望延续稳中向好的态势。从国际环境看，世界经济有望延续复苏态势，全球贸易会有所恢复，市场信心逐渐增强，经济增长预期改善，但复苏基础仍不牢固，不确定性因素仍然较多。从国内环境看，随着经济迈向高质量发展阶段，稳中向好态势仍将延续，大宗物资运输需求将持续保持相对旺盛，交通物流有望继续保持稳定。同时，高质量发展阶段的宏观调控政策也将会对生产、运输和基础设施建设等提出新的要求，供给侧结构性改革的继续深化会对交通物流带来双向作用，加之前阶段冲高，短期内交通运输增长可能会有所放缓，而消费升级和国内市场的持续扩大，对电商等物流发展有较强的拉动作用，物流需求仍将保持高速增长态势。在这种情况下，交通物流总体将延续稳中向好的态势，结构将进一步优化。

货物运输将在结构优化中保持小幅增长。在迈向高质量发展阶段，传统的房地产、铁路、公路等大型基础设施建设工程快速扩张基本结束，补齐短板和运营维护将是重点方向；在 2017 年生产快速回升之后，生产性货运需求增长开始有所放缓，钢铁、煤炭、建材、矿产等传统工业品、能源和原材料的运输需求将会下降；进出口将继续保持增长态势，但在国际环境不确定性仍存在、国际贸易摩擦逐步升级的背景下，进出口物流增长不会太过乐观。因此，综合判断货运总量预计仍将会保持小幅增长态势，但不会出现较大幅度攀升。预计 2018 年全年货运量增速保持在 4% ~8% 的增长区间。

物流业需求将继续保持活跃。2018 年随着经济运行稳中向好，物流需求将继续保持相对旺盛的活力。同时，物流发展的总体环境将持续改善，区域通道网络建设不断完善将进一步改善区域通达状况，流通业改革不断推进有利于构建良好的区域流通环境，物流降本增效措施逐步落实，电子商务快速增长为物流发展提供了新的动力。快递行业供需关系转换，有望保持在新的高速增长平台。在这种态势下，物流业仍将保持较快增长。预计 2017 年全年社会物流总额增速保持在 6% ~8% 的水平；社会物流总费用保持5%左右的增长，其与GDP的比率仍将继续下降。同时，受电商物流快速发展的带动，2018年快递将继续保持30%左右的快速增长。

综合判断，随着国际经济延续复苏态势和中国经济稳中向好，2018年交通物流企稳向好态势仍将延续。而全球政治经济格局仍存在较大不确定性，全球贸易摩擦可能进一步加剧，中国高质量发展也会带来宏观政策的进一步调整，交通物流短期内将有一定回调压力。

## 五、推动交通物流迈向高质量发展的政策建议

### （一）加快推动交通物流供给侧结构性改革

加快交通运输供给侧结构性改革，推动交通运输服务供给适应需求结构新变化。第一，优化交通基础设施供给。提升铁路、公路等传统运输方式对新型工业化生产方式和产品的适应能力，推动交通服务供给对接个性化、高端化、服务化的新型消费需求。加快发展高速交通网络，尤其是完善民航和高铁网络建设，提升交通物流服务质量。积极发展一体化交通，减少运输服务的衔接环节和时间。推进多式联运的大交通体系建设，建设综合立体交通枢纽，加快构建大物流体系。第二，创新交通物流组织方式，深化交通服务改革，优化交通服务供给。充分利用信息化手段打造网络服务和监管平台，提升服务效率。坚持市场化原则，以铁路价格改革为切入点，推进交通运输价格改革，进一步发挥市场配置交通运输资源功能。推进交通运输业放管服改革，推进信息共享和一站式通关联检。第三，补齐交通服务短板，推动交通物流服务均等化。让贫困地区和困难群体能够充分共享交通物流服务，通过规划引导均衡化配置公益性交通基础设施。进一步健全农村物流网络体系，加强农产品物流和村镇末端配送基础设施建设。第四，继续推进“放管服”改革，进一步精简交通物流类行政审批事项，降低制度性交易成本。优化交通物流发展环境，严格清理规范交通领域各类罚款、检查和涉企收费，优化市场投资和运营环境。

### （二）构建完善的网络化交通基础设施体系

实施交通基础设施综合成网计划，加快国际国内区域大通道建设，提升交通物流质量和效率。国际层面，聚焦六大走廊交通主通道，加快构建国际运输通道网络，加强海上互联互通和网络节点建设。加强国际国内铁路运输联动，以“X 新欧”通道为契机，做优中欧铁路货运通道，加强政策沟通协调，提升回程班列班次和装载率。国内层面，要以“两纵三横”城镇化战略格局为基础，依托中国重点城市群节点，加快建设“八纵八横”高铁网络、主干高速公路网络和高效互联互通的航空网络，加快形成“城市群 + 区域轴带”的网络化城市群体系。

完善交通运输网络，继续大力发展高速交通方式，加强高铁、高速公路、航空系统化网络化建设，提高物流服务水平，加快形成完善贯通的高速公路网、铁路网和航空运输网。加快推进铁水联运、空铁联运、空海联运等大交通体系建设，围绕机场、港口等重要基础设施打造集轨道交通、高速路网、公共运输、高速铁路于一体的综合立体交通枢纽。加强航空物流港的规划建设，为构建大物流体系留出空间。完善重点区域发展规划，建设现代化综合运输走廊，推进区域联系密切的城市群内部基础设施和通行一体化，推动多式运输协同对接。围绕区域产业链分工要求，提前规划构建与区域分工高度匹配、融合发展的多式联运体系。加快落实物流发展中长期规划，清理和废除妨碍全国统一市场和公平竞争的规定和做法，推动运输服务一体化，降低区域间交通物流对接转换成本。推动城市交通物流基础设施网络化、规模化、标准化，实现各种交通方式顺畅对接，推动交通与物流融合发展。

### （三）多措并举推动交通物流降本增效

加快推进交通物流体制改革，加强一体化软硬件基础设施建设，不断提升物流交通效率。第一，加大交通物流收费项目的规范与清理力度，进一步规范港口、机场、铁路经营性收费项目，大力清理过路费、进场费等不合理收费项目，合并优化物流相关税费，增加进项税可抵扣项目。加快取消政府还贷二级公路收费，鼓励高速公路实行差异化收费，扩大高速公路分时段差异化收费试点，落实高速公路通行费增值税电子发票抵扣政策。第二，大力发展多式联运和甩挂运输，充分发挥多种运输方式的组合优势，优化交通运输结构，降低结构性成本。加强多式联运转运设施建设，加快机场、港口等重点枢纽物流系统软硬件设施的衔接进度，推动海铁联运、空铁联运提速发展。第三，不断创新交通物流运营和组织模式，鼓励民间资本参与建设现代物流体系，支持创业企业探索物流管理模式创新，持续提升货物中转效率。第四，进一步推动物流标准化，加快制定修订物流标准并推动标准衔接，扩大标准化试点范围和品种，推广标准物流设施设备应用，加快推动仓单、托盘等软硬件设施标准化。加快推动货运标准化和专业化，鼓励发展各类专用运输车辆，大力发展自动化作业的技术装备。推动铁路物流运输与上下游之间进行智能化、标准化对接，用智能化的管理实现物流“订单化”自动匹配，降低库存和周转成本，用标准化手段减少周转次数，降低装卸成本。

### （四）鼓励支持智慧化绿色化物流发展

适应信息化发展趋势，积极鼓励并支持企业用信息化手段发展新经济，改造提升传统交通物流，提升物流发展质量。鼓励并规范“互联网＋”交通物流新业态发展，加强智能化交通基础设施建设，加快探索推广物联网等新技术在交通物流中的应用，加快推进交通物流设施设备的标准化、信息化和智能化。深入实施“互联网＋”计划，加快传统产业的信息化改造，推动第三方平台有条件地定向开放数据资源，提高物流信息化水平。推动政府部门、货运企业、平台信息共享，对接国有大型交通运输物流信息平台和社会化信息平台，充分利用物联网等技术，实现信息充分共享和实施更新。进一步完善鼓励和监管措施，支持新业态发展，进一步推广并规范无车船承运试点，加快自动化设备、智能快递设备的研发推广和应用。

鼓励交通物流绿色发展，建设绿色交通物流服务体系。加快绿色交通建设，加快推广新能源和清洁燃料车船。提升交通运输工具能源利用效率，降低能耗和排放水平，建立健全交通运输绿色发展制度和标准体系。提高技术在交通运输服务中的贡献率，推动交通物流可持续发展。建立完善的绿色物流政策法规体系，推动绿色包装普及，加强社区回收体系建设，共建绿色物流文化。

### （五）构建一体高效的交通物流管理体制

深化交通物流体制改革，加强协调沟通，建立一体高效的交通物流综合管理体制机制。加强顶层设计，构建相互协调、系统高效的物流政策体系。中央部门、行业组织、地方政府形成合力，突破条块分割，打破信息孤岛，加强统筹协调，以综合战略为统领，以一体化的财税、金融、贸易、科技、土地、环保政策工具为基础，以相互衔接的部门政策为支撑的物流产业政策体系。加强部门协调，推动物流发展部际联席会议制度常态化；加强对地方的指导与协调，制定合理的地区标准，明确各区域科学合理分工。进一步减少行政审批，多采用税收、金融、投资、土地、贸易等经济手段调控和管理交通物流产业，进一步放松管制，促进公平竞争，鼓励科技创新，加速用互联网技术推动运输、仓储以及各种运输方式之间融合发展。加强国际沟通协调，推动国际道路运输便利化。简化快递等跨境业务的经营许可和通关手续，鼓励支持快递企业建立以中国为主导的快递业国际合作组织，发挥协调沟通作用，增强标准制定的话语权。

执笔人：兰宗敏

第十七章

# 迈向高质量竞争环境：从改革入手确立中国竞争政策的基础性地位*

任何经济政策都是有生命周期的。在计划经济时期，主要是由指令性计划统领各项经济政策；在“有计划商品时期”，主要是由产业政策统领其他各项经济政策；在市场经济条件下，应由竞争政策来统领其他各项经济政策。随着中国经济发展进入新时代，现有的竞争政策（反垄断与反不正当竞争）体制已经无法满足高质量发展的需要，并成为不平衡、不充分发展的重要原因之一。尽快调整强化竞争政策执法机构②，以此为突破口确立竞争政策基础性地位③，这既是顺应中国经济发展进入新时代、建设现代化经济体系的迫切需要，也是改善市场环境、巩固反腐败成果、加快构建新型政商关系的迫切需要，同时还是贯彻落实十九大关于“打破行政性垄断，防止市场垄断”的总体要求和战略部署的迫切需要。

---

* 本文的压缩稿《关于调整中国竞争政策执法机构的政策建议》刊发于国务院发展研究中心《调查研究报告择要》2018 年第 26 号（总第 2842 号）。

② 完整的竞争政策执法机构应当包括促进竞争的反垄断执法机构与规范竞争的反不正当竞争执法机构。

③ 2016 年，国务院印发的《关于在市场体系建设中建立公平竞争审查制度的意见》中明确提出，要确立竞争政策的基础性地位。

## 一、当前是调整与强化中国反垄断体制的重要窗口期

### （一）及时调整与强化中国反垄断体制是贯彻落实十九大精神、顺应中国经济发展进入新时代、建设现代化经济体系的迫切需要

中国经济发展进入新时代的一个基本特征就是由高速增长阶段转向高质量发展阶段。推动高质量发展，建设现代化经济体系，需要尽快确立竞争政策的基础性地位，打破行政性垄断，防止市场垄断，从而“使市场在资源配置中起决定性作用，更好发挥政府作用”。这就要求突破利益固化的藩篱，吸取各国反垄断实践的经验教训，更加科学合理地调整中国的反垄断体制，构建系统完备、科学规范、运行有效的竞争政策体系，充分发挥中国社会主义制度优越性。

### （二）适时调整与优化中国的反垄断体制是巩固反腐败工作成果、构建新型政商关系的迫切需要

伴随中国经济的快速发展，各个行业都快速成长起来一些大型企业，这些大型企业对其所处行业的垄断地位越来越明显，同时它们对行业监管政策的制定甚至政治决策都能够产生很大的影响，折射出中国政商关系的严重扭曲。及时调整强化中国的反垄断体制，适当提高执法机构的法律地位和行政规格，强化执法机构的相对独立性，加大对各行业大企业的反垄断调查，减少大企业对政治的干预和对政策的绑架，既有助于巩固十八大以来的反腐败成果，也有助于建立新型政商关系。

### （三）当前是机构改革重要窗口期，应抓住这一机遇及时调整与强化中国的反垄断体制

党的十九大报告提出，未来一段时间要继续深化机构和行政体制改革。要统筹考虑各类机构设置，科学配置党政部门及内设机构权力、明确

职责。统筹使用各类编制资源，形成科学合理的管理体制，完善国家机构组织法。针对当前中国反垄断执法机构设置中存在的各种问题，加之《中华人民共和国反不正当竞争法》（以下简称《反不正当竞争法》）刚刚通过，社会各界对相关机构的改革有着很大的期待，倘若不能抓住这次重要的机构改革窗口期对中国竞争政策执法机构的设置和职能加以调整和强化，那么至少再等五年，而未来五年恰恰是中国经济转型和政策转型的关键时期，如果不能抓住机遇、贻误战机，势必会阻碍中国经济的顺利转型。

## 二、中国现行反垄断体制存在的主要问题

根据中国现行《中华人民共和国反垄断法》（以下简称《反垄断法》）第九条和第十条规定，国务院设立反垄断委员会，负责组织、协调、指导反垄断工作，国务院规定的承担反垄断执法职责的机构负责反垄断执法工作。根据2008年的“三定方案”，发展改革委负责价格垄断协议，涉及价格的滥用市场支配地位及滥用行政权力排除限制竞争方面的反垄断执法工作；工商总局负责垄断协议、滥用市场支配地位、滥用行政权力排除限制竞争方面的反垄断执法工作（价格垄断行为除外）；商务部的职责是依法对经营者集中行为进行反垄断审查，指导企业在国外的反垄断应诉工作，开展多双边竞争政策交流与合作。这就形成了中国反垄断执法机构设置的基本特征——“双层脱钩，三足鼎立”。这样一种反垄断体制在实际运行中暴露出了一系列严重问题，具体包括以下五个方面。

### （一）“双层脱钩，三足鼎立”，多头监管难以形成合力

#### 1. 国务院反垄断委员会职能没有有效发挥

设立国务院反垄断委员会原本是为了加强竞争政策实施的权威性，对多头化执法机构进行协调，以提高竞争政策执法的实效。但从实践效果来

看，由于权威性不足、授权不到位等原因，该委员会未能有效地指导、组织和协调反垄断工作，无法对各反垄断执法部门形成有效钳制，没能发挥其应有作用[①]。再加上国务院反垄断委员会及其专家咨询组的工作目标、运作过程及职责履行情况也都很不透明，导致该委员会与下面的三个执法机构之间形成了“上下两张皮”的脱钩局面。

**2. “三足鼎立”，多头执法，难以形成监管合力**

在实际执法过程中，三个执法部门之间经常会出现多头监管现象，企业无所适从，社会无法问责。比如，发展改革委负责执法与价格有关的反竞争行为，工商总局负责监管与价格无关的行为，但这种职责分工的可操作性存在很大问题。同时，由于反垄断职能分散在几个不同部门，导致反垄断执法力量分散，无法形成合力，严重影响了《反垄断法》的实施效果。

**3. 多头监管下缺少统一性和规范性，容易出现监管套利行为**

首先，不同的执法机构对垄断行为以及一些特定概念的界定标准不一致，导致一个执法机构对垄断行为的认定对其他执法机构不一定具有约束力。比如，不同执法机构对“单一经济组织”的表述不一致，导致对母公司与子公司之间关系的认定存在不确定性。其次，在执法实践中，各反垄断机构的执法力度不同、处罚标准不同。比如，三家反垄断执法机构在执法过程中均有较大的自由裁量权，但是各机构对宽大制度的适用范围规定并不一致。再次，各地区的执法标准和处罚力度相差也很大，这就加大了对跨地区经营的企业垄断行为进行执法的难度。最后，在执法实践中，三家反垄断执法机构存在选择性执法，这不但没能维护公平竞争，反而有可能制造更大的不公，对《反垄断法》和反垄断执法机构的权威性、公正性造成巨大伤害。总之，监管标准不统一、执法行为不规范、执法力度不相

① 根据公开信息，我们梳理了国务院反垄断委员会自成立以来的工作和职责履行情况（见附表1）。结果发现，国务院反垄断委员会在履行《反垄断法》所规定的职责方面存在很大不足（主要表现在之一、之二、之四上）。

同，为企业的监管套利行为提供了空间。

**4. “三足鼎立”还导致对外协调难度加大**

当前三个反垄断执法机构分别与国外相关机构和国际组织单独协调，降低了协调力度和效果，对外协调之前的内部协调消耗大量的时间和精力。据某国公平交易委员会反映，该机构为了与中国在反垄断工作上建立合作关系，不得不分别同商务部、发展改革委签署双边反垄断合作谅解备忘录，目前正在努力同工商总局签署类似的谅解备忘录。此外，由于目前中国三个反垄断执法机构之间的协调存在一定难度，对外合作与协调过程中容易让其他国家钻政策空子。

总而言之，由于当前中国反垄断体制呈现“双层脱钩，三足鼎立”的格局，执法权不集中、执法队伍不统一、跨部门跨行业跨地区的综合执法难度很大，使得法律和政策的协调复杂化，互相推诿、谁都不负责任的情况时有发生。与此同时，不同层级和不同部门之间的权限关系未能厘清，既存在监管空白，也存在监管交叉，导致执法效率低下，且增加了制度成本和执法成本。其结果是，垄断行为或不正当竞争行为得不到及时处罚或遏制，不利于统一开放、竞争有序的市场体系的建立，不利于发挥市场在资源配置中的决定性作用。

### （二）独立性不足，执法能力受到限制

目前中国的三个反垄断执法机构——发展改革委的价格监督检查与反垄断局、工商总局的反垄断与反不正当竞争执法局和商务部的反垄断局——均为各自所属部委的一个司局，在各自所属的部委内部难以避免其他司局的影响。比如，发展改革委一些司局肩负着产业政策制定和《中华人民共和国价格法》执法的职能，这些职能同价格监督检查与反垄断局的职能在一定意义上是相互冲突、相互排斥的。与此同时，这三个反垄断执法机构还面临着与其他政府部门在政策观点和经济利益上的冲突。在具体的反垄断执法过程中，这些来自内部和外部的影响很难排除，反垄断执法

机构很难保持独立。

由于现有的三个反垄断执法机构都只是所属部委众多司局中的一个，行政级别过低，授权有限，难以承担“打破行政性垄断，防止市场垄断”的重任。第一，反垄断执法机构级别过低致使其在处理行政垄断时力不从心，而且即便查明情况也只能向其上级机关提出建议，上级机关决定采纳或者不采纳；第二，反垄断执法机构级别过低致使其难以对国务院及其他部委制定出台的政策进行竞争性审查，并且同其他行业监管部门协调时也处于不利地位；第三，反垄断执法机构级别过低致使其很难约束国有企业，尤其是大型国有企业的垄断行为，因为这些大型国有企业的高级管理人员的职位、级别和影响力都要高于反垄断执法机构的高级官员。

此外，中国反垄断执法队伍还存在人员编制不足、专业能力不够、执法不规范等问题，严重限制了其执法能力，致使其很难胜任日趋复杂的反垄断执法工作。

### （三）重反垄断而轻反不正当竞争，且机构名称未能涵盖全部职能

完整的竞争政策应包含促进竞争和规范竞争两方面内容，因此，“竞争政策执法机构”也理应包括“反垄断”与“反不正当竞争”两项职能。但中国现行反垄断机构，无论在名称上，还是在职能设定上，都更多强调“反垄断”，而对“反不正当竞争”没有给予足够的重视。全国人大刚刚通过了《反不正当竞争法》的修订，相关执法的制度安排也亟待加强。

### （四）无准司法权、无准立法权，难以在依法办案的同时适应形势变化

根据国际经验，反垄断机构通常拥有准司法权和准立法权。准司法权就是赋予该机构通过调查、命令、审判、裁决等一系列司法程序处理相关事务的权限，参照司法程序和审判方式办案，从而使政策裁量的范围受到严格限制，以确保其遵循市场经济规律与竞争政策原则。但考虑到需要适

应经济发展的动态变化，还需要赋予执法机构一定的准立法权，以便该机构在执法过程中能够及时应对新的经济形势。由于中国目前的反垄断机构缺少准司法权和准立法权，一方面，相关机构在执法过程中随意性过强，自由裁量权过大；另一方面，又不能根据变化了的经济形势，及时调整监管内容，例如，对于最新出现的“平台垄断”，相关部门迟迟不能作出适当反应。

### （五）中央政府缺乏派出机构，对于跨地区案件难以采取有效措施

根据《反垄断法》第十条，国务院反垄断执法机构根据工作需要，可以授权省、自治区、直辖市人民政府相应的机构，负责有关反垄断执法工作。但是，国家层面的反垄断执法机构并不拥有地方派出机构，导致跨地区的垄断行为和违法案件常常被忽略，难以及时采取有效措施。

## 三、世界各国竞争政策执法机构设置的经验与启示

通过梳理美国、日本、德国、法国、韩国等世界代表性国家以及欧盟的竞争政策执法机构设置（见附表2）不难发现，世界主要发达经济体的竞争政策执法机构设置在以下几个方面存在一定的共性，这为进一步优化调整中国的竞争政策执法机构设置具有重要的启示意义。

### （一）行政执法为主，司法部门配合

目前各国的竞争政策执法大多以行政机构为主，以司法部门为辅；而行政机构则多为一元化体制，通常以“公平交易委员会”为核心；很少同时存在两个执法机构。据统计，在二十国集团（G20）中，除了中国拥有3个执法机构，美国和加拿大各有2个，其余15个成员均只有1个执法机构。在35个OECD国家中，只有美国、加拿大、智利和卢森堡4国拥有2个执法机构，其余31个国家都只有1个执法机构。

### （二）努力排除各方干扰，普遍拥有较高独立性

从机构设置来看，美国、日本、德国、法国、韩国等国以及欧盟的竞争政策执法机构均独立于任何其他行政部门，包括人事、编制以及财政预算等，这样有助于切断部门利益的不良影响，使得竞争政策执法机构能够真正客观地促进竞争、规制垄断，公平对待各类市场主体。

为了切断委员会成员与党派之间可能的利益关联，多数国家对其竞争政策执法机构的中立性都有明确规定。例如，美国《联邦贸易委员会法》要求，5 名委员中属同一个政党的不能超过 3 名。所有委员不得兼职从事其他实业或其他职业。韩国更明确规定，所有委员均不得加入任何政治党派，或参加任何政治活动。同时，为了避免执法机构受到来自政党的政治压力或其他部门的行政干预，各国都对竞争政策执法机构的高级别人员的身份保障有着明确规定，无特殊情况，执法机构的官员和专家均不得被随意罢免①。

### （三）拥有准立法权和准司法权，并多采取合议制决策机制

在法律地位上，美国、日本、德国、法国、韩国的竞争政策执法机构均拥有准司法权。其中日本的公平交易委员会在准司法权的基础上还拥有准立法权，即预留给公平交易委员会一定的立法空间，允许其制定内部纪律、事件处理程序、报告及许可等规则，以界定不公平交易方式等。

在决策机制上，大多数国家的竞争政策执法机构通常都实行委员会制（亦称“合议制”）——有关任何重大事项和重大案例的讨论和决策都是由委员会内的所有委员共同行使议事权和决策权。委员会的决策，通常会按协商达成一致的原则来进行，如日本的公平交易委员会；也有国家采用简单多数原则，如德国和欧盟。这种决策机制的优点是能够集思广益，对问

---

① 如韩国《竞争法》规定，除了以下情形之外，公平交易委员会的所有委员都不能被强行罢免：（1）其被判处监禁或更严重的刑罚；（2）由于长期的身体或精神疾病而无法正常履职。

题能够有较为周全的考虑，各方面的利益和诉求均可在委员会内反映出来，比如德国和欧盟均明文规定，不同意见必须在公布的文本中有所体现，以保障决策的中立性以及落实决策问责制。更为重要的是，权力在委员会内受到制约以保持平衡，能够有效防止个人专制等现象的出现。

### （四）职业化、专业化，以确保其权威性

各国竞争政策执法机构均要求其委员会委员必须在经济、法律等领域具有广泛的专业学识和资深的实践经验。竞争政策执法机构高管人员的职业化和专业化有力地保障了委员会的权威性。

### （五）中央政府通常设有派出机构

根据美国、德国和日本的经验，其国家竞争政策执法机构在地方通常设有大区派出机构，负责国家层面或跨区域的反垄断和反不正当竞争事务。

## 四、有关调整强化中国竞争政策执法机构的方案与建议

### （一）有关调整强化中国竞争政策执法机构的方案设想

针对中国现行反垄断执法机构设置中存在的问题和危害，同时考虑到当前正是推动相关改革的重要窗口期，结合美国、日本、德国、法国、韩国等代表性国家以及欧盟的竞争政策执法机构设置的经验，特提出有关调整强化中国竞争政策执法机构的四个方案设想。

方案一：将现有三个部委下属的反垄断与反不正当竞争司局合并成一个反垄断总局，并隶属其中的一个部委。

方案二：将现有三个部委下属的反垄断与反不正当竞争司局合并，成为一个独立的反垄断部委。

方案三：做实国务院反垄断委员会，更名为“国务院竞争政策委员

会”，并赋予其副国级地位，同时将现有三个部委下属的反垄断与反不正当竞争司局合并到该委员会下面，作为执法机构。

方案四：将当前三个部委下属的反垄断与反不正当竞争司局合并成为“国家竞争政策委员会”，作为一个独立的法定机构直接对全国人大负责，与“两院”并列。

基于对四个方案的利弊比较（见表1），我们认为，维持现状最不可取，底线是方案二，最理想的是方案四。但就目前情况而言，我们倾向于从方案三起步，待条件成熟以后再由方案三向方案四转变。

### （二）有关中国竞争政策执法机构职能调整的建议

基于上述方案三设想，我们建议对中国竞争政策执法机构的职能作出相应调整，具体包括以下几点。

第一，将国务院反垄断委员会由一个反垄断工作协调机构转变为一个竞争政策执法机构，并更名为“国务院竞争政策委员会”，同时负责《反垄断法》和《反不正当竞争法》的行政执法。

第二，该委员会全面负责研究制定中国的竞争政策，并统一负责竞争政策的决策与执法。

第三，负责竞争政策审查，包括对国务院及其组成部门制定出台的法律法规和条例以及各地方政府制定出台的政策进行竞争政策审查，对所有新出台的文件必须进行严格审查，对存量文件则限期完成审查清理工作。

第四，组织实施或委托专门机构对全国以及各地区的市场竞争状况进行调查、评估，并定期（每年或每两年一次）发布评估报告。

第五，负责与竞争政策相关事务（包括反垄断和反不正当竞争）的国际协调与合作。

### （三）有关竞争政策执法机构的设置、人员配备与经费来源的建议

首先，在机构设置上，除了国务院竞争政策委员会以外，在省级政

**表 1　　有关调整中国竞争政策执法机构的四个方案设想对比**

| 方案设想 | 利 | 弊 |
|---|---|---|
| 方案一：将现有三个部委下属的反垄断与反不正当竞争司局合并成一个反垄断总局，并隶属其中的一个部委 | • 能够解决多头监管的问题；<br>• 操作比较容易、动作比较小；<br>• 阻力会相对较小（三个部门至少会有一个是支持的） | • 解决不了独立性的问题；<br>• 解决不了一个部门同时还肩负其他职能的问题；<br>• 级别仍然上不去 |
| 方案二：将现有三个部委下属的反垄断与反不正当竞争司局合并，成为一个独立的反垄断部委 | • 能够解决多头监管的问题；<br>• 操作也相对比较容易；<br>• 阻力也不会太大 | • 级别还是不够高，与其他部委处于平级地位，仍难与其他监管部门进行协调；<br>• 无法对国务院出台的政策文件进行竞争政策审查 |
| 方案三：做实国务院反垄断委员会，更名为“国务院竞争政策委员会”，并赋予其副国级地位，同时将现有三个部委下属的反垄断与反不正当竞争司局合并到该委员会下面，作为执法机构 | • 能够解决多头监管的问题；<br>• 由协调机构变成了职能机构（国务院可能会有一定的积极性）；<br>• 地位上高于其他部委，易于同其他监管部门进行协调 | • 操作相对比较困难；<br>• 阻力也会比较大；<br>• 仍无法对国务院出台的政策文件进行竞争政策审查 |
| 方案四：将当前三个部委下属的反垄断与反不正当竞争司局合并成为“国家竞争政策委员会”，作为一个独立的法定机构直接对全国人大负责，与“两院”并列 | • 能够解决多头监管的问题；<br>• 独立性最强；<br>• 有助于对国务院出台的政策文件进行竞争政策审查；<br>• 与“两院”并列，更有助于打破行政性垄断，与司法部门更好地协调配合 | • 需要相关的政治体制改革相配套，操作难度较大 |

府也应设置相应的竞争政策执法机构，负责各省（自治区、直辖市）的竞争政策相关事务；同时，国务院竞争政策委员会应在华南、华北、华东、东北、西南、西北和中部等地区分别设置大区派出机构，负责跨区域的竞争政策事务。

其次，关于行政级别。根据中国国情，为了确保国务院竞争政策委员会能够顺利开展工作，尤其是对行政性垄断、大型国企垄断、行业垄断以及地方保护行为开展竞争政策审查以及有效执法，该委员会的权威性和行政级别一定要高于普通部委。

再次，关于人员编制。为了解决中国竞争政策执法工作人员配备不足、专业化职业化不强的问题，根据国际经验，对于国务院竞争政策委员会要做到：给足编制、配足人力、提高执法能力。为此，从事事务性工作的人员编制可以在合并现有三个反垄断执法司局的基础上至少再增加两倍，各大区派出机构的编制建议为50人左右，省级执法机构的编制可根据各省、市、区的具体情况酌情配备。作为国家的行政执法机关，该机构所有人员编制均应为穿特定制服的公务员编制。

最后，关于所需经费。为保证国务院竞争政策委员会有充足的行政经费和办公经费，其标准至少不应低于最高人民法院和最高人民检察院的现行标准。

总之，为促进竞争、规范竞争，更好地实施《反垄断法》与《反不正当竞争法》，必须尽快对现行反垄断执法体制进行改革和调整，建立统一、独立，职业化、专业化、非政治化，并拥有一定准司法权和准立法权的高级别竞争政策执法机构，以逐步确立并强化竞争政策的基础性地位。

执笔人：魏加宁　杨光普[①]

---

① 笔者感谢中国人民大学宋准、北京科技大学孙天琪、北京科技大学杨瑶等人作为研究助理对本文所做的贡献。

附表 1　　国务院反垄断委员会的工作与职能履行情况梳理

| | | |
|---|---|---|
| 工作情况 | 第一次工作会议 | 2008 年 9 月，时任国务院副总理、国务院反垄断委员会主任王岐山主持召开了该委员会第一次工作会议，这也是迄今为止唯一公开报道过的一次工作会议，会议审议了（至今没有全文公布的）《国务院反垄断委员会工作规则》，研究部署了下一阶段工作，并提出“国务院反垄断委员会聘请法律、经济等方面的专家组成专家咨询组，对委员会需要研究的重大问题提供咨询” |
| | 聘任专家咨询组 | 2011 年 12 月，正式聘任学者组成专家咨询组。该咨询组由 21 位专家组成，但至今未能公布：该专家咨询组工作办法、职能范畴和纪律要求，以及除了“对（国务院反垄断）委员会需要研究的重大问题提供咨询”外，是否可以直接参与反垄断执法机构的个案实践、出谋划策。至今也没有公开的网页、网站介绍全部 21 位专家成员，而是只能通过网络搜索到个别院校有关本校学者、领导入选该咨询组的贺信新闻 |
| | 专家咨询组立法研讨会 | 2012 年 11 月 1 ~ 2 日，国务院反垄断委员会专家咨询组在珠海举行研讨会，讨论商务部起草的《关于经营者集中案件适用简易程序审查的暂行规定（草案）》 |
| | 《反垄断法》修订专题研讨会 | 2017 年 9 月 22 日，国务院反垄断委员会办公室召开《反垄断法》修订专题研讨会 |
| | 《反垄断法》修订企业座谈会 | 2017 年 11 月 28 日，国务院反垄断委员会办公室召开《反垄断法》修订企业座谈会 |
| | 中国竞争政策论坛 | 从 2012 年开始，专家咨询组每年都会举办中国竞争政策论坛，该论坛已经举办了 6 届 |
| 职责履行情况 | 研究拟订有关竞争政策 | 该职责履行情况没有公开的报道 |
| | 组织调查、评估市场总体竞争状况，发布评估报告 | 没有发布有关市场结构和市场竞争情况的研究报告、对于以哪些政策来落实十八届三中全会加强市场竞争的决定也没有相应的研究报告 |
| | 制定、发布反垄断指南 | 2009 年，委托商务部反垄断局起草制定了《国务院反垄断委员会关于相关市场界定的指南》，授权工商总局起草了《关于知识产权领域反垄断执法的指南》。部署发展改革委起草《关于滥用知识产权的反垄断指南》《反垄断案件经营者承诺指南》《关于汽车业的反垄断指南》《关于垄断协议豁免一般性条件和程序的指南》《关于认定经营者垄断行为违法所得和确定罚款的指南》 |
| | 协调反垄断行政执法工作 | 该职责履行情况没有公开的报道 |

**附表 2**

**代表性国家和欧盟竞争政策执法机构基本情况**

| 国家 | 美国 | | 日本 | 欧盟 | 德国 | 法国 | 韩国 |
|---|---|---|---|---|---|---|---|
| 机构名称 | 联邦贸易委员会 | 司法部反托拉斯局 | 公平交易委员会 | 欧盟委员会竞争总司 | 联邦卡特尔局 | 法国竞争总局 | 公平交易委员会 |
| 法律依据 | 《联邦贸易委员会法》 | 《谢尔曼法案》《克莱顿法案》《反托拉斯民事诉讼法》《国际反托拉斯执行协助法》等 | 《独占禁止法》 | 《欧盟运行条约》 | 《反限制竞争法》 | 《经济现代化法》 | 《垄断规制和公平交易法》 |
| 机构级别 | 隶属国会 | 隶属联邦政府 | 总理大臣名义辖制，内阁府外局 部级 | 受法院监督 | 隶属联邦经济部 | 不受政府管辖 | 隶属韩国政府，部级 |
| 有无准立法权 | 有 | 无 | 有 | 无 | 无 | 无 | 无 |
| 有无准司法权 | 有 | 无 | 有 | 有 | 有 | 有 | 有 |
| 有无独立性 | 有 | 有 | 有 | 有 | 有 | 有 | 有 |
| 是否为合议制 | 是 | 否 | 是 | 是 | 是 | 是 | 是 |
| 地方派出机构 | 7 个地区办公室 | 5 个地区办公室 | 7 个地方事务所 | 无 | 无 | 无 | 5 个地方事务所 |
| 工作人员数量（截至 2016 年） | 1191 | 787（2010 年） | 840 | 748 | 345 | 174（2015 年） | 536 |
| 占国家公务员总数的比重（十万分之） | 5 | 4 | 140 | 2000 | 70 | 3 | 80 |
| 年度经费预算（元，2016） | 约 20 亿 | 约 10 亿 | 约 6.5 亿 | 约 8.5 亿 | 约 2.4 亿 | 约 1.988 亿 | 约 6.85 亿 |
| 占全国财政预算的比重（百万分之） | 16 | 8 | 19 | 7 | 10 | 9 | 200 |

# 第三部分

# 打好三大攻坚战

# 第十八章

# 打好防范化解重大风险攻坚战：思路与对策

中国经济发展已由高速增长阶段转向高质量发展阶段，正处在转变发展方式、优化经济结构、转换增长动力的攻关期，新一轮经济转型的特征更趋明显。经济转型是经济发展向更高级形态、更复杂分工、更合理结构演变的“惊险一跃”。在这个过程中，各类风险易发高发，有可能集中释放。我们必须把防范化解重大风险放在更加突出的位置，把握这一时期风险形成机理和传导机制，坚持“主动防范、系统应对、标本兼治、守住底线”的总体思路，区别短期、中期和长期的风险防控重点，加强风险管理能力建设，建立健全现代风险管理体系，有效防范化解各类可能出现的风险，坚决打好防范化解重大风险攻坚战，为决胜全面建成小康社会、开启全面建设社会主义现代化国家新征程创造有利条件。

## 一、中国正处在新一轮经济转型背景下的风险易发高发期

中国新一轮经济转型，本质上是经济发展的阶段性转换，即从高速增长阶段转向高质量发展阶段，从工业化中后期转向后工业化时期，从中等收入经济体转向高收入经济体。在这一进程中，原有的发展方式、经济结构、增长动力等平衡关系被打破，周期性问题和结构性问题相互交错，环境变化和体制变革相互影响，国内矛盾和外部冲击相互作用，

存量风险和增量风险相互叠加，进入风险易发高发的窗口期，面临风险可能集中释放的挑战。

### （一）新一轮经济转型的主要特征

中国经济由高速增长阶段转向高质量发展阶段，开启了一次广度、深度都超过以往的新一轮经济转型。如果说，上一轮经济转型最鲜明的特征是通过建立社会主义市场经济体制和参与经济全球化进程，实现经济快速增长和财富积累，促进劳动力转移和居民收入水平大幅提升，加快工业化和城镇化进程，使中国发展成为经济大国的话，那么，新一轮经济转型是以全球经济环境深刻变化、外部需求扩张放慢，国内经济增长速度、结构、动力都发生明显变化为背景的，面临产能过剩、杠杆率高企和重大经济结构性失衡等多重挑战，转型的复杂度和艰巨度超过以往。这些挑战赋予新一轮转型不同于以往的新的内涵，那就是要通过全面深化改革、贯彻新发展理念和建设现代化经济体系，以供给侧结构性改革为主线，推动经济发展质量变革、效率变革、动力变革，跨越转变发展方式、优化经济结构、转换增长动力的关口，使中国发展迈上更高质量、更有效率、更加公平、更可持续的新台阶，为建设社会主义现代化强国奠定基础。

经济转型是经济发展阶段、条件和外部环境变化共同作用的结果。经济转型意味着原有的平衡被打破，需要重构新平衡；原有的结构不适应新的发展条件，需要加快结构调整；原有的体制不适应新的发展格局，需要加快体制变革。转型必然有风险，没有风险的转型是不存在的。从国际经验看，无论是日本、“亚洲四小龙”，还是拉美和前苏东国家，在经历经济转型过程中都曾面临严峻挑战，要么爆发了严重的经济危机，要么出现了发展停滞，落入中等收入陷阱，有的国家甚至发生剧烈的社会动荡并出现社会倒退。只有少数几个国家，成功应对和化解转型期的风险，进入现代化国家行列。当前和今后一个时期，中国正处在转向高质量发展阶段的重要关口，像其他经历过转型的经济体一样，这一时期往往也是高风险窗口期。转型期的风险也孕育着成功转型的机会，能否有效防范和应对各类风险，能否化风险为推动转型的机遇，不仅关系到能否成功实现新一轮经济转型，也将关系到能否实现决胜全面建成小康社会的目标并开启全面建设社会主义现代化国家新征程。

### （二）经济转型期往往是风险易发高发期

风险从萌芽、集聚到集中释放有一个演进过程。风险的演进取决于外部环境和内在条件的变化，也有长期性、基础性、结构性、制度性等因素的共同作用。影响中国当前风险易发高发的主要因素有以下几个方面。

#### 1. 经济增速换挡使潜在风险显性化

在经济高速增长期，各类风险往往被掩盖和对冲，不容易暴露出来。2010 年以来，经济增速明显回落，从 2010 年的 10.6% 下降到 2016 年的 6.7%，降幅接近 40%，企业利润、财政收入增速也随之大幅回落，地方政府性债务、国有企业高负债、房地产和金融系统聚集的潜在风险逐步暴露出来。根据中国经济 50 人论坛课题组“面向 2030 年的经济社会发展环境和战略研究”预测，中国经济潜在增长率还将继续放缓，由近年来略高于 6.5% 下降到 2020～2030 年的 5%～6%。潜在增速的持续放缓，将进一步增大风险释放的压力。

#### 2. 重大经济结构性失衡催生风险

经济转型期往往意味着一个经济体处于经济技术长周期的末端，依托成熟技术扩张获取规模效应的空间明显收窄，实体经济出现结构性失衡和产能过剩，产业利润率大幅下降，资金因追逐利润而“脱实向虚”，大量流入金融业和房地产市场，催生金融业过度繁荣和房地产泡沫。2016 年中国金融业增加值占 GDP 的比重达到 8.3%，超过美国 7.3%、英国 7.2% 的水平，就反映了金融业过度繁荣的现状。当前，中国重大经济结构性失衡集中表现为实体经济结构性供需失衡、金融和实体经济失衡、房地产和实体经济失衡，这些结构性失衡不仅加剧了潜在风险积累，而且增大了经济金融风险的关联性和复杂性。

**3. 投资效率下降引发债务率攀升**

在经济转型过程中，过去投资增长较快的重化工业部门产能过剩问题凸显，投资效率大幅下降。2015 年中国增量资本产出比（ICOR），也就是每新增 1 元 GDP 所需要的投资达到 6.7 元，比 2010 年的 4.2 元提高近 60%。在投资效率不断下降的情况下，要保持产出的稳定增长，必然要扩大负债规模。根据国际清算银行的数据，2010～2015 年中国非金融部门负债总规模年均增长 16.6%，比同期名义 GDP 年均增速快约 6 个百分点。债务杠杆率持续攀升，最终必然要通过各类风险的释放表现出来。

**4. 顺周期市场环境加剧风险积累**

在经济繁荣期，基于对未来经济增长和收入的乐观预期，市场主体倾向于高估自身的债务承受能力，整个经济体信用快速扩张，形成资产价格上升、负债规模膨胀、资产规模扩大的循环反馈机制。而一旦实体部门增长势头逐步减弱，就会出现资产价格下降、债务规模攀升、资不抵债或流动性枯竭的循环，绷得过紧的债务关系就会在薄弱环节出现崩裂，引致各种经济金融风险集中释放。与此同时，地方政府的投资冲动和金融机构的约束机制不健全，也在体制上加剧了这种顺周期效应。

**5. 主要经济变量关系深刻调整**

进入经济转型期，中国主要经济变量关系发生深刻复杂变化。以人口结构为例，2012～2016 年，劳动年龄人口累计减少 1796 万，年均减少 359 万，人口抚养比因劳动年龄人口减少和人口老龄化而明显提高。实证分析表明，储蓄率与抚养比呈逆向变化关系。抚养比每上升 1 个百分点，储蓄率约下降 0.8 个百分点。随着人口抚养比的上升，中国高储蓄率向下调整，并直接引致投资率的下降，进而影响到潜在增长率。人口结构变化特别是人口老龄化，还将加大养老和医疗保障的压力，影响到政府债务的可持续性，使风险释放的压力增大。

**6. 外部经济金融环境变化带来的冲击**

随着中国经济规模和体量不断增大，与世界经济联系的不断加深，国内外经济互动反馈效应不断增强。中国作为全球第二大经济体，通过贸易、投资、金融等渠道对国际市场产生巨大影响。与此同时，全球经济的重大调整，主要经济体的政策变化，也会对中国经济和市场形成重大的外溢效应。当前，国际金融危机后主要经济体实施的量化宽松和低利率政策面临调整，历史上从未有过的超低利率一旦逆向上调，将带来全球资产重新定价和债务条件恶化，引发国际金融市场动荡和大规模跨境资本流动，并将对中国形成较大的外部冲击。

**7. 风险管理体系和管理能力建设滞后**

长期以来，中国在应对各类经济金融风险中形成了较强的风险管理能力，但也要看到，中国在风险识别、评估、预警、应对和处置上还存在诸多薄弱环节。政府职能错位、越位和缺位现象仍然存在，部门机构设置不合理，职能交叉重叠，协调成本高，防范和化解风险的体系不健全。中央和地方财税关系尚未理顺，地方财权和事权不对称，对土地财政依赖度较高，容易引发显性和隐性债务膨胀。监管体系不完善，监管空白和监管套利并存，监管的穿透性、专业性不够，存在“铁路警察各管一段”的情况，在应对未来可能发生的各类风险中仍面临巨大挑战。

## 二、风险识别的六部门分析框架和传导机制

风险是现代经济社会的一部分，有其独特的形成、集聚和扩散过程。风险的基本构成要素包括风险因素、风险事件和风险结果。经济社会发展过程中形成的结构性、体制性矛盾和问题不断积累叠加并日益突出，一旦受到外部突发性事件的冲击，风险就很可能会集中释放并迅速蔓延，导致经济社会发展遭受重大损失。从历史和国际经验看，风险都不是孤立的。随着经济社会系统内各部门间经济联系和交互作用的日益深化，经济金融风险的交互性、传染性和网络化特征日趋明显，需要用系统化、网络化和交互影响视角来观察和分析经济社会发展中可能面临的重大风险。

### （一）风险识别的六部门框架

按照系统化、网络化的视角，可以将经济社会系统划分为六个部门（见图1）。以经济系统中的居民部门、企业部门、金融部门、政府部门作为核心部门，运用"部门资产负债表"的方法，各部门间通过债权债务、投资权益和隐性担保，相互关联形成复杂的网络系统，通过分析期限错配、资本错配等找到风险的传递、转移路径。经济部门风险的外溢将激化社会部门的矛盾，一旦超过临界值，就有可能加快社会风险的爆发。在经济全球化的环境下，风险外溢和跨境传递效应增强，国内经济社会风险将增大面对外部冲击的脆弱性。

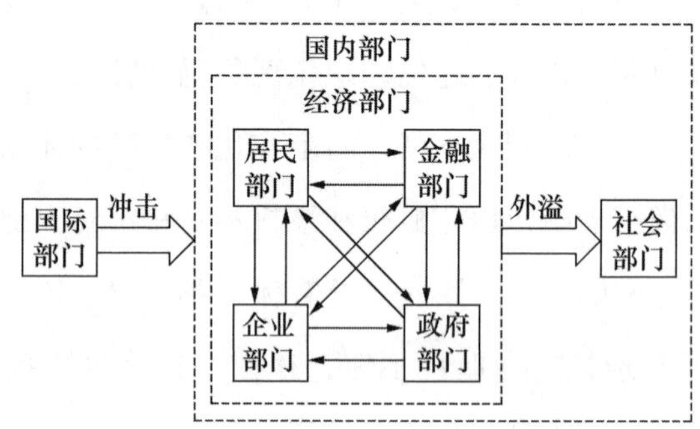


**图1　风险识别的六部门分析框架**

#### 1. 居民部门

经济转型期居民部门最大的风险源来自人口结构的变化。人口红利阶段，生产者超过非生产消费人口，储蓄率高，投资者年轻、风险偏好较高，众多生产者竞争有限的投资机会，导致居民部门持有的房地产等资产估值高企，家庭债务杠杆率上升。到人口红利逐渐消退的阶段，生产者比重下降，储蓄率下降，平均风险投资偏好下降，房地产价格面临下行压力，而家庭按揭贷款则面临违约风险。从国际经验看，日本房地产泡沫破灭，就发生在人口结构出现拐点之后。

中国居民部门负债水平较低，但增长较快，主要负债是住房消费贷款。根据国际清算银行数据，中国居民部门杠杆率由 2008 年的 17.9% 上升到 2016 年的 44.4%，上升 26.5 个百分点（见表 1），但 2016 年仍明显低于美国82%和日本71%的水平。居民部门负债端对应的主要是住房贷款。2008年以来，每一轮房价上涨周期都伴随居民部门杠杆率的快速增加。2012年以来，中国房贷增速上行与GDP增速下行相互叠加，这意味着居民部门的最大风险是房价的大幅下跌，这将使居民部门的资产负债表严重恶化。

**表1　2008~2016年各部门杠杆率**　单位:%

| 年　份 | 非金融部门杠杆率 | 政府部门杠杆率 | 居民部门杠杆率 | 非金融企业部门杠杆率 |
|---|---|---|---|---|
| 2008 | 141.3 | 27.1 | 17.9 | 96.3 |
| 2009 | 177.8 | 34.5 | 23.5 | 119.9 |
| 2010 | 181.6 | 33.7 | 27.2 | 120.7 |
| 2011 | 181.1 | 33.5 | 27.7 | 119.9 |
| 2012 | 194.6 | 34.4 | 29.7 | 130.6 |
| 2013 | 211.0 | 37.2 | 33.1 | 140.7 |
| 2014 | 225.8 | 40.2 | 35.7 | 149.9 |
| 2015 | 244.9 | 43.3 | 38.8 | 162.7 |
| 2016 | 257.0 | 46.4 | 44.4 | 166.3 |

资料来源：国际清算银行。

**2. 企业部门**

经济转型期往往表现为企业部门传统竞争优势减弱，投资边际收益下降，亟待培育新优势。若产业转型升级不畅，收益率持续走低，企业偿债能力将显著下降。在预算软约束和金融监管不力情况下，企业部门往往通过借新还旧并累积债务的方式维系经营运转，形成低收益和高杠杆相互强化的资产负债表扩张。由于产业利润率下降，产业资本转化为金融资本，大量流入金融业和资本市场，催生房地产和资本市场泡沫。

企业部门杠杆率高且增速较快，是中国宏观杠杆率攀升的主要原因。2008~2016年，中国企业部门杠杆率由96.3%上升到166.3%（见表1），远高于新兴市场平均106%和发达国家平均89%的水平，且过去几年持续上升。从内部结构看，国有企业杠杆率和增速都明显高于民营企业。企业杠杆率持续攀升表明，企业的生产效率和偿付能力在大幅下降。在经济下行期，企业的偿付能力风险和流动性风险将迅速上升，企业杠杆率过高必然会增大风险释放压力。

**3. 金融部门**

居民和企业部门积累的风险，都会以提高债务杠杆率的方式向金融部门转移，金融部门债务规模迅速膨胀。对于本就高杠杆运作的金融部门而言，转型期的盈利压力使其进一步推高金融部门杠杆率，从而累积流动性风险和信用风险。金融部门承担实体部门转移的风险，其实质是利用金融部门资源配置和风险管理的优势，为实体部门结构性改革赢得时间。如果实体部门结构性改革没有实质性推进，产业转型升级不畅，实体经济收益将难以支撑金融体系，金融部门资产负债表恶化，风险集中释放的压力必然会明显增大。

金融部门的风险，既表现为银行表内业务的资产质量下降、银行不良率和关注类贷款比重上升、拨备覆盖率下降，也表现为表外业务和非银行金融机构的快速膨胀。根据央行发布的《中国金融稳定报告（2017）》，截至2016年年末，银行业金融机构表外业务（含托管资产表外部分）余额为253.52万亿元，表外资产规模相当于同期表内资产规模的109.16%，表外业务中发展最快的理财业务存在期限错配风险，而非银行金融机构的资金主要来自同业业务，一旦遇到风吹草动，可能将面临来自商业银行的挤提压力，这都会加大金融部门的信用风险和流动性风险。

**4. 政府部门**

除显性债务之外，政府部门还以隐性担保的方式，对居民、企业和金融部门承担着“或有债务”。对于居民部门，政府部门不仅承担着对其存款等的或有债务，还承担着弥补养老金缺口的或有债务。对于企业部门，政府部门既有对国有企业和大型民营企业的隐性担保，也有可能为维持“僵尸企业”运营而产生或有负债。对于金融部门，可能发生的危机救助成本是政府部门的或有负债。进入经济转型期，产业转型升级的不确定性增大，政府的不当担保可能导致居民、企业、金融倾向于过度承担风险，使得整个经济体的资产负债表快速膨胀和风险敞口急剧扩大。

中国政府部门显性债务规模占 GDP 的比重并不高，但增长较快，2008～2016 年由 27.1% 提高到 46.4%（见表 1）。若考虑隐性债务，政府部门债务规模扩张明显加快，且近年来地方政府债务特别是隐性债务增长较快，有研究报告估算，已超过政府显性债务规模。

**5. 社会部门**

在经济转型期，一方面，社会部门自身面临许多特有的风险，如收入差距扩大、社会分化、生态环境事件等引发的社会矛盾，这些风险会对经济部门形成外部压力。另一方面，若经济部门的风险超过临界值，也有可能使社会风险进一步集聚。比如，居民部门的房地产等资产泡沫风险，将加剧收入及财富分配失衡和阶层固化；企业部门债务高企可能诱发大规模失业风险；金融部门挤兑风险及其引发的庞氏骗局暴露，将可能诱发群体性事件。与此同时，政府部门债务风险将制约其化解社会风险的能力。

**6. 国际部门**

国际部门的风险属于不可控的外生变量，有其偶发性和不确定性。经济全球化使各国通过贸易、投资和金融交易等方式更加紧密地连为一体。一方面，全球化形成的经济网络促使各国按比较优势扬长避短，有利于风险分担。另一方面，全球化也加快了风险跨境传递速度，容易产生风险共振效应。面对同样的外部风险，转型经济体更容易受到冲击，风险管理体系不健全或政策储备不足，还将使内在结构性矛盾暴露为显性风险。此外，国内部门和国际部门之间通过外币计价的投融资工具关联，容易出现汇率预期逆转，加大货币错配风险。

上述六个部门中，最为关键的是政府部门。政府拥有诸多政策工具，是风险管理责任最大的部门，承担着其他部门外溢的风险，发挥着“稳定锚”的作用。政府部门利用自身资产负债表的扩张能力，为居民部门、企业部门和金融部门修复资产负债表提供时间和空间，使经济社会系统从风险冲击中得以恢复，最终使政府部门的负债规模得以降低。政府救助的关键在于，以恰当的方式实现“花钱买机制”，推动实体部门和金融部门的结构性改革，增强经济活力和盈利能力，使经济转型目标得以实现。

### （二）风险传导机制

风险在六个部门间传导往往呈现阶段性发展特征。从国际和历史经验看，经济部门的风险通过资产负债表在居民、企业、金融和政府部门间传递、转移、集聚或扩散，进而再影响到社会部门，并与国际部门的风险交互影响。

第一个阶段，风险主要集聚在企业和居民部门，出现过度投资、不当加杠杆、资产错配等问题，在转型期结构调整压力下或在外部冲击下，企业或居民部门的存量风险不断集聚，有可能转化为短期流动性风险和偿付性风险。

第二个阶段，企业和居民部门的风险传递、集聚到金融部门，在金融部门的部分机构率先暴露，并通过资产负债表的权益渠道引发资产价格下跌，通过债务渠道引发大量不良债权，通过金融机构间的传染，导致整个金融系统风险恶化。

第三个阶段，政府部门介入，风险由金融部门部分转移到政府部门，中央银行、财政部等通过扩张自身的资产负债表来承接金融部门转移的债务，由政府信用替代私人信用，以空间换时间的方法处置金融风险。

第四个阶段，如果政府部门应对风险释放能力不强，政府信用明显下降，筹资能力不足，则会进一步导致预期恶化、风险放大，使政府部门采取有效行动和应对措施的空间受到挤压，进而导致风险向财政、社会领域转移，并可能引发危机，甚至出现转型受阻，发展进程停滞。在此过程中，如果再遭遇外部冲击，风险爆发强度和影响将更加明显。

当前，中国企业部门和居民部门在经济扩张时期积累的过度投资、产能过剩、资产错配等风险正在向金融部门集聚和释放，正处在风险传导的第二个阶段。短期看，风险防范的重点主要是流动性风险、资产泡沫风险、政府债务风险；中期看，风险防范的重点主要是企业生产效率下降，产业升级迟滞和竞争力不足，导致企业债务风险集中释放；长期看，风险防范的重点主要是加强风险管理体系和管理能力建设，有效化解各类风险，避免风险集聚并演化为危机，进而阻断既定的发展进程。

### （三）过度依赖债务驱动的增长模式是杠杆率攀升的根源

对债务驱动的增长模式过度依赖，终将使杠杆率持续攀升、风险不断积累。2008 年后，为应对国际金融危机带来的巨大冲击，中国推出了新增 4 万亿元投资的“一揽子”计划，并先后对基础设施投资降低项目资本金比例，对住房按揭贷款降低首付，这在当时应对外部冲击是必要的，但客观上提高了基础设施和房地产投资的杠杆率。地方政府也通过各种方式扩大投资规模，地方融资平台债务规模快速膨胀，强化了过度依赖债务扩张拉动经济增长的模式。

这种模式必然使杠杆率持续攀升。根据国际清算银行的数据，2008 ~ 2016 年中国非金融部门、政府部门、居民部门和非金融企业部门杠杆率分别上升了 115. 7 个、19. 3 个、26. 5 个和 70 个百分点（见表 1）。2016 年以来，尽管在政策导向上明确要“去杠杆”，但杠杆率上升的趋势尚难扭转。这种模式还将导致风险的集聚和释放。2013 年年中出现的“钱荒”，2015 年出现的“股灾”和汇市波动，2016 年房价大幅上升形成房地产泡沫，2016 年第四季度后债市的大幅波动，这种市场轮番波动和风险不断释放的情况表明，中国已进入风险易发高发期。

## 三、今后一个时期中国面临的主要风险

今后一个时期，中国长期积累形成的风险易发高发，有可能会集中

释放。基于经济转型期六部门风险分析框架，需要重点关注的风险涉及金融、房地产、政府债务、产业转型、人口老龄化、社会分化和外部冲击等诸多领域（见表2）。这些领域风险点多，影响面广，且相互叠加，传导机制复杂。如果应对不当，将对中国经济社会发展形成较大干扰和冲击。

**表2　经济转型期主要风险类别**

| 部门 | | 主要风险 |
| --- | --- | --- |
| 经济部门 | 居民部门 | 房地产风险、人口老龄化风险 |
| | 企业部门 | 产业转型升级不畅风险 |
| | 金融部门 | 金融风险 |
| | 政府部门 | 政府债务风险 |
| 社会部门 | | 社会风险 |
| 国际部门 | | 外部风险 |

### （一）金融领域风险

金融风险是实体经济风险集聚的镜像反映。经济转型期往往也是金融风险快速聚集和集中暴露期。在经济下行压力增大的背景下，实体经济结构性产能过剩、过度加杠杆和资产错配等潜在风险显性化，并加快传递和集聚到金融部门。

#### 1. 金融机构资产质量恶化的风险

近年来，金融机构盈利水平降低，资产负债表脆弱性增加。截至2016年第三季度，商业银行不良率达到1.76%，连续16个季度反弹。虽然2016年第四季度有0.02个点的下降，但2017年第三季度依然保持在1.74%的水平（见图2），关注类贷款占比为3.56%，虽较2016年同期有所下降，但依然保持在高位。目前，国际上对中国商业银行不良率的估算与我们的估算差距较大。根据国际货币基金组织（IMF）2016年4月发布的《全球金融稳定报告》，2015年中国商业银行的公司贷款中，潜在风险贷款的占比为15.5%，潜在风险贷款规模达1.3万亿美元，约合8.2万亿元。

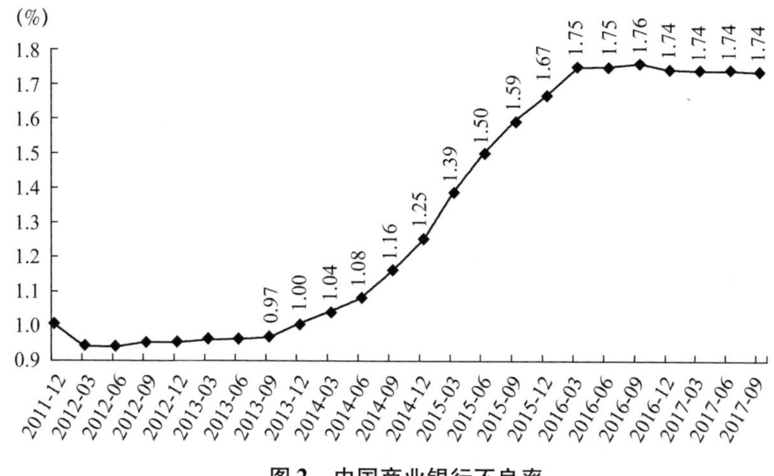


**图2　中国商业银行不良率**

**2. 中小金融机构风险上升**

近年来，中小银行尤其是农商行、农信社、村镇银行，借同业业务逆势快速扩张，累积了大量流动性风险，加之缺乏专业人才和核心技术的支撑，又受到大中型金融机构业务下沉和互联网金融对小微金融业务的前后夹击，经营风险明显增大。与此同时，一些新设立的保险公司采取较为激进的业务拓展策略，通过发行高收益理财产品（如短期万能险）筹集资金，投资于流动性较差的基础设施、房地产、信托等另类资产，存在严重的期限错配和利率倒挂，风险集聚水平明显提高。

**3. 债券违约风险**

近年来，企业债券市场迅猛扩张，全口径企业债券包括中期票据、企业债、公司债、定向工具、资产支持证券、短期融资券，总规模超过17万亿元。据不完全统计，2015年有25只企业债券发生违约，其中不乏过去被认为很安全的国企债券，如东北特钢、大连机床、中煤集团、中铁物资、川煤能源等。2016年，债券市场违约事件57起，违约金额402亿元，比上年增长2.2倍。2017年，山东天信集团、齐星集团、长兴集团等企业债务危机爆发，引发市场高度关注。由于金融机构持有的信用债比重高达80%，如果违约事件频发，将导致金融机构资产负债表恶化。

**4. 影子银行风险**

影子银行是指游离于银行监管体系之外、可能引发重大风险和监管套利等问题的信用中介体系，以及各类相关机构和业务活动。对影子银行的统计有不同口径。2016 年小口径的核心影子银行规模（委托贷款、信托贷款、未贴现银行承兑汇票之和）达到 23.41 万亿元，大口径影子银行规模（包括信托受益权、定向资产管理计划、表外理财产品等）超过 50 万亿元。影子银行的期限严重错配，加上高杠杆投资组合与刚性兑付，使银行等金融机构的挤兑风险上升。加之影子银行业务没有被纳入资本金监管范畴，使得资本充足率被高估，将难以承受贷款损失和突发事件带来的冲击。影子银行业务的隐蔽性使得风险难以被测量和管理，容易导致风险跨市场、跨区域、跨行业传递。

**5. 资本外流风险**

近两年，中国外汇储备大幅下降，2017 年 1 月一度跌破 3 万亿美元大关。虽然人民币不存在长期贬值的基础条件，但从市场博弈角度看，如果美元继续保持强势，人民币贬值预期就难以消除。如果遇到外部“黑天鹅”事件，人民币汇率大幅波动，就可能增大中国资本外流压力，并引发国内日益显性化的风险与外部风险共振，导致国内资产价格大幅缩水。

### （二）房地产领域风险

中国房地产市场已从总量供不应求转向供求总体平衡、区域结构矛盾突出的新阶段，特别是近两年来，房地产市场形成高价格、高库存、高杠杆、高度金融化和高度关联性的“五高”风险特征。今后一个时期，中国房地产市场面对的潜在风险仍然较大。

**1. 住房结构性过剩风险**

截至 2015 年，城镇常住人口家庭户均住房已达 1.1 套。过去几年城镇住房新开工面积较大，2013 年达到 20.12 亿平方米的峰值，2014 年、2015 年、2016 年分别为 18 亿、15 亿和 11.6 亿平方米。今后几年仍是住房面积竣工的高峰期，若住房新开工面积继续保持较高水平，住房市场出现供给过剩的风险将显著增大。住房过剩在三、四线城市表现得尤为突出，结构性过剩的风险较为集中。

**2. 房地产泡沫风险**

2015 年下半年以来的房价上涨，不同于 2004 年、2005 年、2007 年和 2009 年是在城镇住房总体供不应求的阶段发生的，而是在住房总量平衡、经济增速较快回落的阶段发生的，利率大幅下调增大了居民住房购买能力，成为推动房价上涨的重要因素。据测算，2015 年央行 5 次降息、4 次降准后，居民住房购买能力相当于提高了 39.5%，由此蕴含的市场风险显著增大。过去几年，一线城市房价收入比都超过 17（见图 3），表明房价泡沫风险已累积到相当水平。

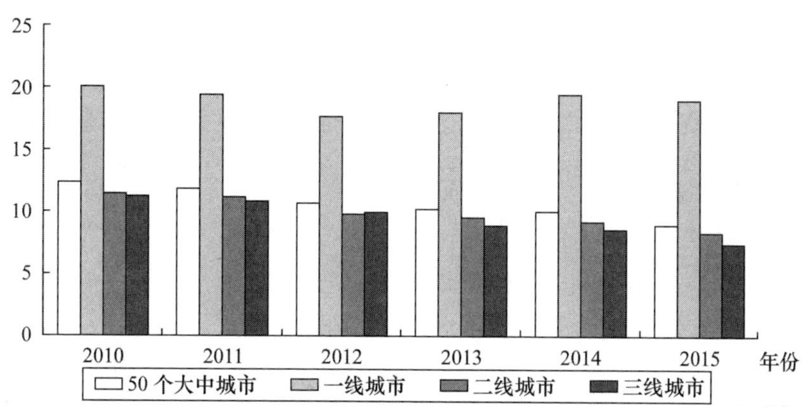


**图 3　大中城市的房价收入比情况**

资料来源：Wind 数据库。

**3. 房地产金融化的风险**

目前，一线城市及部分二线城市房地产市场呈现出较强的金融属性，并带来巨大的虹吸效应，使得经济进一步“脱实向虚”。2016 年年末，房地产贷款余额为 26.7 万亿元，占各项贷款余额的 25%。2016 年新增房地产贷款 5.7 万亿元，占各项新增贷款总额的 45% 左右。若考虑影子银行，则房地产领域的融资规模会更大。房地产金融化很可能将风险转移到银行等金融机构，导致金融机构资产质量恶化，引发金融风险。

此外，房地产还有显著的收入分配效应。房价暴涨透支了一两代人的购买力，加剧了贫富分化，年青一代的财富积累变得更加困难。这种差距阻碍了劳动力、人才的社会性流动，进一步固化了社会贫富差距。

### （三）政府债务风险

经济转型期，政府往往采取扩张性财政政策拉动经济增长，缓释经济下行压力。政府债务扩张速度加快，政府债务占 GDP 的比重迅速上升，风险压力明显增大。

#### 1. 地方政府性债务风险

根据财政部数据，2016 年年末中国中央和地方政府的债务余额约为 27.33 万亿元，负债率约为 36.7%（见图 4），总体处于可控范围。但也要看到，地方政府举债约束机制不健全，近年来通过投贷联动、名股实债、表外举债、购买服务等方式，借地方融资平台、PPP、产业基金等渠道变相举债的现象较为普遍，隐性债务风险不断积累。与此同时，一些资源型、重化工主导的地区，受资源性产品价格下跌和重化工产能过剩的影响，财政收入和企业利润大幅下降，而产业重组、处置不良资产、安置下

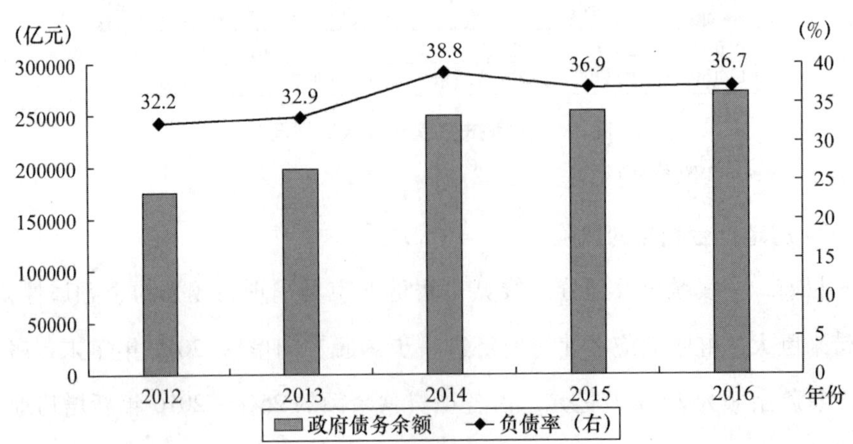


**图 4　政府债务余额及负债率**

资料来源：财政部。

岗职工需要大量增加投入，偿还既有债务和新增债务的压力增大，风险水平明显上升。

**2. 资产变现能力不足的风险**

从资产负债表视角看，中国政府部门资产净值规模较大，即使出现较大的债务风险，也可以通过出售资产偿还债务。但也要看到，在政府资产构成中，非金融资产占有较大比重，主要是由楼堂馆所等固定资产和土地储备等构成。这些资产流动性不强，处置比较困难，而在风险集中暴露的时期，价格大幅缩水，资产难以变现，很难起到缓解债务压力的作用。

### （四）产业转型风险

中国在经历了制造业井喷式扩张后，产业规模和供给能力迅速膨胀，但是大多数还只能满足中低端需求，难以满足居民消费结构迅速升级的需求。随着制造业要素成本提高，经济效益下降，企业负债上升，偿债能力减弱，风险也会不断积累。

**1. 产能过剩风险**

近年来，钢铁、煤炭、火电等领域去产能取得积极进展，但有色、建材、石化等领域依然面临较大的过剩压力。受传统体制束缚，过剩产能市场化退出和出清机制尚未形成，“僵尸企业”沉淀的资源难以实现再配置，制约了制造业整体盈利水平改善（见图 5），并进一步推高企业的负债水平。按照 2016 年年末中国企业杠杆率 166% 计算，企业总负债达到 123.5 万亿元。按一年期贷款 4.35% 的基准利率，每年的付息成本高达 5.4 万亿元，接近 2017 年新增 GDP 总量。显然，这样的债务水平是难以持续的。

**2. 制造业竞争力下降风险**

随着制造业要素成本优势逐步削弱，能源、土地、物流等方面的“成本弱势”逐步暴露，支撑制造业发展的主要因素已经由生产能力规模扩张转向提升产业价值链和产品附加值，创新能力不足的“瓶颈”制约逐步显现。根据科技部《2015 年规模以上工业企业 R&D 活动统计分析》，2015

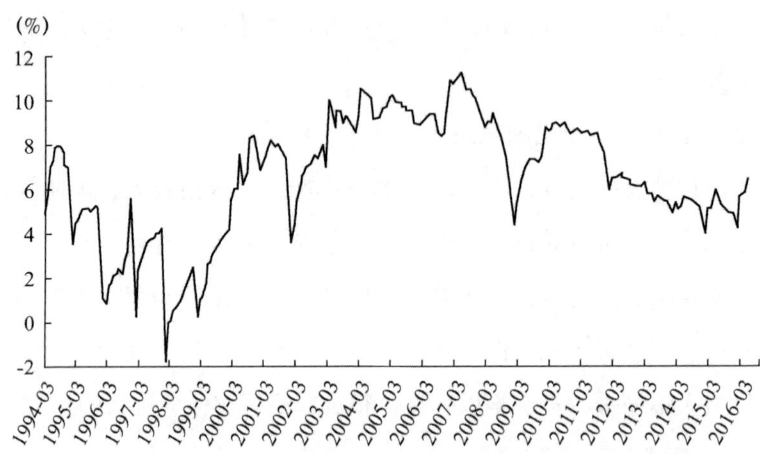


**图 5　中国人民银行监测的 5000 户工业企业销售成本利润率**

资料来源：Wind 数据库。

年中国规模以上工业企业有研发活动的仅占 19.2%，有研发机构的企业仅占 13.8%。企业研发投入和创新能力不足，前沿技术创新体系尚未形成。在新一轮科技革命和产业变革加快推进的背景下，传统制造业生产能力和技术装备面临被淘汰的风险，会进一步加剧企业资产负债表的恶化。

### （五）人口老龄化风险

中国人口老龄化形势严峻。2016 年中国 60 周岁以上的老龄人口占总人口的比重达到 16.7%，65 周岁以上的比重达到 10.8%（见图 6），预计到 2030 年这一比重将分别达到 25% 和 20%。中国具有明显的“未富先老”特征，在这样的情况下，养老和医疗保障制度在财务可持续性上面临越来越大的压力。欧洲主权债务危机的教训表明，养老保障体系的制度设计不健全，很容易导致发生债务危机，严重时还可能诱发社会领域风险。

#### 1. 养老负担风险加大

根据有关报告测算，2030 年中国 60 岁以上老年人口将超过 4 亿[①]，老

① 国家发展改革委：《〈中华人民共和国国民经济和社会发展第十三个五年规划纲要〉辅导读本》，人民出版社 2016 年版。

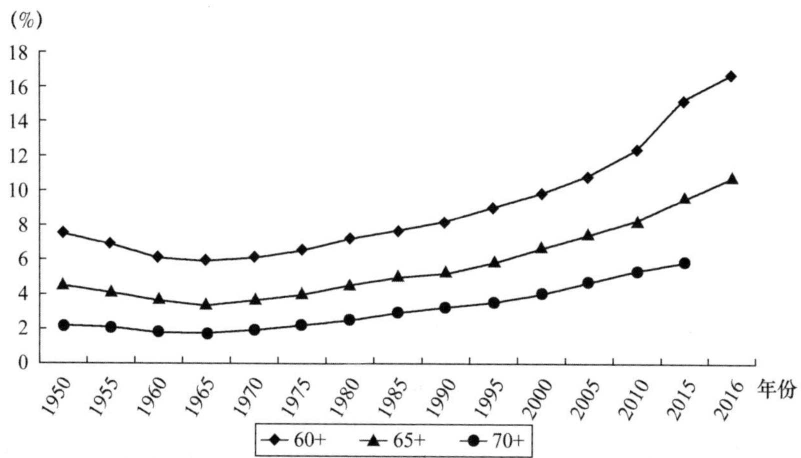


**图 6　中国 60 岁、65 岁以及 70 岁以上老年人所占的比重**

年抚养负担大幅上升。中国养老制度设计不完善，社会过度依赖政府的基础养老保险，第一支柱（基本养老保险）承担了 80% 以上的养老负担，第二支柱（企业年金）、第三支柱（商业保险）发展明显滞后。养老负担过度集中在第一支柱，导致养老金缺口持续扩大。2016 年，中国基本养老保险征收缺口达 4303 亿元，一些省份出现了当期扣除财政补贴养老金收不抵支的情况。按 2015 年覆盖率 67. 3% 测算，预计 2020 年城乡居民养老保险领取人员将达到 1. 65 亿人，养老金支付将面临巨大压力。

**2. 医疗保障支出大幅增加的风险**

中国人口预期寿命不断提高，2015 年人均预期寿命达到 76. 34 岁，比 2000 年 71. 40 岁提高了 4. 94 岁。人口老龄化带来了疾病模式的变化，心脑血管疾病、肿瘤、高血压、糖尿病等慢性非传染性疾病成为主要疾病，医疗支出大幅增加。根据经合组织的估计，65 岁以上人口人均医疗费用大约是 65 岁以下人口的 2 ~ 8 倍。2015 年，中国卫生总费用超过 4 万亿元，占 GDP 的 6%；政府卫生支出占卫生总费用的 30. 9%，占 GDP 的 1. 85%。未来人口老龄化加快发展，还将使卫生费用和政府支出大幅攀升。这不仅会增加政府债务风险，解决不好还将引发社会领域风险。

### （六）社会分化风险

在经济转型期，通常面临复杂的利益结构调整和深刻的社会结构变动，并导致社会分化，如收入分配差距扩大等。新华社开展的社会调查显示，中产阶层普遍存在“不期盼向上流动，但也不希望向下流动”的强烈意愿。今后一个时期，随着经济转型的深化，以及网络化、信息化的迅猛发展，社会分化将呈现出更加复杂的特征。

#### 1. 收入差距扩大的风险

2008 年以来，在经济快速增长的同时，收入差距有所扩大。中国基尼系数在 2008 年和 2009 年达到 0.49，成为亚洲收入最不平等的国家之一。近年来，基尼系数有所下降，但 2016 年仍高达 0.465（见图 7）。如果考虑家庭财产的因素，实际收入差距要更大。根据北京大学发布的《中国民生发展报告（2015）》，中国家庭财产基尼系数由 1995 年的 0.45 上升至 2012 年的 0.73，顶端 1% 的家庭占有全国 1/3 以上的财产，底端 25% 的家庭拥有的财产总量仅占 1% 左右。居民家庭财富差距的扩大，还将通过人力资本投资、社会资本和婚配等机制影响到子代成年后的发展，使社会分化进一步加剧并积累各种社会风险。

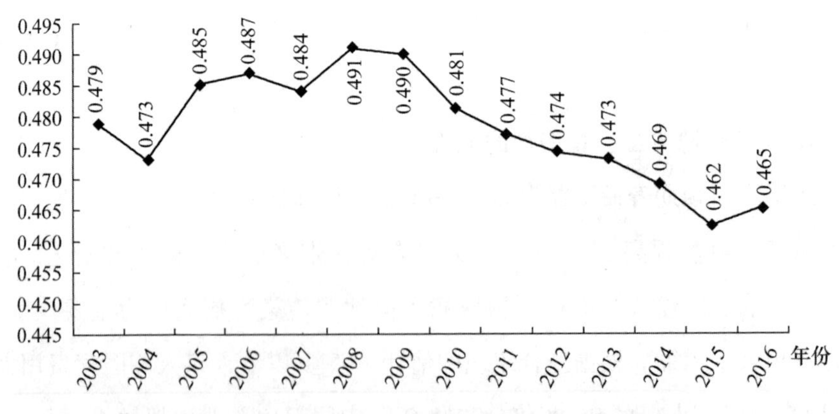


**图 7　2003 ~ 2016 年中国居民收入差距的基尼系数**

资料来源：国家统计局。

#### 2. 社会流动性下降的风险

进入 21 世纪以来，随着阶层分化的日趋明显，阶层间的流动性不断下降。零点集团的一项调研结果显示，当前社会民众中自认属于中下层、中层和中上层的比例分别为60.8%、34.2%和4.3%，认为自己属于下层的公众中，有86.5%同时表示自己的父母也是下层，认为自己是中下层的公众中，有68.3%认为自己的父母也是中下层。他们基本保持了与父母一致的阶层属性，并没有实现代际阶层的向上流动。过去一个时期，“官二代”“富二代”成为一种广受社会斥责的现象，这也在一定程度上表明，阶层之间流动性有所下降，并出现代际传递的特征。

### （七）外部冲击风险

中国已高度融入全球经济和国际分工体系，随着中国经济占全球份额的不断上升，与全球经济的交互影响和互动反馈机制不断增强。经济转型过程中的风险释放与全球经济波动的外部冲击相互作用，将使中国面临的风险挑战明显加大。

#### 1. 外部市场波动风险

国际金融危机以来，世界经济进入长周期调整阶段，目前仍处在深度调整中，国际金融危机后续影响还会持续相当一段时间。当前，美欧等主要经济体虽呈现出复苏势头，但复苏进程仍面临诸多不确定因素。正是在这样的背景下，逆全球化思潮抬头、贸易保护主义盛行，对中国的外需市场形成重要影响。虽然内需对中国经济增长的贡献率不断提高，但相当长一段时期内，外需对经济增长仍有重要的支撑作用，特别是在电子信息、机电产品和纺织服装等产业，中国仍然高度依赖国际市场，外部市场需求波动会对中国经济平稳运行造成冲击。

#### 2. 外部金融冲击风险

2008年金融危机以来，主要经济体普遍采取量宽政策，债务水平高企，杠杆率持续攀升，全球金融体系的脆弱性不断强化。随着美国退出量宽政策并开启加息和缩表周期，其他主要经济体也将逐步退出非常规量宽政策。全球货币政策的逆向调整，将大幅提升中国的偿债成本，并将带来全球资产价格的调整和资产重新配置，对中国的金融体系稳定带来外部冲击。

## 四、对主要风险领域的评估和中国应对风险的条件分析

经济转型期的风险涉及的领域多、传导机制复杂。以往的研究主要关注定性描述和分析，本文尝试用德尔菲法，对主要风险领域进行初步评估。

### （一）对主要风险领域的评估

为提高风险评估的科学性，我们采用德尔菲法，由各领域专家独立对当前和今后一个时期的风险给出评估分值。在专家打分基础上，判断各领域风险间的交互影响程度和各领域风险发生概率。

一是采用矩阵分析评估各领域风险间的交互影响。横轴为每个风险领域对其他六个领域的影响度，纵轴为每个风险领域受其他领域的影响度。影响度赋予 1～5 的整数值，5 代表影响度最大，1 代表影响度最小，得分值为问卷调查的平均值。评估结果表明，影响度从大到小的领域为：金融风险、房地产风险、政府债务风险、企业债务风险、外部风险、社会风险、人口老龄化风险；受影响度从大到小的领域为：金融风险、社会风险、政府债务风险、房地产风险、企业债务风险、外部风险、人口老龄化风险（见表3）。

二是采用两两比较的方法评估各领域风险间的交互影响。将任意两个风险进行比较，影响力大的得 1 分，影响力小的得 0 分。评估结果表明，按影响度大小排序为：金融风险、房地产风险、企业债务风险、社会风险、政府债务风险、人口老龄化风险、外部风险（见表4）。

表3　领域间风险交互影响程度统计

| | 房地产风险 | 人口老龄化风险 | 企业债务风险 | 政府债务风险 | 金融风险 | 社会风险 | 外部风险 | 合计 |
|---|---|---|---|---|---|---|---|---|
| 房地产风险 | | 1.58 | 3.29 | 3.88 | 4.56 | 3.50 | 2.29 | 19.11 |
| 人口老龄化风险 | 2.76 | | 1.53 | 2.38 | 1.94 | 3.50 | 1.65 | 13.76 |
| 企业债务风险 | 2.91 | 1.35 | | 2.97 | 4.29 | 3.29 | 2.32 | 17.15 |
| 政府债务风险 | 3.15 | 1.79 | 2.79 | | 4.06 | 3.56 | 2.32 | 17.68 |
| 金融风险 | 4.18 | 1.74 | 3.88 | 4.06 | | 3.79 | 3.09 | 20.74 |
| 社会风险 | 2.53 | 2.12 | 2.47 | 2.74 | 2.71 | | 2.47 | 15.03 |
| 外部风险 | 2.74 | 1.41 | 2.79 | 2.53 | 3.79 | 2.85 | | 16.12 |
| 合计 | 18.26 | 9.99 | 16.76 | 18.56 | 21.35 | 20.50 | 14.15 | |

表4　领域间风险重要程度两两比较统计

| | 房地产风险 | 人口老龄化风险 | 企业债务风险 | 政府债务风险 | 金融风险 | 社会风险 | 外部风险 |
|---|---|---|---|---|---|---|---|
| 房地产风险 | | 0.76 | 0.62 | 0.62 | 0.32 | 0.53 | 0.79 |
| 人口老龄化风险 | | | 0.29 | 0.24 | 0.18 | 0.32 | 0.44 |
| 企业债务风险 | | | | 0.56 | 0.26 | 0.59 | 0.71 |
| 政府债务风险 | | | | | 0.38 | 0.47 | 0.79 |
| 金融风险 | | | | | | 0.74 | 0.85 |
| 社会风险 | | | | | | | 0.68 |
| 外部风险 | | | | | | | |

三是采用专家打分评估各领域风险发生概率。将各领域风险发生的概率进行排序，发生概率最高的为7分，最低的为1分，对各领域得分取平均值。风险发生概率由大到小排序的结果是：房地产风险、金融风险、企业债务风险、政府债务风险、人口老龄化风险、外部风险、社会风险（见表5）。

表5　各领域风险发生概率等级统计

| | 房地产风险 | 人口老龄化风险 | 企业债务风险 | 政府债务风险 | 金融风险 | 社会风险 | 外部风险 |
|---|---|---|---|---|---|---|---|
| 发生概率等级 | 5.35 | 3.44 | 4.56 | 3.91 | 5.00 | 2.76 | 2.97 |

综合以上三种方法的结果，影响力较大同时也是发生概率较高的前四位风险领域是：金融风险、房地产风险、政府债务风险、企业债务风险。

### （二）中国防范化解风险的有利条件和面临的挑战

中国防范化解风险具有多方面有利条件。一是政府权威性高，执行力强，有利于调动资源，可短时间内集中资源处置局部风险，避免局部风险转化为全局风险，具有集中力量防风险的独特优势。二是中央政府拥有较强的信用，有能力扩张资产负债表，通过增加负债向社会补充流动性，实现资源跨期和跨部门配置，从而稳定社会预期，争取更多的时间和更大的空间推进结构性改革。三是中国储蓄率较高，仍处在略高于46%的高位，为家庭和企业部门应对风险提供了较大的缓冲空间。四是中国债务融资的资金来源主要是国内储蓄，外债规模占总债务的比重不到3%，外部风险对实体经济部门资产负债表的冲击较为可控。五是中国外汇储备充足，在应对债务、房地产等各类风险中有更强的缓释能力，可以为主动化解风险赢得时间。六是中国是一个大规模经济体，风险在各部门之间传递后延的回旋余地较大，增大了各部门风险腾挪的空间，可以通过空间换时间，在一定程度上对冲和缓释风险。

同时也要看到，中国正处在增长速度换挡期、结构调整阵痛期、前期刺激政策消化期“三期叠加”的阶段，经济风险集聚释放与经济增速下降、经济再平衡和高杠杆等各种矛盾相互交织和“碰头”，加之全面深化改革仍在路上，国家治理体系和治理能力现代化尚未完成，政府职能容易出现错位、越位和缺位，防范化解风险仍面临挑战。从建设现代风险管理体系角度看，市场尚未形成损益自担的风险分担机制，政府承担了较多的隐性担保和刚性兑付，政府部门成为各类风险事实上的最终承担者。这种风险处置体制，虽然在过去较长一段时间避免了大的危机，但也使得市场主体“风险免疫系统”没有经受洗礼，容易引发政府信用透支和道德风险。

综上所述，中国经济社会风险总体可控，但化解各类风险面临诸多挑战。我们应保持战略定力，既不盲目乐观，又不回避矛盾，坚持全面深化改革的战略方向，坚持以供给侧结构性改革为主线，处理好政府与市场，短期与中长期，促进发展与管理风险，重点防范与体系建设等方面的关系，主动转方式、调结构、换动力、去杠杆、防泡沫，有效规避风险集中释放对经济社会发展造成的冲击，守住不发生系统性风险的底线。

## 五、打好防范化解重大风险攻坚战的总体思路

风险是挑战，也是机遇。要在转型中实现发展，总会面临各种风险。要将风险转变为发展的机遇，关键是要有效识别和管理各种风险，不断创新风险管理机制，建设现代风险管理体系，提高风险管理能力。

### （一）打好防范化解重大风险攻坚战的总体思路

针对经济发展阶段性变化和经济转型期风险易发高发的特征，要牢牢把握转型期风险形成机理和传导机制，坚持底线思维、系统思维、战略思维，按照“主动防范、系统应对、标本兼治、守住底线”的总体思路，有效防范化解可能出现的各种风险，确保不发生重大系统性风险。

#### 1. 主动防范

经济社会发展风险都有一个从萌芽积累到最终释放的演进过程，若能在风险集聚阶段，把握住风险化解的时间窗口，并采取积极有效措施主动应对，就会显著降低风险对经济社会发展造成的负面冲击。“灰犀牛”是指概率极大、冲击力极强的潜在风险。“灰犀牛”理论认为，风险的爆发并非发生之前的征兆过于隐蔽，而是因为人们的疏忽大意和应对不力，甚至不愿主动采取行动加以防范。“灰犀牛”比“黑天鹅”更可怕，人们往往在习以为常和麻木中错失了处置风险的最佳时机。

主动防范，就是要加强风险防范的顶层设计，系统规划、稳步推进，

将“集中力量办大事”与“市场机制效率”有机结合起来，加强对各类风险的评估，建立风险预警机制，制定系统的防范和化解风险的实施方案，明确每个阶段风险管理的重点。不同于风险的被动出清，主动防范化解风险是一项复杂的系统工程，必须有总体的战略谋划。比如，在处置高杠杆率问题上，从控制杠杆增速、稳定杠杆率、调整杠杆结构到最后降低杠杆水平，就需要制定“去杠杆”的总体战略方案。

**2. 系统应对**

在市场经济条件下，风险在不同领域之间传导和扩散速度明显加快，风险的传导机制更加复杂多样，特别是在全球化和开放型经济的环境下，加之互联网时代信息快速传播，市场预期迅速变化，这些都可能使不同风险之间的外溢效应更加明显，相互交叉传染和反馈放大效应更加突出。在这样的背景下，必须认识到，风险蕴含于经济转型之中，与重大经济结构性失衡是分不开的，各领域风险也不是孤立的，不能依靠碎片化的局部性措施来应对，而必须用系统性思维和网络化视角来防范和应对风险。

系统应对，就是要有系统性战略谋划，将防范化解风险作为一个系统性工程，从事前、事中、事后的整体视角进行设计，事前加强风险的预判和防范，事中加强风险的应对与处置，事后加强风险免疫和管理能力建设。与此同时，要从推进经济结构战略性调整，全面矫正重大经济结构性失衡，完善金融监管框架，修复资产负债表，建立新型风险管理体系，加强风险管理能力建设等系统性视角来制定防范化解风险的方案和实施路径。

**3. 标本兼治**

防范风险主要是针对迫在眉睫的当前问题，大多是临时性措施，属于治标性质，而要从治本上化解风险，必须坚定不移地推进全面深化改革。风险集聚往往是经济失衡和资源错配的外在反映，根本原因是结构性改革滞后和体制机制扭曲，必须从结构性改革中找出路。从国际经验看，1998年和2008年两次危机虽然都爆发于金融领域，但从本质上看，很大程度上反映了实体经济的结构性失衡，导致金融领域的资源错配和风险的集中释放，最终必然爆发金融危机。金融危机后，西方主要经济体实施量宽政策，在短期内对实体经济起到了刺激作用，但结构性失衡问题没有根本解决，经济复苏的可持续性仍面临多种不确定因素。

标本兼治，就是要紧紧围绕市场在资源配置中起决定性作用和更好发挥政府作用，深化国有企业、财税、金融、社会保障和宏观经济管理体制等基础性领域和关键性环节改革，建立和完善经济运行所必需的内部约束和外部监管机制，在更高层次上推进社会主义市场经济体制完善和创新，提升中国的制度优势。在中国经济转型任务紧迫和市场经济制度尚不健全的形势下，要坚持市场化改革取向，避免风险向政府集中和政府兜底的预期，坚持“花钱买机制”，充分发挥市场机制在风险管理、处置和分担上的作用。

**4. 守住底线**

经济转型过程往往也是资产负债表重新配置和风险集聚释放的过程。如果对风险积累缺乏警觉，没有与风险赛跑的意识，风险就会不断集聚，积累到一定水平，就会集中释放，酿成系统性风险和经济金融危机。从国际经验看，东亚国家、前苏东国家和拉美国家在经济转型过程中都曾发生严重的金融危机，危机处置不当，经济转型受阻，就会落入中等收入陷阱。

守住底线，就是要坚持问题导向、底线思维，防患于萌发之时，充分估计最坏的可能性。对最坏的情景一旦心中有数，就能迎难而上，化危为机。我们既要敢于面对风险，勇于担当，做“风险斗士”，又要保持清醒头脑，冷静客观地分析和评估风险，通过科学的风险处置，确保不出现最坏的情景，坚决守住不发生系统性风险的底线。

### （二）防范化解风险的阶段性安排

经济转型期有效防范化解风险，必须把握转型期风险形成机理和传导机制，根据不同阶段风险集聚的特点，明确短期、中期和长期风险防控的重点和主要任务。

**1. 短期以处置金融和房地产风险为重点**

从短期看，金融风险和房地产风险是当前最突出的风险领域，主要表现为宏观杠杆率过高、金融资源错配和房地产资产泡沫等风险。这些风险积累到一定水平，或遭遇突如其来的外部冲击，就有可能形成风险放大机制，并迅速传导至实体经济部门，继而引发系统性风险。要着力深化金融改革，健全市场化法治化违约处置机制，完善金融监管体系，补齐监管短板和监管空白，采取措施处置一批风险点，着力控制增量，积极处置存量，防止金融存量风险集聚，进而出现流动性风险。与此同时，加快研究建立符合国情适应市场规律的房地产基础性制度和长效机制，采取措施抑制房地产泡沫，避免房地产市场大起大落，酿成系统性风险。

**2. 中期以处置实体部门风险为重点**

从中期看，风险防范的重点主要是扭转实体部门杠杆率过高、全要素生产率下降、产业升级迟滞和竞争力不强等问题。要坚定不移推进供给侧结构性改革，着力振兴实体经济，进一步提高劳动生产率和全要素生产率，增强供给体系对需求结构变化的适应性，提升供给体系的质量和效率，促使实体部门发展从数量规模扩张为主的轨道转向质量效率提升的新轨道，重塑中国产业竞争力，促进形成新旧动力有序接续、协同拉动经济发展的新局面。

**3. 长期以建设现代风险管理体系为重点**

从长期看，政府部门风险管理体系建设滞后、风险管理能力不足是风险防范和应对的短板。风险管理是一个覆盖事前、事中和事后的全过程管理，而非仅仅是危机爆发后的应急处置。要加强风险评估、风险预警、风险应对、风险处置等能力建设，降低风险成本和风险损失，提高风险管理效率。创新激励机制，加强风险管理人才队伍建设，提高专业能力和水平，建设现代风险管理体系，筑牢防范化解风险的基石。

### （三）加快风险管理体系和管理能力现代化

风险管理体系和管理能力现代化，是国家治理体系和治理能力现代化的重要内容。中国在应对 1998 年亚洲金融危机和 2008 年国际金融危机中，形成了有中国特色的风险管理机制。但也要看到，风险管理体系不完善、风险管理能力不足，仍是国家治理体系和治理能力现代化建设中的一个短板，需要加快“补短板”。对一个大规模经济体来说，国家治理的核心内容之一，就是及时识别各种风险，有效管理各项风险，不断创新风险管理机制，特别是有效防范化解系统性风险。

#### 1. 建立风险管理协调机制

在现有体制框架下，风险管理通常是以各部门制定与实施政策为基础的，而各部门决策往往又局限于本部门的视野和职责范围，这样就会形成风险管理空白，或形成风险管理交叉重叠和部门的相互牵制，还会出现过分重视某种风险而忽视其他风险的情况。随着各领域风险关联度越来越高，风险的时空跨度和覆盖范围越来越大，需要在国家层面建立综合性风险管理协调机制。就中国来说，可以充分发挥中央国家安全委员会的核心协调作用，建立以中央国家安全委员会牵头的统筹协调机制。或可在中央国家安全委员会下设立专门的风险评估和管理机构，吸纳专业机构和专业人士参与，定期组织开展综合性风险评估，跟踪分析风险演变，发出风险预警信号，确定风险管理的重点，提出防范化解风险的建议。强化风险管理政策协调，避免风险监管套利和风险监管竞争，提高风险管理的整体性和协调性。

#### 2. 建立风险应对协调机制

要以完善国家风险管理体系为导向，建立各有关部门风险应对协调机制。做好风险信息共享，完善风险数据共享机制，提高风险管理部门自上而下的政策透明度，增强市场主体自下而上的信息反馈效率。加强风险预警协调，动态把握风险演化和传导情况，做好风险预警预测分析，为制定风险应对方案提供科学依据。

**3. 建立风险隔离和缓冲机制**

风险管理部门要加强对经济社会发展中风险传导链条的梳理，监测各风险部门的主要风险指标（如债务水平），建立有效的风险隔离机制，避免风险在某些领域的过度集聚和在各部门之间的无序传递，促进各部门资产负债表的再平衡。与此同时，在经济繁荣期，要注重建立各部门的风险缓冲机制，居民部门要控制家庭负债率，企业部门要运用好风险对冲工具，金融部门要提足风险拨备，政府部门要设立各类风险储备基金，进而降低各部门的风险脆弱性，增强各部门资产负债表的自我修复能力。

## 六、有效防范化解风险的政策建议

有效防范化解经济转型期的各类风险，要坚持问题导向、多策并举，增强政策的针对性和有效性，建立覆盖金融、实体、政府、社会和对外部门五位一体的风险防范政策体系。

### （一）有效应对金融领域风险压力

应对金融领域风险压力，需要长短结合、标本兼治。要完善金融监管框架，加快金融机构公司治理改革，完善金融基础设施，构建防范化解金融风险的体制环境。

**1. 重构金融监管框架**

按照权力有效制衡、提高监管效率的原则，完善金融监管体系。按照“一委一行一局”，即国务院金融稳定发展委员会、中央银行、中小投资者和金融消费者保护局的模式推进改革。加强对系统重要性金融机构和跨业经营活动的监管。规范市场行为，强化金融消费者保护。明确地方金融监管机构负责监管地方批准的金融机构和类金融机构，打击本地区非法金融活动，协助中央监管部门履职，真正实现金融监管全覆盖。

**2. 加快金融机构公司治理改革**

优化金融机构股权结构，综合考虑国家金融安全和经济效率的需要，调整国有控股的范围和比例。强化对股东特别是主要股东行为的监管，引导股东建立长期投资意识。探索和试点股权激励，将薪酬体系与金融机构中长期利润和风险挂钩。

**3. 完善金融基础设施建设**

完善中国人民银行的征信系统，适度扩大征信体系的收集和使用范围，将小额贷款公司、P2P 平台借贷等民间借贷信息纳入征信体系，建立分层次、多维度的征信数据，提高对征信数据的再加工水平。完善资产登记（公示）制度，建立全国范围统一的租赁物、信贷资产、非标金融资产等的登记和公示系统。建立中小企业财务报表中心，由企业提供唯一的财务报表，供税务、工商、银行以及征信部门共同使用。加快建立覆盖全面、标准统一、信息共享的金融业综合统计体系。

**4. 营造防范化解金融风险的宏观环境**

适度提高金融风险容忍度，引入必要的“尽职免责”理念，防止承担不合理责任而引发机制性紧缩。打破债券市场刚性兑付预期，通过市场行为提升经营主体和个人的风险意识。在保持宏观经济稳定的前提下，密切监控流动性，营造适度宽松的货币环境，满足去杠杆、去产能以及风险处置中金融机构正常的流动性需求。

### （二）有效防范化解实体部门风险

实体部门包括企业和居民部门。防范化解实体部门风险，重点要推进国有企业改革，加快处置企业债务，积极稳妥处置房地产风险。

**1. 深入推进国有企业改革**

中国企业高债务问题主要集中在国有企业，国有企业杠杆率是民营企业的两倍左右，是去杠杆的重点领域。要以混合所有制改革为突破口推进国有企业改革，在电力、石油、天然气、铁路、民航、电信、军工等领域迈出实质性步伐。以提高核心竞争力和资源配置效率为目标，推进国有企业形成有效制衡的公司法人治理结构和灵活高效的市场化经营机制。

**2. 加快处置企业债务**

以市场化法治化债转股等方式推动国有企业主动去杠杆，积极发挥金融资产管理公司和地方新设立的资产管理公司的作用，鼓励具备条件的银行设立专门的资产管理子公司，引入创新机制开展债转股。积极推进企业兼并重组，推进形成过剩产能市场化退出机制，依法依规对“僵尸企业”实施破产清算，切实有效降低企业债务水平。扩大不良资产证券化试点范围，提升不良资产处置效率。

**3. 积极稳妥处置房地产风险**

在房价上涨过快的城市，采取首付比例和贷款利率反向调整的办法，逐步降低居民部门杠杆率。完善金融机构应对房价回落的压力测试机制，做好应对不同风险情境下的政策预案。释放正确有力的调控信号，引导社会预期回归理性。加快探索农村集体经营性建设用地入市。适当加快房地产税立法，可在中央确定房地产税基本原则的前提下，给予地方政府更大的空间，制定适合本地区的房地产税操作方案。

### （三）有效化解政府债务风险

中国政府债务风险，突出表现为地方政府债务率高，特别是隐性债务快速增长，根源是过度依赖债务驱动的经济增长模式。必须从深化财税体制改革、理顺中央与地方关系入手，从体制改革上解决地方政府债务风险。

**1. 理顺中央地方财政关系**

进一步完善分税制，在增值税中央地方“五五开”基础上，进一步研究所得税实行中央地方“五五开”的可行性，逐步取消历史遗留的基数返还问题。改革转移支付制度，大幅减少专项转移支付，增加一般转移支付，将一般性转移支付占全部转移支付的比重逐步提高到2/3以上。

**2. 规范地方政府举债行为**

按“堵后门”“开前门”的原则，加强地方政府债务的法治化管理，推进债务信息公开，实行全口径、各层级、全过程的信息透明，接受上级政府、同级人大、金融机构和全社会监督。将地方政府性债务全口径纳入预算管理。建立风险预警机制，根据综合财力，严格控制下级政府举债上限，科学运用债务率、负债率、偿债率、逾期债务率等指标，对各级政府债务风险进行动态监管。

**3. 全面规范地方融资平台融资行为**

全面清理地方政府融资担保，推动融资平台市场化经营。政府不得干预平台融资行为，不得将公益性资产及土地储备注入平台。平台不得以政府融资职能进行举债。金融机构不得接受地方政府及所属部门以担保函、承诺函形式提供的担保。政府不得以借贷资金出资设立各类投资基金。严禁利用 PPP 等方式违法违规变相举债，不得承诺回购社会资本方的投资本金和最低收益。

**4. 提高养老和医疗保障体系的可持续性**

通过划拨国有资本等手段补充现有养老金缺口。逐步推动养老保障体制从现收现付制为主向预筹积累制为主转变。建立政府强制性基本养老金、企业年金、个人自主性或商业性养老储蓄的“三支柱”养老保障体系，在一定限额内给予第二、第三支柱的养老金计划税收优惠。大力发展商业性健康保险，有效缓解医疗保障资金和财政负担压力。

### （四）防范转型期社会风险

经济转型期收入差距扩大、社会分化、阶层固化等社会矛盾明显增多，有可能引发社会风险，必须采取更有力的措施加以解决。

**1. 控制收入差距扩大趋势**

着力实现就业和发展机会公平，加大对普通劳动者和低收入群体在技能培训等方面的扶持，规范国有企事业单位的选人用人机制，保障人人都获得公平的发展机会。强化税收的收入分配调节作用，推进税收结构从间接税向直接税转化，进一步加强累进所得税的调节作用。

**2. 完善低收入群体社会保障体系**

建立健全低保标准的动态调整机制，在保障家庭基本生活的同时，兼顾就业激励目标。加强低保与其他专项救助制度的协调，减少简单叠加，提高保障效率。改革完善养老医疗基本保险制度，实现法定人员全覆盖。

**3. 提高社会纵向流动性**

加大力度推进教育机会公平，为农民工随迁子女和农村留守儿童提供有质量保障的义务教育。提高高校招生的公平性和客观性，审慎对待自主招生等主观性较强的招生渠道，缩小直至消除经济、地区、家庭因素对招生结果的影响。打破地域、户籍、行业、编制、社会保障对劳动力流动的限制，构建全国统一的劳动力市场。

### （五）加强外部风险防范

随着中国经济体量和影响力增大，中国经济与全球经济交互作用增强，外部风险对中国的外溢效应超过以往。要在维护中国核心利益的同时，灵活处理国际经济关系，营造有利外部环境。

**1. 有效应对资本跨境流动风险**

按照“放开汇兑环节管制，加强交易环节监管”的思路，有序改革资本项目管理方式，丰富政策工具。处理好资本项目开放进度及与其他改革措施的协调。提高金融机构的信息披露质量，合理引导市场预期，完善跨境资本流动监测预警体系和指标体系，加强对跨境资本流动的双向监测。

**2. 维护多边贸易体系**

积极落实 WTO《贸易便利化协议》，推进多哈回合剩余议题谈判。继续推进中美、中欧 BIT 和中国加入政府采购协定谈判，通过相互扩大投资准入和市场准入加强共赢机制建设，改善同发达经济体之间的贸易投资环境。积极同“一带一路”沿线国家商签自由贸易协定，建设自由贸易区网络。

**3. 积极参与全球经济治理**

主动适应国际经济政治格局的深刻调整，加强与世界各国的经贸关系和政治互信，通过平等协商、合作对话，制定具有约束力的国际规则。提高 G20 在全球治理机制改革中的作用，增强中国在国际事务中的话语权。进一步加强与主要大国的经济贸易联系，加强在国际事务特别是提供公共产品上的合作。加强国际宏观经济政策协调，增强中国议题创设能力。

执笔人：王一鸣　张承惠　高世楫　陈昌盛
吴振宇　陈道富　许　伟　何建武
卓　贤　朱鸿鸣　兰宗敏　李承健

**参考文献**


[1] 国家发展和改革委员会.《中华人民共和国国民经济和社会发展第十三个五年规划纲要》辅导读本. 北京：人民出版社，2016.

[2] 刘鹤. 两次全球大危机的比较研究. 北京：中国经济出版社，2013.

[3] 米歇尔·渥克. 灰犀牛：如何应对大概率危机. 北京：中信出版社，2017.

[4] 世界银行. 风险与机会：管理风险以促进发展. 北京：清华大学出版社，2014.

第十九章

# 有效防范化解金融风险的工作重点和对策

近些年来，中国金融领域出现了三层割裂：金融领域内部表内和表外，持牌和非持牌等的割裂；金融与实体经济间的割裂；金融运行和金融管理间的割裂。这种割裂状态已导致近些年来风险事件持续不断地集中爆发，从钱荒、股市大幅波动、汇率动荡、民间和互联网金融风险事件，到银行不良资产上升、债市动荡。在应对风险事件过程中，也暴露出调控和监管间的不协调，暴露出中国风险防范和处置体系的不完善。金融功能的弱化和异化，已引起中央的高度重视，第五次全国金融工作会议将金融安全上升到国家安全的高度，并将防范化解金融风险作为三大攻坚战中防范化解重大风险的重要内容。

## 一、中国当前需重点关注的金融风险

受认识和历史阶段的影响，从不同的层面和维度观察，金融安全有不同含义。当前中国正处于经济转型的关键战略期，金融安全不仅表现为不出现金融市场的跨领域、大幅度波动，也表现为金融系统能顺应经济、技术要求稳妥、有效地转型，能有效发挥金融功能。

### （一）金融“脱实向虚”风险

金融既是实体经济的组成部分，以微观服务参与实体经济的循环，又超脱于“实体经济”，实现经济映射、评估、引导甚至强制要求经济资源按照其认可的标准配置的宏观服务功能。中国的金融体系服务实体经济的效率不高，尤其是金融的宏观资源配置效率不高，甚至存在自循环，没有很好地发挥金融功能，是中国当前金融体系需要高度关注的风险。具体而言，金融“脱实向虚”有以下三个方面的表现。

一是以“庞氏骗局”、资产泡沫、不良资产等形态存在的暂时性的金融体系“自娱自乐”。当信用扩张的载体（基础）在实体经济中“不存在”或“言过其实”时，金融系统不再通过实体经济展现认知，而仅是通过信用创造自我实现。根据主观意愿的不同，以及投资项目被证伪的程度，可划分为“庞氏”“不良”和“泡沫”。这是“实体－金融”循环和长期演化中一次错误的资源优化配置，是大海中的浪花。

需要指出的是，由于市场、管理制度（含宏观调控、监管和税收制度等）不平衡带来的套利行为，严格意义上并不是这类“自娱自乐”行为。套利是市场发现不均衡并推向均衡的过程，具有宏观价值。监管套利有助于发现制度漏洞，合理的做法不是指责市场的“贪婪”进而用行政手段阻止市场套利，贪婪和套利是市场保持活力的动力之一。市场发展的关键是管理部门需保持谦卑的心态，需从市场套利行为中发现制度的内在不均衡，进而完善制度推动市场发展。

二是资源错配、“劣币驱逐良币”等“合理但不合意”的行为。实体经济与货币金融的割裂，主要来源于两者连接过程中的失效。由于政府干预等原因，导致实体经济发出的信号扭曲，货币金融系统根据扭曲后的信号实现资源优化配置。非生产性的标准干扰甚至影响局部的金融系统资源优化配置。由于市场秩序缺失、市场短期化激励约束机制和“太大不能倒”等原因，市场陷入“设租”“寻租”等“租值耗散”的非生产性行为和“劣币驱逐良币”的囚徒困境式无奈。

三是由于政府不当管理和行业行政垄断等带来的高成本、低效率。不合理的政策和制度设计，导致金融系统不得不拉长链条，提高了金融服务的成本。行业的行政垄断往往会损害中小投资者和消费者权益，在金融系统内产生参与者间力量的不均衡，从而不能产生类似于完全竞争市场的效率。此外，政策甚至制度制定的随意性和国家安全网的不合理使用，会降低社会的普遍信任程度，最终加大社会的信用成本。

### （二）当前需要关注的金融创新与变革

当前有必要重点关注以下三个方面的金融创新、变革和风险对金融安全的影响。

#### 1. 互联网底层技术和哲学基础发生变化

现代社会越来越多地卷入互联网社会。近些年来，与互联网、区块链、基于大数据的复杂计算、人工智能等相关的技术发生翻天覆地的变化。

传统的金融活动，是用于降低信息不对称，基于对物、人、商业模式等信任的信用扩张。区块链技术本质上是一种分布式记账方法，有效地解决信息不对称和信任的问题，其技术的发展，使得传统的信任基础逐步转向对相对超脱于人与物的规则和算法的非人性化信任。比特币、代币等的发展，瓦解着传统的货币概念，进一步分离所有权和使用权，将重点转向使用权。

随着互联网金融的推进，重新认识各种应用场景，传统的银行、证券、保险等金融业务，通过各种金融要素的重新组合与合作，被重新解构和重构，实现类似的金融功能。基于机构和业务的金融认知模式被颠覆，不得不从金融要素和金融功能等相对稳定的要件来认识金融，实现金融功能的现实边界模糊化，交叉、分层、重构成为常态。

越来越多的互联网金融企业着眼于构建完整的金融生态系统，一个企业的设想就是原来整个金融系统的视野，规模和网络效应极其显著，赢者通吃的局面普遍存在，基于原有认识和观念的稳定反而带来风险和不安全。

金融科技的发展，正在形成从哲学基础、底层技术和场景应用等自成逻辑的不同于传统金融运行的金融生态系统，基于原有认识的风险防范和化解体系不再能有效监测、管理和化解基于金融科技的新金融体系，这是金融系统深层次创新和转型的时代，但同时也隐藏着巨大的金融安全隐患。

**2. 金融转型中的金融关系的重构**

随着金融市场化改革（利率市场化、放松管制等）、金融科技的发展和经济转型，中国的金融已在发生深刻转型。实体经济正在进行产融的再融合。一方面，现有的金融服务不能很好地满足非金融企业的金融需求，非金融企业从自身需求出发寻找合适的金融供给方式，非金融企业将从金融部门获得的资金越来越多地投回金融领域，借助结构性产品等，非金融企业正在寻找金融为实体经济发展服务的另类方式，典型的如宝能集团的做法。另一方面，由于各种原因，实体经济的回报率大幅下降，推动实体经济寻求转型，尤其是转向金融业，实业集团控制的金融集团不断涌现。

政府在资金融通中发挥突出作用，从原来的庞大的实现地方政府融资功能的各类城投公司，到 PSL、专项建设债券、PPP 和产业基金，再到挖掘财政存量资金，提高财政资金的使用效率，尤其是利用财政资金直接撬动社会资金的金融杠杆作用。近些年来中国政策性金融业务快速膨胀。

金融市场化的过程，给金融系统带来压力的同时也推动了金融创新的发展，涌现了大量通道、多层嵌套等套利交易，突破监管限制和产业政策管制，实现监管和市场套利，特别是利用金融工程技术设计出结构化产品，对金融要素进行解构和重构。

互联网金融、类金融和金融综合经营、资产管理市场的快速发展，冲击着以分业、机构和人的准入管理为主的金融监管。经济金融的转型，导致金融的发展、金融与实体经济、金融业务与监管出现三层割裂，尚未形成良性循环，潜藏着金融安全问题。

### 3. 经济和机制扭曲在金融领域的体现

金融系统在为实体经济服务的过程中，聚集并反映实体经济面临的风险。除金融体系自身运作风险外，金融风险更多的是实体经济和机制扭曲的映射。这集中表现为负债方的货币超发和资产方的资源错配，其中资源错配已暴露的主要表现为金融机构的不良资产，短期内爆发也以各种流动性危机表现出信任问题。正是由于不良资产没有被及时清除、大量预算软约束主体过度扩张，加上房地产等在政府土地垄断等制度下（更广范围则是各类泡沫）大量信用创造，导致中国的货币超发。当然，无论是货币超发，还是资源错配，都是一种结果的呈现，内在根源在于存在机制上的扭曲，如行政干预、道德风险和市场秩序缺失等。

## 二、金融风险的不同表现：价格波动、金融系统演化和功能异化、萎缩

安全既是客观现实，也是主观判断。有形世界总是处于生灭之中，金融系统也总是处于不断的波动、创新和系统演进、变革之中。所谓的金融安全，既不是缺乏功能和活力的静态稳定，也不是自娱自乐的自我实现，而是一种动态平衡的和谐，是与所处环境相融合的高效、可持续的发挥金融功能（包容、可持续、高效）。而金融不安全，是金融市场上出现合理但不合意的现象，如各类资产泡沫，市场出现了普遍的劣币驱逐良币的功能异化和市场萎缩的功能丧失，以及市场过度剧烈波动带来的不可接受性等。

金融市场是通过不同种类资产之间相对价格的变化，以及某类资产价格的上涨和下跌完成资源的再配置，并通过信用创造和萎缩实现资源的强制集中和退出的。价格波动是金融市场的题中之义，但集中、快速的价格下跌和中心化的机构破产、交易萎缩甚至冻结，总是表现为一种流动性冲击，本质是普遍信任的丧失。

在正常与合理的市场环境下，价格的波动是金融市场的价格发现功能引发资源的再配置过程。金融市场是增量知识的扩散过程，其盈利模式主要表现为先知先觉者赚钱，后知后觉者亏钱，是认知从先知先觉者向后知后觉扩散的过程。从局外人角度观察，是从未来收益损失的不确定性转向确定收益或损失的承担主体的不确定性，再向确定损失从有专业能力、承担能力向无专业能力、无承担能力主体，再到集体负责（金融机构和国家）组织传递的过程。

从增量知识可能波及面看，增量知识可能是某个行业、企业的个别知识，也可能是某些技术变化的知识，但更重要的知识有两类：一类是原先被市场绝大部分参与者认为是理所当然的认知（信任和信仰）发生了变化，这种变化将带来系统性冲击，使得市场参与主体不得不重新审视原来的绝大部分认知和假设，提高了市场交易成本；另一类是政策变化和制度性变革，这类变革影响了所有市场参与者，从而也会带来系统性变化。这些系统性变化，从金融系统的演化角度来看确实是必需的，正是这些内生和外生的体制机制调整，引导着金融系统的演化。这是需要管理和引导的价格非线性调整。

金融风险也可不表现为价格波动，但表现为数量管制，出现金融市场的功能丧失、市场萎缩。均衡既可以通过价格波动实现，也可通过规则变化实现，还可以通过数量管制实现。数量管制可能带来正统金融体系的功能萎缩，交易量下降，但只要规则没有变化，内在价值没有调整，这时会产生确定性收益和损失，市场交易转化为财政分配行为，从而会产生影子市场和导致租值消散的非生产性交易，如腐败、排队和其他配给方式。

不同的实现均衡的方式会导致不同的利益分配格局，会对共同体的凝聚力带来不同影响，从而会产生共同体稳健性的不同特性。这样，金融安全就超越短期的市场价格波动视角，在不同历史阶段有不同的选择逻辑。

## 三、关于金融安全的几点理论思考

### （一）金融安全与系统性风险

当前经济金融正处于深刻的转型中，转型的本质，是系统的演进和转换，必然会涉及系统层面的不确定性。因此，转型期并不能也不应该完全避免系统性风险，需要的是面对并管理好系统演进和转换，需避免的是系统性危机。当然，危机类似于生病，健康至少是没有生病，但远远不止于此，而是涉及生理、心理健康的多维度定义。从这个角度，金融安全应不仅是不发生系统性危机，而是能保证金融系统自身的安全、高效和包容，并实现金融系统与经济等其他系统的和谐共存，能稳健演进和转型的更高要求。

从系统性风险外在的价格表现看，是多个领域同时发生超过一定幅度的波动，是有偏波动的同方向持续积累，这需要能同时作用于多个市场的有偏力量持续发挥作用。当然，系统性风险不仅表现为价格波动，也表现为功能异化和弱化，从存在即合理的角度，这种不合宜的结果是合理存在的，其存在的基础也将是现实存在的扭曲机制。

从系统性风险的内在根源看，有三个。一是影响本层次系统的政策、制度、机制等发生变化，从而引发该系统所谓领域同时发生非线性变化。二是更低层系统发生波动，从而对本层次系统带来全领域的冲击。如价值认识、政治、经济系统的波动对金融系统来说就会带来系统性波动。三是系统被从生产性均衡引导到非生产性均衡，大量资源耗散在非生产活动上。守住不发生系统性风险底线，就是不发生上述三类变动带来的危机和异化。

看金融安全，就要超脱金融系统，从经济社会、政治、价值等平衡角度看金融系统的演进和转换；看金融系统的安全、高效和包容性，是从理念、机制层面，在更深层次系统实现和谐的过程。

### （二）高杠杆与金融安全

将高杠杆或者杠杆率的过快上升作为金融不安全的一种表现形式有一定的合理性。杠杆率不合意过快上升，是很好的问题显示器，其反映了深刻的内在体制机制根源。这种合理但不合意的现象，需要移除使其合理存在的部分体制机制条件，从而引导其往合意方向转变。

杠杆是一种基于信任和共享的借力，是经济运行发展出来的合作方式。在一个理想经济体中，社会信任程度越高，风险的分担越合理，越能采用高杠杆模式运作。财务杠杆只是其中的一种形态（以资产负债率表示），多层级的控股公司也是一种杠杆（控制权和中小股东），是使用股权的杠杆，甚至公司结构也是使用人才的一种杠杆设计。结构性产品在某种意义上是将几种杠杆结合起来。杠杆率与经济绩效、金融危机之间的关系并不稳定，还存在杠杆率失真的情况，如资产泡沫和明股实债等。可见，并不存在一个最优的杠杆率，一定幅度内的杠杆率波动并不能表明金融安全的波动。

过快上升的高杠杆需高度重视，但更需重视的是其揭示的可能隐含的扭曲激励约束机制。如有限责任（股权和债权之间权益的非对称安排）机制下的破产与“逃废债”。正常经营期间存在的利益输送和转移（利益相关者之间的矛盾与冲突）。预算软约束主体在激励约束不对称情况下的过度扩张，可能产生风险外溢和资源错配，特别是被国家安全网所吸收。

高杠杆在宏观上表明，一是信用总量的过度扩张和泡沫化倾向；二是融资结构偏向间接融资，过度依赖债务融资表明社会信任度低；三是信贷扩张的经济效益较低，实体经济的风险收益信号扭曲，金融市场的秩序和规则出现劣币驱逐良币，资源配置宏观上出现偏差。因此，关键在于重构市场秩序，理顺风险收益信号，凝聚社会共识提高社会资本。

### （三）金融安全下的金融监管

金融监管是在金融系统内维护金融安全的重要制度设计，但监管如何与金融发展协调，是一个实现更高层次金融安全的关键命题。

统一和差异。监管套利在某种程度上反映了监管制度的不统一，没有很好地协调统一性和差异性的问题。中央的统一和地方的差异化也是中国一直不得不面对的矛盾。当把统一当成具体规定，尤其是行政性管控措施的统一时，这种矛盾是必然存在的。因为这种统一和差异化同处于一个层次，是矛盾的两个方面。真正需要统一的，需要超越具体措施的一致和差异，需要着眼于措施设计背后的理念、逻辑，是制度框架的统一，而这种统一下的差异化，则是统一理念、逻辑、框架下结合不同地区、领域、阶段的特殊性的具体应用。当然，统一应是从现实运作中升起的规则，不是另外一套“一刀切”的管制措施，这样只是一套外在约束变成另一套外在约束，仍将落入“一放就乱，一收就死”的怪圈。

对抗和共生。金融监管的产生，是为了更稳健的金融业务发展，是为了平衡短期和长期，平衡激励约束机制不足而产生的，而不是简单的制约。因此，监管和金融实践，不宜陷入“猫和老鼠”的对抗游戏，它们之间是平台、生态、基础与内容之间的共生关系，是不同层级间的合作而不是在同一层面的竞争甚至竞合关系。金融实践的发展，金融风险的暴露包括各类制度套利行为，都在揭示内在机制的不平衡，在揭示金融业务的真正风险点，监管部门需要学会倾听市场的声音，发现真正的内在风险点，有针对性地出台着眼于体制机制层面的监管制度，而不仅仅停留在业务层面的政策和各种管制上。

可见和不可见。金融监管只是金融安全在金融领域的一个组成部分，还有大量超越金融监管、金融领域，超越呈现出来现象背后的理念、体制机制方面的内容。中国普遍存在一种认识，认为“看见”了就没有风险。这种观念在历史上不断被验证。事实上在中国当前拥有强大政府动员和行政管制力量的体制下，任何被“看见”的风险，都具有足够的资源和能力加以消除。但随着市场复杂度逐步提高，这种需要等到“看见”才发挥作用的体制，成本越来越大。需要从“看见”的风险领域转向“看不见”的体制机制。监管需要“守黑用白”，从金融业务、现象出发，但着眼于体制机制。很多时候，表现上通过短期干预维护了金融稳定，但破坏了市场内在的调节机制。市场通过短期波动、剧烈波动和危机实现不同层次和类型的体制机制演进、转换。过度干预以求价格稳定，可能反而成为更深层次金融演进的障碍，在消除看得见的风险的同时，恶化了看不见的机制和背景风险。从探索未知世界的角度，黑和白之间不是灰色，而是五彩缤纷的世界。监管应允许彩色世界的展开。

## 四、金融工作会议的顶层设计及2018年需重点关注的问题

### （一）金融工作会议对金融安全的顶层设计

#### 1. 超越金融系统，在更广、更深层次的系统上把控金融安全

在金融领域，通过微观主体、监管部门、宏观调控部门，通过中央和地方两个层级实现各归其位，各负其责，强化协调的风险管控体系。在超越金融的经济、政治领域，则明确金融为实体经济服务，明确重点领域和薄弱环节，并以“僵尸企业”等国有企业为重点去经济杠杆，地方政府端正业绩观，严管地方政府债务增量，实现经济的稳健发展，为金融安全构建坚实的经济基础。同时，加强党的领导，保证金融发展的正确方向和金融安全，切实发挥党在金融系统、企业等的作用，从党的角度确保金融安全。

#### 2. 区分个别、区域风险和系统性风险，分别由不同主体采取不同的方式防范和化解

个别、区域风险可以通过风险分散而化解，责任主体在微观主体，主要通过及时释放的市场化方式防范和化解，避免个别、区域风险的过度累积从而引发系统性风险。系统性风险并不具有可分散性，微观主体只能承担并获取风险收益，其责任主体在宏观管理部门，主要通过政策、制度和体制机制的设计，通过监管及其协调来实现。

**3. 通过重点领域的风险防范化解来实现体制机制转型**

重点领域的风险，是过去行为和现有体制机制共同作用产生的，但这些风险的存在又影响了金融体系的良性循环。有必要通过可控的风险处置重点领域风险，在风险处置过程中建立有效的风险防控体系，这是着眼于“立”的“破”，是在有管理释放风险压力的情况下实现金融系统的长期稳健，实现金融业从野蛮发展到规范发展的过渡。金融工作会议将重点领域的风险归结为以下几个方面：坚决整治严重干扰金融市场秩序的行为；严格规范金融市场交易行为；规范金融综合经营与产融结合；加强互联网金融监管。

**（二）2018 年需要关注的三个问题及其应对**

**1. 做好过渡期安排，从“严监管”导向“好监管”，防止出现政策共振**

2018 年金融领域将会实施多项对市场有重大影响，具有开创意义的法规，如资管统一新规，征收资管产品增值税，执行新的流动性管理办法等。这是涉及百万亿级别的存量资产调整，除给予必要的过渡期外，还需要在制度上有过渡性安排。如资产满足一定条件在一定时期内可采取成本摊余法定价，期限错配、刚性兑付等引入必要的市场化过渡性安排，使市场主体可在承担必要成本、继续提供金融服务基础上，有序调整。考虑到近期国内利率快速上行（国债收益率破 4%，国开债收益率破 5%，银行发行的 AAA 级同业存单利率近 6%），近两年发行的债券均处于浮亏状态，美国降税加息对全球跨境资金流动的影响将在明年逐步显现，更需发挥金稳委作用，加强政策间的协调，避免因政策共振带来集中、同方向的市场行为引发风险。

**2. 充分关注流动性风险，稳妥推进去杠杆**

一定幅度内的杠杆率波动与经济金融的稳健并没有一对一关系，高杠杆率的风险在于资产负债收益率的倒挂和激励约束机制的扭曲。缺乏明确数量指标的去杠杆较难操作，不容易把握好节奏。可从合理市场利率结构、平衡激励约束尤其是破除隐性担保着力。央行可在适当惩罚性利率水平上及时提供流动性，保持系统稳定下推动市场化的去杠杆。在经济转型期和严监管环境下，可在3%～5%内降低法定存款准备金率，同时降低各种借贷便利规模（央行的短期借贷便利余额占其他存款性公司的纳入广义货币存款3.1%，加上抵押补充贷款占比达4.97%，两者占其他存款性公司准备金存款的29.8%）。这不会产生明显的信用扩张，会公平大型和小型金融机构获取流动性方面的不平等。

**3. 创造条件挖掘中国实体经济的商业信任**

当前融资难融资贵反映了市场商业信任的稀缺和昂贵，房地产等泡沫反映市场过度追逐有共识的对物和政府的信任，都是转型期商业信任薄弱的反映。金融服务实体经济，关键是要让金融体系发现本国居民和实体经济的内在价值，挖掘信任基础。除监管部门给予市场模式、产品创新必要的空间外，政府在这方面也可有所作为。如搭建各种银企对接平台、整合信息建立共享平台、完善动产和不动产（金融资产）的确权、登记平台，使得双方“看得见”“看得懂”“信得过”“供得起”。

## 五、在实现金融服务实体经济功能的过程中防范金融风险

金融“脱实向虚”是结果，存在即合理，有金融发展的成果，有经济、金融转型的反映，也有中国制度选择的必然，是金融运行中实际遵循的标准和适应这种标准优胜劣汰的结果。一套标准的运行结果会强化这套标准，进而凸显这套标准的局限性。“脱实向虚”“不合意”，如果仅仅是用行政手段使金融“脱虚向实”，不但缺乏现实基础，当前的实体经济接纳不了如此庞大的金融资源，资产荒和资产泡沫已显示出某种无奈，而且可能再次扭曲，造成新的产能过剩、“僵尸企业”等。因此，提高金融服务实体经济效率，关键是要改变造成这种结果的体制机制，营造适宜的生

态，用“势”而不是用“力”，让金融和实体经济各归其位，寻找新动能重新平衡两者力量，形成基于真实认知的良性循环。

### （一）关于隐性担保和刚性兑付问题

中国目前普遍存在的隐性担保和刚性兑付，本质上是信用的增级和转换，将直接融资（市场）转换为部分的间接融资（机构）。

如果提供隐性担保和刚性兑付的是市场化的金融机构，那么可以按照实质重于形式，按照间接融资的资本、人员、制度等就能进行有效管理。即当金融机构提供隐性担保和刚性兑付，那么这种行为已不是投资者自负盈亏的直接融资行为，而是带有间接融资特性的市场行为。只要保证提供隐性担保和刚性兑付的机构有足够的资本、专业能力和制度约束，同时保证市场参与者有必要辨别能力，会区分真实的直接融资和带有间接融资性质的直接融资即可。为此，政府只要保证参与者限于有专业辨别能力的投资者（合格投资者），并要求提供隐性担保和刚性兑付的机构有必要的资本、专业人员和制度就可以了。

如果提供隐性担保和刚性兑付的机构并非完全的市场机构，如政府或银行等带有国家安全网的金融机构，那么隐性担保和刚性兑付就变成了准财政问题，涉及政府行为的管理。这种情况下，要么打破刚性兑付，改变市场对隐性担保的预期，回归正常的市场关系；要么承认提供隐性担保和刚性兑付，但加强对政府财力和行为的管理，使担保得到合理规范且有财力保证。总之，需加强政府隐性担保管理，防止国家安全网被滥用，产生道德风险。

### （二）关于政府的管理和干预问题

中国政府以所有者、监管者、参与者和调控者等不同身份介入金融活动，不仅制定规则，维护市场秩序，还采取多种手段干预和管理市场主体及其行为。干预和管理手段包括财政、货币、产业、汇率利率和股指、收入等。这使得金融市场面对的是经政府调整后的实体经济信号。为减少实体经济信号扭曲引致资源错配，有必要认真审视政府对经济信号的调整，减少非必要干预。

一是降低汇率制度对中国宏观经济政策和经济运行的制约。为此，可考虑放宽外汇市场的主体准入和交易限制，特别是根据跨境交易的发展，不断调整外汇交易的“实需原则”内涵，完善汇率的市场化形成机制，提高汇率波动弹性，为提高本国货币政策独立性创造条件，形成真正独立的货币区。

二是区分财政和金融功能。对于处于纯粹财政性和商业性中间的政策性金融业务，应有严格的制度安排，尽量减少财政性要求对金融行为带来的扭曲。根据金融工作会议精神，金融服务实体经济，当前主要是服务于“三农”、小微等普惠金融，绿色金融和科技金融，服务于国家的战略性项目。这本质上是在政府主导和引导下的资源配置，政府判断的准确性、作用的合理发挥成为至关重要的因素。这也意味着将有大量的政策性金融业务，更有必要设计好可持续的财政与金融合作机制。考虑到中国尚未充分发挥基础货币的支持作用，可考虑由基础货币更大力度支持国内基础设施的长期非市场化融资——国债（央行持有国债或公开市场操作），在政策性金融业务中适当加大财政支持力度，更好平衡财政和金融的关系。

### （三）关于金融的供给侧改革问题

资源配置是影响金融服务实体效率的主要方面，金融在特定资源配置要求下的实施效率则是影响金融服务实体经济效率的重要方面。

一是完善宏观调控框架、目标和手段。转型期的宏观调控不同于常规环境中的宏观调控，需要及时调整宏观调控的框架、目标和工具。当前可考虑进一步加强并完善 MPA 等宏观审慎管理体系；修改 M2 等传统货币指标，将货币市场基金尤其是具有支付功能的余额宝、财付通等纳入 M2 统计并缴纳流动性准备；适当降低法定存款准备金率替换高额的公开市场操作余额（各种借贷便利），在减轻央行流动性供给压力、降低金融体系流动性成本的前提下，使得法定存款准备金率和借贷便利均具有实际的市场影响力。在不明显扩张资产负债表前提下，逐步用国债替代外汇占款，平衡借贷便利、持有国债和高额的法定存款准备金率，通过调整资产结构低成本支持实体经济基础建设（国债）的空间。当然，这需要在汇率制度、外汇市场建设、国债发行和财政政策等方面进行相应的调整。

二是改善基础设施和金融监管，维护合理的市场秩序。完善金融基础设施，如非标资产的登记、确权，建立有效和完备的征信与支付系统等，发展与市场相容的统一的监管理念和有差异的监管技术，保护中小投资者和消费者权益，维护市场秩序。

三是强化反洗钱等制度，为金融“无因”交易创造条件，提高金融交易效率。一方面，区分意识形态、犯罪和监管的不同边界。“出发点”由意识形态工作调整，非生产性活动由公安、法院调节，能力不足和囚徒困境由监管部门管理。另一方面，集中清算和托管、破产隔离和“无因交易”原则等金融制度安排，为降低金融交易成本提供了重要的制度保证，除非必要，需为金融发展提供一个相对独立的价格发现、风险分担的环境。

四是推动经济转型，提高政策和制度的稳定性和可预期性。当前改革和宏观政策成为影响市场波动的主要因素。过度强调保密和解决当前问题，不利于预期管理和时间上的公平，不利于增量知识的有效扩散，不利于宏观意图的实现，也降低了价格发现的准确性。平衡好决策的保密性和改革方向、主要措施的市场沟通，是降低改革成本、提高金融效率的重要方面。

执笔人：陈道富

# 第二十章

# 地方政府隐性债务测算与应对策略

党的十九大报告指出，全面建成小康社会的决胜期要坚决打好三大攻坚战，首战就是防范化解重大风险，其中防范化解地方政府性债务风险则是重中之重，特别是大量地方政府隐性债务，即负有担保和救助责任的或有负债。打好这一攻坚战，最迫切的是要摸清隐性债务底数和结构，这也是摆在我们面前的一项技术性难题。为此，我们探索了测算方法，为摸清隐性债务提供一个有效途径。在总结上一轮地方政府性债务治理经验的基础上，对下一阶段防范化解地方政府债务风险提出了一些建议。

## 一、地方政府隐性债务测算的基本方法

当前，地方政府隐性债务的统计监测体系尚未建立，把握地方政府隐性债务总貌主要有两种途径。一种是调研审计，可以获得更加详细的结构数据，但成本较高、耗时较长，可能受到地方政府“两本账”或道德风险的干扰。另一种是通过有关数据进行测算，隐性债务并非真的完全隐藏起来了，而是由于未在形式上记明地方政府相关责任而难以明确统计，但债务仍是有迹可循的，根据实质重于形式原则，从不同来源债务的最终投向，可以判断出是否构成地方政府隐性债务，从而估算隐性债务的总体规模。通过公开数据测算隐性债务，可以及时把握隐性债务概貌，动态监测

隐性债务规模及结构变化，为宏观决策及时提供参考依据。

采用增量加总测算地方政府隐性债务。以财政部门对2014年年末地方政府隐性债务摸底数据8.6万亿元为基准，加总2015年以来各类地方政府隐性债务新增量，便可获得当前地方政府隐性债务规模的最新数据。

地方政府隐性债务测算中主要考虑7类债务。总的原则是实质重于形式。对于机关团体和地方国有企业举借并用于纯公益性或收益率很低、稳增长导向投资的债务，地方政府可能并无形式上的偿还责任和担保责任，但具有一定救助义务，需要将其纳入隐性债务测算。从融资渠道或资金来源看，可将以下7类债务纳入地方政府性债务测算，分别是：城投债、机关团体贷款、专项建设基金、PSL贷款、信托融资、证券保险业融资、政府和社会资本合作（PPP）。除专项建设基金、PSL贷款和PPP为近3年来出现的地方政府隐性债务新来源外，其他4类在2013年国家审计署政府性债务审计中均已纳入。

测算结果为地方政府隐性债务的保守估计值。由于缺乏结构和细化数据，我们的测算存在一定局限。主要是未能涵盖承担形成隐性债务地方国企其他类贷款（除专项建设基金、PSL贷款和PPP贷款外）、银行理财融资、政府购买服务（扣除棚改部分）、政府产业基金、其他非金融债务（如应付未付款项、其他单位和个人借款、垫资施工及延期付款、国债外债财政转贷、融资租赁、集资等）。此外，由于缺乏细项数据，测算中可能存在少量重复计算，但影响较小。综合来看，我们的测算结果，仅是地方政府隐性债务的保守偏低估计值。

## 二、以城投债为例测算地方政府隐性债务

城投债是以地方投融资平台为发行主体，为城市基础设施建设或公益性项目等筹集资金，公开发行的公司债券、中期票据、短期融资券、超短期融资券和非公开定向债务融资工具等，市场上又将其视为“准市政债”。

城投债为地方经济发展作出了重要贡献，但随着债务积累和监管加强，城投债的偿还能力和可持续性令人担忧，成为地方债风险和金融风险的重大隐患，属于防范化解重大风险攻坚战的重要领域之一。分析结果显示，2017 年年底城投债余额已达 6.9 万亿元，未来 5 年每年到期额度均达到万亿元水平，仅凭项目收益难以偿付到期债务，加之地方债和金融风险监管加强，城投债融资渠道受阻，城投债“借新还旧”的模式维系困难，2018 年城投债风险突出，需制定预案妥善应对。

### （一）城投债的整体规模

全国城投债余额为 6.9 万亿元。城投债统计存在三个口径，本文采用“中债标准”，即中央国债登记结算有限责任公司纳入“中债城投债收益率曲线”的样本券，截至 2017 年年底，城投债余额为 6.9 万亿元。另外两个口径中，Wind 口径城投债的存量部分标准较宽泛，但新增城投债均采用中债标准，以 Wind 口径测算城投债规模存在一定高估。银监会口径城投债基于银监会的政府融资平台名单测算，由于部分未纳入名单的政府融资平台仍未改变原有属性，所以以银监会口径测算城投债规模存在一定低估。因此，本文全部测算均采用“中债标准”。

2017 年发行城投债 1.82 万亿元。从城投债发行历史看，2008 年以前为探索阶段，发行规模较小，自 2009 年以后发行规模逐年快速上升。在现存城投债余额中，发行于 2011 ~ 2016 年的分别为 0.11 万亿、0.24 万亿、0.47 万亿、0.92 万亿、1.28 万亿、2.01 万亿元。可见，2016 年城投债发行规模已超过 2 万亿元，2017 年下降至 1.82 万亿元，发行规模虽较 2016 年明显下降，但仍处于历史高位。

2018 ~ 2022 年每年债务偿还额度均达到万亿元水平。从存量城投债的到期日期看，2018 ~ 2022 年到期的金额分别为 1.02 万亿、0.96 万亿、1.22 万亿、1.47 万亿、1.00 万亿元，未来 5 年每年偿还额度均达到了万亿元水平，2021 年更是达到 1.47 万亿元的高峰。

### （二）城投债的地区间分布

部分省份城投债规模已占其 GDP 的 20% 以上。2017 年年底，全国城投债规模占 GDP 的比重约为 8%，但部分省份城投债占比较高，排名前 5 位的分别是天津 20.68%、重庆 19.43%、贵州 16.52%、江苏 14.04%、湖南 13.58%。其中，从绝对水平看，江苏的城投债规模已达 12280.21 亿元，是唯一一个超过 5000 亿元的省份（见表 1）。

**表 1　　各省份城投债余额与 GDP 的比值**

| 省　份 | 2017 年年底余额（亿元） | 与 2017 年 GDP 的比值（%） |
|---|---|---|
| 天　津 | 3845.26 | 20.68 |
| 重　庆 | 3788.86 | 19.43 |
| 贵　州 | 2236.38 | 16.52 |
| 江　苏 | 12280.21 | 14.04 |
| 湖　南 | 4696.65 | 13.58 |
| 云　南 | 1934.65 | 11.67 |
| 北　京 | 3147.95 | 11.24 |
| 新　疆 | 1179.51 | 10.80 |
| 江　西 | 2162.30 | 10.39 |
| 甘　肃 | 747.30 | 9.73 |
| 安　徽 | 2666.42 | 9.69 |
| 四　川 | 3412.33 | 9.23 |
| 陕　西 | 1816.35 | 8.29 |
| 浙　江 | 4205.77 | 8.12 |
| 广　西 | 1606.80 | 7.88 |
| 辽　宁 | 1495.21 | 7.82 |
| 湖　北 | 2687.60 | 7.36 |
| 福　建 | 2266.24 | 7.02 |
| 青　海 | 158.60 | 6.00 |
| 吉　林 | 898.70 | 5.68 |
| 山　西 | 814.10 | 5.44 |
| 河　南 | 2058.31 | 4.58 |

续表

| 省　份 | 2017 年年底余额（亿元） | 与 2017 年 GDP 的比值（%） |
|---|---|---|
| 黑龙江 | 627.08 | 3.87 |
| 山　东 | 2745.40 | 3.78 |
| 宁　夏 | 116.70 | 3.38 |
| 内蒙古 | 655.26 | 3.37 |
| 上　海 | 987.67 | 3.28 |
| 广　东 | 2688.25 | 2.99 |
| 河　北 | 963.10 | 2.68 |
| 海　南 | 82.00 | 1.84 |
| 西　藏 | 9.00 | 0.69 |

资料来源：Wind 数据库，经作者计算得到。

部分地级市的城投债问题更加突出。根据各地级市公布的 2017 年 GDP 预测数计算，10 多个地级市的城投债余额占其 GDP 的比重超过了 20%。例如，昆明 34.50%、贵阳 30.88%、兰州 26.92%、镇江 25.83%、南宁 23.78%、连云港 22.09%、湘潭 21.12%、南昌 20.19%，这些地区的城投债相对水平较高，偿还负担更重。

### （三）城投债的期限与利率结构

2017 年发行的 5 年期城投债占比最高。从城投债期限结构看，2017 年发行的 5 年期城投债金额为 6558.74 亿元，占全部发行额的 36%，包括公司债券、非公开定向债务融资工具、中期票据等形式。其他期限的城投债按规模排序，依次为 3 年期 3409.13 亿元、7 年期 3389.00 亿元、1 年以内超短期融资券 2720.00 亿元、1 年期短期融资券 1279.30 亿元、剩余期限 880.30 亿元。值得注意的是，1 年期及以下的短期和超短期融资券 3999.30 亿元更大的作用是缓解短期流动性压力，对于长期项目建设贡献较低。

5 年期城投债的平均利率水平为 5.85%。以发行规模最大的 5 年期城投债为例，票面利率水平介于4.2%～7.8%，全国加权平均利率水平为5.85%，同期的贷款基准利率为4.75%。可见，与其他融资方式相比，城投债的资金成本相对较低。各省份的5年期城投债利率水平如表2所示，各省份的融资成本也存在较大差异。

**表2　各省份2017年5年期城投债平均利率水平　单位：%**

| 省　份 | 2017年5年期城投债利率 | 省　份 | 2017年5年期城投债利率 |
| --- | --- | --- | --- |
| 上　海 | 4.90 | 湖　北 | 5.83 |
| 北　京 | 4.98 | 陕　西 | 5.89 |
| 辽　宁 | 5.19 | 四　川 | 5.91 |
| 宁　夏 | 5.19 | 重　庆 | 5.92 |
| 青　海 | 5.27 | 江　苏 | 5.92 |
| 天　津 | 5.34 | 新　疆 | 5.96 |
| 江　西 | 5.54 | 广　西 | 6.01 |
| 甘　肃 | 5.59 | 河　南 | 6.02 |
| 福　建 | 5.65 | 河　北 | 6.05 |
| 广　东 | 5.66 | 山　西 | 6.15 |
| 浙　江 | 5.75 | 湖　南 | 6.29 |
| 云　南 | 5.76 | 贵　州 | 6.40 |
| 安　徽 | 5.77 | 内蒙古 | 6.84 |
| 山　东 | 5.77 | 黑龙江 | 6.89 |
| 吉　林 | 5.82 | | |

资料来源：Wind数据库，经作者计算得到。

### （四）2018年偿还压力大

2018年需偿还到期城投债规模为1.02万亿元。2017年，地方国有企业利润总额为11228.7亿元，但地方融资平台仅是地方国有企业的一部分，且投资的城市基础设施和公益类项目收益率都很低，根本无法通过企业利润偿还到期债务，只能依靠“借新还旧”置换债务，延长偿还期限。表3列出了各省份的到期城投债额度，从相对规模看，2018年偿还压力较大的主要有天津、重庆、江苏等省份。

**表 3　　各省份 2018 年到期城投债规模**

| 省　份 | 2018 年到期规模（亿元） | 与 2017 年 GDP 的比值（%） |
|---|---|---|
| 天　津 | 648.70 | 3.49 |
| 重　庆 | 491.88 | 2.52 |
| 江　苏 | 2093.85 | 2.39 |
| 北　京 | 656.60 | 2.34 |
| 陕　西 | 472.45 | 2.16 |
| 云　南 | 357.40 | 2.16 |
| 广　西 | 318.10 | 1.56 |
| 湖　南 | 522.10 | 1.51 |
| 四　川 | 536.45 | 1.45 |
| 甘　肃 | 103.70 | 1.35 |
| 新　疆 | 138.80 | 1.27 |
| 福　建 | 347.00 | 1.07 |
| 辽　宁 | 202.70 | 1.06 |
| 江　西 | 217.30 | 1.04 |
| 浙　江 | 513.52 | 0.99 |
| 贵　州 | 126.00 | 0.93 |
| 湖　北 | 309.50 | 0.85 |
| 吉　林 | 132.40 | 0.84 |
| 安　徽 | 228.32 | 0.83 |
| 广　东 | 664.45 | 0.74 |
| 上　海 | 209.80 | 0.70 |
| 河　南 | 293.30 | 0.65 |
| 黑龙江 | 77.08 | 0.48 |
| 山　西 | 68.50 | 0.46 |
| 内蒙古 | 75.80 | 0.39 |
| 河　北 | 134.20 | 0.37 |
| 山　东 | 270.37 | 0.37 |
| 海　南 | 15.00 | 0.34 |

续表

| 省　份 | 2018 年到期规模（亿元） | 与 2017 年 GDP 的比值（%） |
|---|---|---|
| 青　海 | 5.00 | 0.19 |
| 宁　夏 | 5.00 | 0.14 |
| 西　藏 | 0.00 | 0.00 |

资料来源：Wind 数据库，经作者计算得到。

2018 年城投债融资难度加大。《国务院关于加强地方政府性债务管理的意见》（国发〔2014〕43 号）明确规定，剥离融资平台公司政府融资职能，融资平台公司不得新增政府债务。《关于进一步规范地方政府举债融资行为的通知》（财预〔2017〕50 号）要求，进一步规范融资平台公司融资行为管理，推动融资平台公司尽快转型为市场化运营，对金融机构违法违规向地方政府提供融资、要求或接受地方政府提供担保承诺的，依法依规追究金融机构及其相关负责人和授信审批人员责任。目前，各类金融机构正在制定相关实施办法，2018 年城投债融资难度大大增加，加剧了城投债运行风险。

## 三、上一轮地方政府性债务治理政策回顾

将上一轮地方政府性债务治理界定为 2010 年 6 月至 2013 年 7 月的地方政府性债务治理，为期 3 年左右。它以 2010 年 6 月 10 日发布的《国务院关于加强地方政府融资平台公司管理有关问题的通知》（国发〔2010〕19 号）为开端，大致以 2013 年 7 月 28 日国家审计署公开发布将全面开展政府性债务审计的通知为结尾。

### （一）上一轮地方政府性债务治理的缘起

为应对全球金融危机的冲击，中国实施了积极的财政政策和适度宽松的货币政策，在全球主要经济体中率先实现了经济的企稳回升。不过，地方政府性债务快速膨胀也随之而来。根据国家审计署发布的《全国地方政府

性债务审计结果》（审计结果公告2011年第35号），2009年地方政府性债务增速高达61.92%，比2008年增速高38.44个百分点。根据银监会的数据，2009年年末地方政府融资平台贷款达7.38万亿元，比2008年增长70.4%。

地方政府对地方政府性债务负有偿还责任、担保责任或一定的救助责任。地方政府性债务膨胀速度大幅超过了地方政府可支配财力增速，意味着财政风险的快速积累。同时，由于举债主体存在预算软约束，运作不够规范，金融机构自身也有严重道德风险，存在信贷管理缺失等问题，加之“信贷激增”本身就是大规模金融风险的先行指标，其中蕴含的金融风险也不容忽视。为此，中国于2010年6月开展了一轮以地方政府融资平台债务治理为核心的地方政府性债务治理。

### （二）上一轮地方政府性债务治理的主要政策

2010年6月，国务院出台《关于加强地方政府融资平台公司管理有关问题的通知》，启动了地方政府性债务治理工作。随后，财政部、发展改革委、中国人民银行和银监会出台了一系列治理政策。根据我们在北大法宝数据库的搜索，2010年6月至2013年7月，国务院及中央部委至少出台了16项以地方政府性债务治理为主题的政策文件（见表4）。

表4 上一轮地方政府性债务治理的主要政策文件

| 序号 | 文件名称 | 发文部门 | 发文时间 |
|---|---|---|---|
| 1 | 《关于加强地方政府融资平台公司管理有关问题的通知》（国发〔2010〕19号） | 国务院 | 2010年6月 |
| 2 | 《关于贯彻国务院关于加强地方政府融资平台公司管理有关问题的通知相关事项的通知》（财预〔2010〕412号） | 财政部、发展改革委、中国人民银行、银监会 | 2010年7月 |
| 3 | 《关于地方政府融资平台贷款清查工作的通知》（银监办发〔2010〕244号） | 银监会办公厅 | 2010年8月 |
| 4 | 《关于印发〈地方政府融资平台公司公益性项目债务核算暂行办法〉的通知》（财会〔2010〕22号） | 财政部 | 2010年10月 |

续表

| 序号 | 文件名称 | 发文部门 | 发文时间 |
|---|---|---|---|
| 5 | 《关于做好下一阶段地方政府融资平台贷款清查工作的通知》（银监办发〔2010〕309号） | 银监会办公厅 | 2010年10月 |
| 6 | 《关于开展地方政府融资平台贷款台账调查统计的通知》（银监办发〔2010〕309号） | 银监会办公厅 | 2010年11月 |
| 7 | 《关于加强当前重点风险防范工作的通知》（银监发〔2010〕98号） | 银监会 | 2010年11月 |
| 8 | 《关于进一步规范地方政府投融资平台公司发行债券行为有关问题的通知》（发改办财金〔2010〕2881号） | 发展改革委办公厅 | 2010年11月 |
| 9 | 《关于农村中小金融机构政府融资平台贷款风险提示的通知》（银监办发〔2010〕346号） | 银监会办公厅 | 2010年11月 |
| 10 | 《关于加强融资平台贷款风险管理的指导意见》（银监发〔2010〕110号） | 银监会 | 2010年12月 |
| 11 | 《关于做好地方政府性债务审计工作的通知》（国办发明电〔2011〕6号） | 国务院办公厅 | 2011年2月 |
| 12 | 《关于切实做好2011年地方政府融资平台贷款风险监管工作的通知》（银监发〔2011〕34号） | 银监会 | 2011年4月 |
| 13 | 《关于加强2012年地方政府融资平台贷款风险监管的指导意见》（银监发〔2012〕12号） | 银监会 | 2012年3月 |
| 14 | 《关于地方政府性债务管理系统推广运用的通知》（财预〔2012〕378号） | 财政部 | 2012年9月 |
| 15 | 《关于制止地方政府违法违规融资行为的通知》（财预〔2012〕463号） | 财政部、发展改革委、中国人民银行、银监会 | 2012年12月 |
| 16 | 《关于加强2013年地方政府融资平台贷款风险监管的指导意见》（银监发〔2013〕10号） | 银监会 | 2013年4月 |

资料来源：北大法宝数据库。

### （三）上一轮地方政府性债务治理政策的主要特点

梳理表 4 中文件可以发现，上一轮地方政府性债务治理政策具有以下基本特点。

首先，在参与部门方面，以银监部门为主导。一方面，银监部门出台的文件在数量上占绝大多数。在表 4 的 16 项政策文件中，有 14 项是职能部门制定的文件。其中，银监部门牵头出台的文件有 9 项，占比为 64.3%；牵头及参与的文件有 11 项，占比为 78.6%。另一方面，银监部门的治理措施呈现出常态化的特征。在所有参与地方政府性债务治理的相关部委中，只有银监部门在 2010 ~2013 年的每个年度均出台了相关的治理政策。

其次，从融资主体看，以对地方政府融资平台的债务治理为重点。在表 4 的 16 项政策文件中，绝大部分的主题仅涉及地方政府融资平台债务，没有或很少涉及对其他举借主体债务的治理。

再次，从融资方式看，以对贷款类地方政府性债务的治理为重点。直到 2013 年 4 月，银监会发布《关于加强 2013 年地方政府融资平台贷款风险监管的指导意见》，才在治理政策层面明确要对银行贷款、企业债券、中期票据、短期融资券、信托计划、理财产品等形式的融资平台债务进行全口径统计和监管。

最后，缺乏证监部门和保监部门的参与。2010 年 6 月至 2013 年 7 月，证监部门和保监部门并没有出台以地方政府性债务治理为主题的文件。

## 四、上一轮地方政府性债务治理的成效、不足及原因

### （一）取得的成效

首先，贷款类地方政府性债务增速受到有效抑制。根据银监会的数据，地方政府融资平台贷款的增速大幅回落并控制在很低水平。2011 ~2013 年，其增速仅分别为 0.11%、1.65% 和 4.86%，大幅低于 2009 年和

2010年的增速（见图1）。根据国家审计署的数据，2011年至2013年上半年，贷款类地方政府性债务[①]年均增速也仅为7.38%。

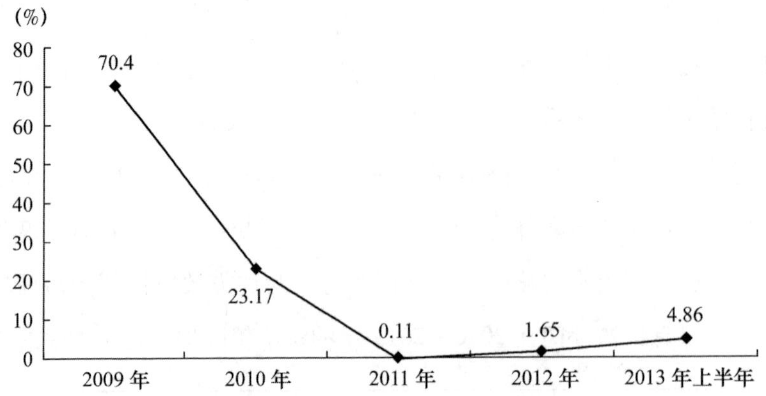


**图1 地方政府融资平台贷款余额增速**

资料来源：银监会。

其次，地方政府性债务管理制度和风险防范制度不断完善。根据国家审计署的数据，截至2013年6月底，省级、市级和县级政府中，出台综合性的政府性债务管理制度的占比分别为63.89%、76.21%和62.49%；建立了债务风险预警制度的占比为50.00%、39.90%和33.66%；建立了偿债准备金制度的占比分别为77.78%、64.96%和27.18%。

### （二）存在的不足

首先，债务增速并未得到有效控制。尽管地方政府融资平台贷款增速被控制在很低水平，但2011~2012年地方政府性债务年均增速为21.75%，2013年上半年同比增速达26.84%（见图2），高于同期名义GDP增速和地方政府综合财力增速，地方政府的杠杆率和债务率进一步提升。

① 对于这一指标，需要说明两点。一是贷款类地方政府性债务的范围除地方政府融资平台贷款外，还包括其他融资主体举借的贷款。二是国家审计署与银监会关于地方政府融资平台贷款的口径存在差异，不过这并不影响各自的纵向比较。

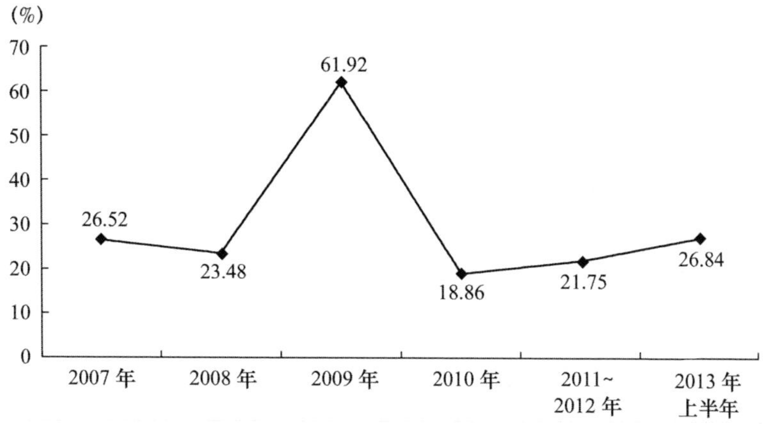


**图 2　地方政府性债务增速**

资料来源：国家审计署。

其次，债务结构恶化明显。一是高成本、不透明债务比重显著提高。截至 2013 年 6 月末，BT，信托融资，证券、保险业和其他金融机构融资等三类高成本、不透明债务达 3. 24 万亿元，占所有地方政府性债务的比重达到 18. 1%，而在 2010 年年末这三类债务的比重几乎可以忽略不计。与之相对应的是，低成本、透明度较高的债务比重的显著降低。截至 2013 年 6 月末，银行贷款和债券这两类债务的比重为 66. 87%，比 2010 年年末降低 19. 20 个百分点。二是低层级政府债务比重有所上升。在省市县三级政府中，县级政府的偿债能力最弱。截至 2013 年 6 月末，县级债务达 5. 04 万亿元，占省市县三级债务总额的比重为 28. 77%，比 2010 年年末提高 2. 24 个百分点。三是较短期限融资比重有所上升。截至 2013 年 6 月末，在政府负有偿还责任的债务中，将在两年半以内到期的债务比重达到 61. 87%；而在 2010 年年末，在政府负有偿还责任的债务中，将在 3 年内到期的债务比重也仅为 59. 1%。

最后，对金融体系和实体经济产生了较大的负溢出效应。一是催生了影子银行体系的膨胀。受制于严格监管，地方政府融资平台及其他举借主体难以通过银行贷款满足融资需求。在存在地方政府隐性担保的情况下，“需求创造供给”，地方政府的融资需求催生了影子银行体系的膨胀，导致整个金融体系风险水平的提高。二是抬高了无风险收益率。在政府隐性担保没有去除的背景下，对于投资者或金融机构而言，与地方政府性债务相关的影子银行体系金融产品基本没有风险或风险很低，其较高的收益率或融资成本意味着无风险收益率的显著提高，这系统性地抬高了社会融资成本。

### （三）制约上一轮地方政府性债务治理成效的原因

一是缺乏一个有利的宏观经济环境。政府债务累积具有反周期性。从全球金融危机后的主要经济体政府债务的变化情况看，几乎所有主要经济体的政府性债务规模和杠杆率都有显著提升。上一轮地方政府性债务治理恰逢经济增速下行期（见图 3）。特别是进入 2012 年后，GDP 增速跌破 8%，“稳增长”压力陡增。2012 年 5 月，政策取向已经是将“稳增长”放在更加重要的位置。尽管中央十分重视激发民间投资，但由于民间投资市场化程度高，有很强的顺周期性，经济下行期的“稳增长”最终还是需要在很大程度上依赖政府投资，这必定会增加政府性债务。

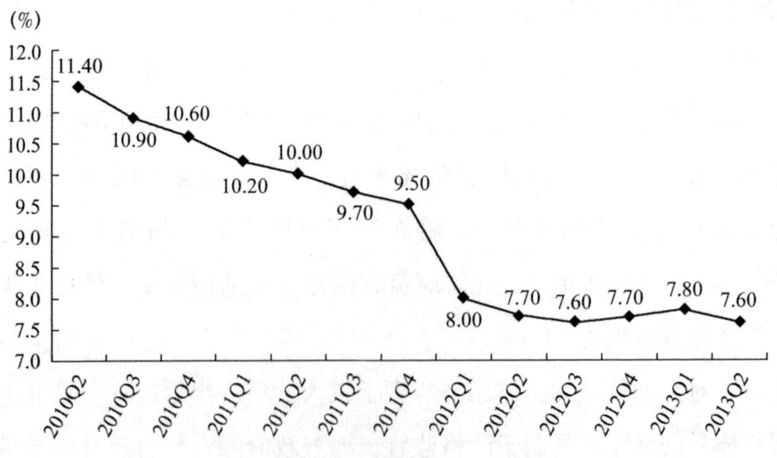


**图 3　中国 GDP 季度增速**

资料来源：Wind 数据库。

二是缺乏必要的配套政策或配套改革。首先，缺乏有力度的积极的财政政策的配合。2011～2013年，尽管中国实施了积极的财政政策，但力度并不够。马骏（2014）基于财政脉搏的研究得出了这一结论。观察中央政府杠杆率的变化情况也能得出同样的结论。根据我们的测算，上一轮地方政府性债务治理期间，广义中央政府杠杆率甚至有所降低。2013年6月末，广义中央政府杠杆率为37.52%，略低于2010年（见图4）。中金公司的测算也呈现出类似结果（梁红，2014）。在财政政策力度欠缺或广义中央政府杠杆率不增加的情况下，"稳增长"的债务负担便直接体现为地方政府加杠杆。其次，缺乏地方政府官员考核机制改革的配套。上一轮地方政府性债务治理期间，地方政府官员考核机制并没有实质性的突破，仍具有很强的唯国内生产总值增长率论英雄的倾向。在这种背景下，地方政府也乐于承担"稳增长"的任务，争相加杠杆。最后，缺乏地方政府融资平

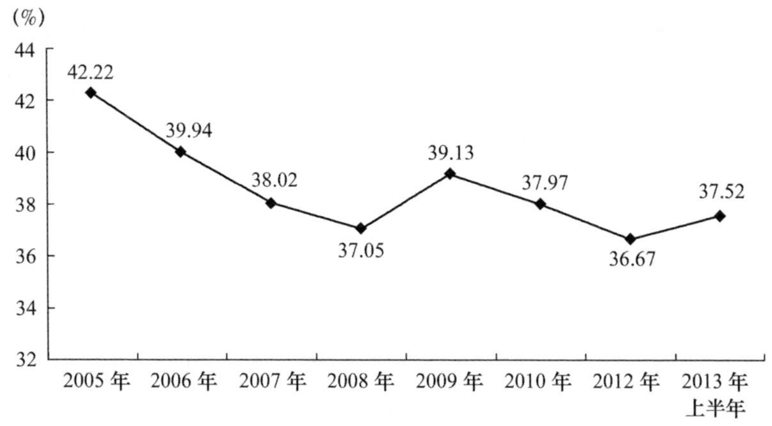


**图4　广义中央政府杠杆率**

注：中央政府债务包括国债、政策性金融债、汇金债、不良贷款历史债务、铁道部或铁路总公司债务和对外主权性债务，扣除项为剥离不良贷款发行的特别国债。地方政府性债务数据来源于审计署或根据审计署数据推算。值得注意的是，本文关于中央政府与地方政府债务的口径与审计署审计结果公告2013年第32号《全国政府性债务审计结果》存在差异。差异之一在于本文将政策性银行债、汇金债等项目也纳入中央政府债务计算。差异之二在于本文并未区分政府负有偿还责任的债务、政府负有担保责任的债务和政府可能承担一定救助责任的债务，在计算杠杆率时并未按照一定系数对不同类型债务进行折算。

资料来源：审计署，Wind数据库，外汇管理局，铁道部或铁路总公司历年年报，工商银行、建设银行、农业银行、中国银行历年年报。

台改革的配套。地方政府融资平台存在明显的预算软约束，是利率不敏感融资主体，融资成本的增加并不会抑制其融资需求。同时，其运作也存在不少不规范之处，从而导致投资效率较低，这会导致大量无效的或不必要的融资需求的产生。

三是治理政策存在缺陷。第一，政策设着力点以融资供给方为重点，忽略了融资需求方。之所以选择以融资供给方为重点，可能是因为垂直的金融监管体制为对融资供给方的监管提供了便利或可行性。不过，在地方政府隐性担保存在的背景下，融资需求创造融资供给，矛盾的主要方面是融资需求方而非融资供给方。无论对银行业金融机构有多么严格和严密的监管，市场的力量均会使这些已经商业化运营的市场主体通过各类“金融创新”，“合规”地为地方政府性债务的举借主体提供融资。第二，政策设计以堵为主，疏导性政策不足。之所以以堵为主，可能是因为2009年和2010年上半年债务增速太快，需要以堵为主的政策快速治标，为治本赢得空间。不过，在有大量在建、续建项目融资需求和“稳增长”的背景下，地方政府性债务的增长有其必然性与合理性。以堵为主的政策虽然“成功”地控制了贷款类地方政府性债务，但由于后期疏导性政策跟进不足①，被抑制了的刚性贷款需求转化为其他成本更高、透明度更低的地方政府性债务。第三，政策设计时忽略了证券、保险等行业的金融监管部门的参与，留下了监管漏洞。之所以出现这种情况，是与当时地方政府性债务的结构相关的。根据国家审计署的数据，截至2010年年末，很少有地方政府性债务与证监会和保监会的监管领域相关。不过，这个缺陷在上一轮地方政府性债务治理过程中并没有得到及时的弥补，从而导致来源于证券、保险业和其他金融机构融资的地方政府性债务的大量增加。第四，过于重视债务规模的控制，而忽视了债务结构的优化。在上一轮地方政

---

① 尽管上一轮地方政府性债务治理期间实质性地放松了地方政府融资平台发行企业债券的要求，但仍不改变疏导性政策不足的格局。

府性债务治理期间，并没有明确为债务结构负责的职能部门，也没有出台着力于优化债务结构的政策。对债务结构的忽视导致不利于债务结构优化，短期内有利于而长期不利于债务规模控制的治理政策被强有力的实施。

## 五、地方政府性债务治理的几点建议

总体来看，隐性债务的快速扩张，客观上对支持地方投资和基础设施建设发挥了积极作用，但是也为地方财政可持续性和金融秩序埋下了重大隐患，加大了金融系统性风险。下一步，必须坚持“逐步消化存量、坚决控制增量”“开前门、堵后门”的原则，严格推进地方债务规范管理，落实债务处置主体责任，严肃问责机制，在充分考虑在建项目和资金链风险的同时，制定切实可行债务处置的时间表和路线图，坚决打好防范化解重大风险攻坚战。

一是要将地方政府性债务治理放在经济进入“新常态”和全面深化改革的背景下考量。若缺乏合理的宏观经济政策和相关改革不断推进的配合，地方政府性债务的治理难以取得实质性成效。

二是要合理设计地方政府性债务治理的目标或治理绩效的评估标准，既要关注债务规模，也要关注债务结构。要确定专门负责债务结构监测和优化的职能部门。关于债务规模，既要关注债务规模的绝对水平，也要考虑债务规模的相对水平，如杠杆率，以便为地方政府性债务的自然增长或刚性需求留出空间。

三是要全面、客观认识金融领域中市场的力量，不能仅仅依赖监管这种政府作用机制对融资供给方进行限制，更要通过改革的推进，如改革地方政府融资平台，去除地方政府隐性担保，直接作用于融资需求方。

四是要基于全局，统筹协调各方推动地方政府性债务的治理。某一领域的显著成效或局部的优化从全局上看可能是系统的恶化。既要要求相关职能部门“守土有责”，也要通过加强顶层设计和建立健全协调机制避免“各人自扫门前雪”。

执笔人：朱鸿鸣　李承健

# 第二十一章

# 打好污染防治攻坚战<br>需完善全民共治的环境治理体系

党的十九大报告提出到2020年全面建成小康社会，未来三年要全力打好包括污染防治在内的三大攻坚战，“使全面建成小康社会得到人民认可、经得起历史检验”。为实现此目标，必须着力构建政府为主导、企业为主体、社会组织和公众共同参与的环境治理体系，在生态环境领域加快推进国家治理体系和治理能力现代化。只有打好污染防治攻坚战，才能到2020年实现生态环境质量总体改善，才能到2035年进一步实现生态环境根本好转，基本实现“美丽中国”目标。

## 一、中国环境污染防治取得阶段性进展

### （一）大气污染防治阶段性目标实现，公众空气质量改善的获得感增强

2017年中国实现了《大气污染防治行动计划》提出的空气质量改善目标。2017年全国338个地级市以上城市PM2.5平均浓度为43微克/立方米，较2013年下降40.3%；全国74个重点城市PM2.5平均浓度为47微克/立方米，较2013年下降34.7%；京津冀、长三角、珠三角区域的PM2.5平均浓度分别为64微克/立方米、44微克/立方米、34微克/立方米，较2013年分别下降39.6%、34.3%、27.7%（见表1）。北京市

PM2.5 平均浓度从 2013 年的 89.5 微克/立方米下降到 58 微克/立方米。

**表 1　2013～2017 年中国 PM2.5 年均浓度变化**　单位：微克/立方米

| 年份 | 全国 338 个地级市以上城市平均浓度 | 全国 74 个重点城市年均浓度 | 京津冀 | 长三角 | 珠三角 |
|---|---|---|---|---|---|
| 2013 | 72 | 72 | 106 | 67 | 47 |
| 2014 | 62 | 64 | 93 | 60 | 42 |
| 2015 | 50 | 55 | 77 | 53 | 34 |
| 2016 | 47 | 50 | 71 | 46 | 32 |
| 2017 | 43 | 47 | 64 | 44 | 34 |

空气质量改善不仅体现在数字上，还体现在公众对空气质量改善获得感明显增强。国务院发展研究中心“中国民生调查”课题组 2017 年在全国 8 个省开展了包括大气污染在内的环境关切点入户调查，结果显示，近一年来超过六成受访者认为空气质量有所改善。一些受访者称“之前一到冬天，雾霾多，经常整个星期不能开窗，今年少多了”。大气污染防治取得了让公众能够感受得到的成效。

### （二）水污染防治稳步推进，水体质量也在加快改善

据环保部公布的“2017 年上半年各省（区、市）水质情况和水质下降断面”数据，2017 年上半年，全国地表水水质优良（Ⅰ－Ⅲ类）水体占比为 70.0%①，同比上升 1.2 个百分点；丧失使用功能（劣于Ⅴ类）水体占比为 8.8%，同比下降 1.7 个百分点。中国大江干流水质总体向好。

从公众主观感受看，国务院发展研究中心“中国民生调查”课题组 2017 年民生关切点入户调查显示，认为周边水体质量有所改善的受访者比重在增加，城市受访者的这个比重增加得更快。这反映出城市“黑臭”水体的整治取得了让人感受得到的成效。

① 2017 年目标为 68.3%。

### （三）土壤污染防治工作开局破题

国家有关部门组织实施《土壤污染防治行动计划》，同时，《中华人民共和国土壤污染防治法（草案）》经全国人大常委会二审，《农用地土壤环境管理办法（试行）》颁布实施。当前中国薄弱的土壤环境监测体系制约了土壤污染防治的科学开展。按照《生态环境监测网络建设方案》提出的“全面设点、全国联网、自动预警、依法追责”的要求，以及“陆海统筹、天地一体、上下协同、信息共享”的目标，中国土壤环境监测网络范围不断扩大，建成了由38800多个点位组成的国家土壤环境监测网，基本实现了所有土壤类型、县域和主要农产品产地全覆盖。为贯彻落实《土壤污染防治行动计划》，2017年环境保护部等5部委联合部署全国土壤污染状况详查工作，将在2018年年底前查明中国农用地土壤污染的面积、分布及其对从农产品质量的影响。

### （四）生态环境状况明显改善

最新数据显示，2016年全国共建成自然保护区2750处，总面积约占陆地国土面积的14.9%，高于12.7%的世界平均水平，大熊猫、东北虎等部分珍稀濒危物种野外种群数量稳中有升。中国不断推进实施生物多样性保护重大工程，启动两批山水林田湖生态保护工程试点。一些重要生态系统得到休养生息，为中华民族永续发展留下了不可替代的自然生态资源和“绿色银行”。同时公众的绿色生态空间得到明显改善。2017年国务院发展研究中心“中国民生调查”课题组开展的环境关切点入户调查显示，受访者对周边绿化情况的满意率居调查所涉及的六类环境关切点之首。

## 二、全民共治的环境污染治理体系的完善确保了污染防治取得阶段性进展

政府、企业、监管机构、公众等不同主体责任的明确和落实，是中国

环境污染防治取得明显进展的根本原因。近年来，中国生态文明建设和生态环保制度改革紧紧围绕落实关键主体的责任，不断健全生态文明制度体系，全民共治的环境治理体系不断完善。

### （一）实施领导干部生态文明考核和追责制度，落实地方政府责任

《中华人民共和国环境保护法》明确规定，地方各级人民政府应当对本行政区域的环境质量负责。为改变当地政府只顾经济发展、忽视环境保护的政绩观，近年来中央和地方大力推行领导干部生态文明考核和追责制度，重大制度主要包括以下几项。

一是健全领导干部政绩考核制度。2016 年中共中央办公厅、国务院办公厅印发《生态文明建设目标评价考核办法》，强化了中央对省级政府生态文明建设责任的督办和落实。一年多来，各省着手制定本省的生态文明建设目标评价考核实施方案，省级政府开始将改善生态环境质量的目标层层分解落实，逐级压实不同层级政府的责任，地方对生态环境目标考核权重的设置也在不断提高，比如天津市生态环境考核的指标权重达到了 22%。2017 年年底，国家有关部门发布 2016 年各省、自治区、直辖市生态文明建设年度评价结果，北京、福建、浙江 3 个省级政府的绿色发展指数位居前 3 名。据地方政府反映，绿色发展指数年度评价结果的公布，对督促地方转变经济发展方式、加强环境污染治理起到重要的“指挥棒”作用。

二是实施领导干部生态环境损害追责制度。2015 年中共中央办公厅、国务院办公厅印发《党政领导干部生态环境损害责任追究办法（试行）》，规定地方各级党委和政府对本地区生态环境和资源保护负总责，党委和政府主要领导成员承担主要责任，其他有关领导成员在职责范围内承担相应责任。近两年来，全国积极贯彻落实中央部署，不少地方制定了相应实施方案，对领导干部不考虑资源环境承载能力、盲目决策导致生态破坏的行为加以终身追责。2017 年年底，中央对甘肃祁连山国家级自然保护区生态

环境破坏问题，按照“党政同责、一岗双责、终身追责、权责一致”的原则，对相关责任单位和责任人进行严肃问责，体现了中央扭转不可持续发展方式的重大决心。2017 年 6 月，中央全面深化改革工作领导小组会议审议通过了《领导干部自然资源资产离任审计规定（试行）》，之后，中共中央办公厅、国务院办公厅印发了文件，提出审计领导干部贯彻执行中央生态文明建设方针政策和决策部署、完成自然资源资产管理和生态环境保护目标、履行自然资源资产管理和生态环境保护监督责任等方面的情况。领导干部自然资源资产离任审计制度的示范推行，对约束领导干部的生态环境保护行为起到重要作用。

三是开展中央环保督察，压实地方政府的生态文明建设责任。中央环保督察是党中央、国务院推进生态文明制度改革的一项重大决策部署，是落实环境保护“党政同责、一岗双责”的有效手段。2015 年，中央全面深化改革工作领导小组十四次会议审议通过的《环境保护督察方案（试行）》提出建立中央环保督察组，负责对省级党委政府及有关部门进行督察，主要督察内容包括党委、政府对国家和省环境保护决策贯彻落实情况，突出环境问题及处理情况，环境保护责任落实情况。近两年，中央实现了 31 个省（区、市）中央环保督察全覆盖，历时两年多的中央环保督察，约谈党政领导干部 18448 人、问责 18199 人。中央环保督察以前所未有的高压态势压实地方政府改善环境质量的责任，解决了一批长期得不到解决的突出环境问题。

### （二）以实施排污许可证制度为核心，落实排污企业的减排责任

一是排污许可证申领工作启动，落实企业依法排污的责任。2017 年中国完成了 6 个行业排污许可证核发工作，从 2018 年 1 月 1 日起，这些行业相关企业若无证排污、不依证排污，须承担相应的法律责任。

二是推进排污企业自行监测和环境信息公开，对排污企业达标排放形成压力。目前地方各级政府在推进当地排污企业自行监测数据联网，加强

对排污企业的实时监控。

三是实施企业环境信用评价体系。2015 年环境保护部和国家发展改革委联合印发了《关于加强企业环境信用体系建设的指导意见》，要求“到 2020 年，企业环境信用制度基本形成，企业环境信用记录全面建立，覆盖国家、省、市、县的企业环境信用信息系统基本建成，环保守信激励和失信惩戒机制有效运转，企业环境诚信意识和信用水平普遍提高”。一些省级政府陆续制定实施了本地落实方案。早在 2013 年江苏省就制定了《江苏省企业环保信用评价及信用管理暂行办法》，每年公布全省国控重点企业环境信用评价结果，评价结果从优到劣分为绿、蓝、黄、红、黑五个等级。其中，绿色和蓝色为信用好的企业，而一旦被列入黑、红名单，企业行为会处处受限。实践显示，企业绿、蓝、黄、红、黑“五色榜”可以有效遏制非法排污行为，倒逼企业环境守法。四川省实施企业环境信用管控制度，稳步推进企业环境信用体系建设，将环境信用评价作为全面落实企业环境保护主体责任的重要抓手，会同相关部门对环保守信企业实施联合激励，对严重环境违法失信企业实施联合惩戒。福建省 2016 年建立了企业环境信用评价制度，目前已有两千多家企业参评。

四是对排污企业弄虚作假环境监测数据实施严厉打击。2017 年中共中央办公厅、国务院办公厅印发了《关于深化环境监测改革提高环境监测数据质量的意见》，明确对排污单位弄虚作假排放数据的行为进行行政和刑事问责，并对这些企业的相关信息向社会公开，并依法纳入全国信用信息共享平台。

### （三）建立环境保护责任清单，落实相关监管机构的责任

一是从中央到地方开始逐步明确各部门分工，明确不同机构的生态环境保护责任清单，解决长期以来各部门环境监管职责不清、相互推诿的局面，政府各部门逐渐形成了生态环境保护合力。例如，近年来四川省委、省政府印发《四川省环境保护工作职责分工方案》，划清了相关部门环保

工作责任，将环保压力传导到各县（市、区）和各乡镇，形成了各级党委、政府及45个部门单位齐抓环保的工作局面。

二是明确环保部门的统一监管职责，加强对环保机构统一监管责任的落实、追责和问责。调研发现，地方政府进一步明晰了环保部门在改善生态环境质量方面的专业化监管责任，并相应地增加了编制、资金等方面的支持。

三是实施省以下环保机构监测监察执法垂直管理制度改革试点。迄今为止，河北、重庆、江苏、上海、江西、福建、湖北、山东等省（市）颁布了各自的省以下环保机构监测监察执法垂直管理制度改革实施方案。通过环保机构调整，保证了下一级环保机构能够独立行使其环境监管职责，并同时对省级和市级环境监管机构的职责进行优化配置。上收了全省的生态环境质量监测职责，并将污染源执法监测职责统一下沉，为解决长期存在的环境监管机构执法不独立的问题提供了机构保障。

### （四）引导公众参与生态环境监管，落实公众的监督责任

公众是加强生态环境保护的一支重要力量。长期以来，中国公众参与一直比较薄弱。近年来，中国不断加强制度建设，拓宽公众参与渠道，建立公众参与激励机制，依法依规引导公众参与的法律化、规范化、常态化。

一是公众参的基础条件得到完善。地方政府加强环境信息公开，信息公开方式更加直观、明了，与公众的互动能力增强，促进了公众对专业化生态环境数据的准确了解，为公众参与提供了基础前提。

二是公众参与的渠道逐步拓宽。2015年环境保护部出台了《环境保护公众参与办法》，在实践中不断拓宽公众参与渠道和参与范围。开通“12369”环保微信举报平台，累计受理群众举报16万余件。值得一提的是，借鉴中央环保督察期间实施的群众举报机制，山东省委、省政府设立了日常环保督察热线，确保在督察结束后群众仍然有高效的生态环境问题举报办理机制。

三是公众参与激励机制有所完善。全国很多省份和城市建立了环保有奖举报制度。例如，2016 年《北京市环境保护局对举报环境违法行为实行奖励有关规定（暂行）》发布，为鼓励公众积极参与环保监督管理，加强对环境违法行为的社会监督，严肃查处环境违法行为，北京市重奖环境违法行为举报人，最高奖励额度 5 万元。

## 三、全民共治的环境污染治理体系存在的突出问题

### （一）政府、企业、社会组织和公众的责任体系不完备

企业作为达标排放第一责任人的责任机制未全面落实。长期存在的企业“违法成本低”现象近两年在局部得到明显扭转，但总体上，企业违法排放、超标排放的情况仍普遍。以江苏省为例，目前江苏省对规模以上企业达标排放的在线监控覆盖范围很小，大部分企业的排放情况不受政府的在线监控。在缺乏足够约束、自愿减排意愿较低的情况下，企业超标排放必然普遍存在。

党政部门保护环境和发展经济的责任不平衡。地方政府长期存在的重经济发展、轻环境保护的惯性一直存在，尽管保护生态环境的制度建设在不断推进，但距离当前改善中国生态环境质量的迫切要求仍有不小差距。

社会组织的作用有待发挥。政府对社会组织存有较大疑虑和不信任，甚至排斥，尚无法为社会组织发挥监督环境污染治理提供健全的制度环境。

公众参与意愿强，但行动不足。公众参与不足一直是环境污染治理体系的薄弱环节。国务院发展研究中心“中国民生调查”课题组 2015 年环境关切点入户调查显示，68% 的受访者有意愿参与监督环境污染，但采取实际参与行动的全部受访者的比重只有 52%。目前公众参与意愿尚可，但实际参与行动仍偏少，尤其在认为生态环境质量有所变差的受访者中，采取实际参与行动的受访者的比重反而更低。

### （二）政府法治化和专业化监管的意识和能力不足

公平、规范、专业环境监管的缺失，既导致企业对合规排放预期不明，也导致不公平竞争，且额外增加了企业减排成本。以排污企业的达标排放技术改造为例，近年来为了引导企业加快技术创新和升级改造，环境监管部门每年出台大量环保标准。企业为了满足最新的排放标准，需要进行技术升级改造。然而，由于国家环保标准变动较快，一些企业反映之前的达标排放改造还没完成，新的排放标准又出台了，企业往往不得不反复改变原有的改造计划。这个过程增加了企业的履约成本。

在当前以高压态势开展环保督察的过程中，一些地方政府的执法行为过多注重短期效果，没有以法治化、规范化的方式去履行政府的生态环境保护职责。尽管一些企业的相关环保手续都齐全，达标排放也能做到，但在环保督察过程中，一些企业仍被要求停产、限产，导致企业的一些生产任务难以完成，给企业造成损失，也影响了政府依法行政的权威形象。

### （三）在划清各部门环境监管责任边界的同时，新制度的实施又带来新的监管责任交叉

以自然资源资产离任审计制度的示范实施为例。调研中发现，在当前推行自然资源资产离任审计制度时，审计部门不具备资源环境相关专业知识，往往需要依靠环保、水利、国土、林业、农业等其他部门的专业知识，但在当前部门间协调合作机制不健全的情况下，审计部门不得不加强本部门的资源环境方面的专业力量，这在一定程度上带来了新的重复建设和职责交叉问题。例如，一些省份在编制自然资源资产负债表时，由于环保、林业、水利、国土等部门提供的生态环境监测数据不一致、缺乏可比性，审计部门又同时缺乏对这些数据进行甄别和筛选的专业能力，一些审计部门计划重新建立一套生态环境监测体系。这种做法使得原本已经碎片化的生态环境监测体系更难以统筹协调发展，进一步加剧了各部门生态环境数据打架、数据缺乏可比性的问题。

### （四）长期积累或遗留的环境污染问题在界定责任时面临较大争议

环境污染问题的长期性、累积性、滞后性，使得一些严重的环境污染和生态破坏往往多年之后才出现，这为追溯污染损害的责任主体、开展有效问责带来一定难度，确保环境执法的公平、公正性也面临更大挑战。

## 四、打好污染防治攻坚战、完善全民共治的环境污染治理体系的若干建议

2010～2020 年中国的工业化进入高峰期和转入平台期，“十三五”期间，中国主要污染物排放总量叠加将达峰和进入平台期。当前中国污染物排放总量已经超出环境容量，污染物高排放水平和高累积总量使得环境污染形势在相当长时期内仍十分严峻。特别是区域性的污染问题，如京津冀、长三角地区的大气污染问题将十分突出。为此，必须打好污染防治攻坚战，确保不出现恶性污染事件（如连续大面积重度空气污染、大面积水体污染等）、确保污染物排放尽快进入下降通道、实现环境污染与经济增长的全面脱钩，确保环境质量开始稳步改善。

### （一）目标

打好污染防治攻坚战的目标是使主要污染物排放总量大幅减少、生态环境质量总体改善、绿色发展水平明显提高。国家“十三五”国民经济和社会发展规划、生态环境保护规划，确定了资源环境领域的目标，包括生态环境质量改善的具体目标。总体上讲，力争到 2020 年，全国未达标城市 PM2.5 平均浓度比 2015 年降低 18% 以上，地级及以上城市空气质量优良天数占比达到 80% 以上；全国地表水Ⅰ－Ⅲ类水体占比达到 70% 以上；受污染耕地安全利用率达到 90% 左右，污染地块安全利用率达到 90% 以上。

## （二）主要任务

深入推进大气污染防治。以京津冀及周边地区、长三角、汾渭平原等重点区域为重点，加快调整产业结构、能源结构、交通运输结构，着力增强重污染天气应对。

继续实施水污染防治。深入实施新修改的《中华人民共和国水污染防治法》，坚决落实《水污染防治行动计划》，扎实推进河长制、湖长制实施，有效保障饮用水安全，打好城市黑臭水体歼灭战，加强江河湖库和近岸海域水生态保护，全面整治农村环境。

实施土壤污染防治。全面实施《土壤污染防治行动计划》，强化土壤污染风险管控，保障农用地和建设用地安全，强化固体废物污染防治，加快推进垃圾分类处置。

## （三）完善全民共治环境治理体系的若干建议

### 1. 健全政府责任清单，夯实环境治理问责机制的基础

推动党委和政府权力清单与责任清单的透明化管理。厘清党委和政府的环境保护责任，建立对党委和政府现行的环保决策制定、环保项目审批、环境执法与监督、环境信息披露等的分责、定责、履责、追责的责任体系，使“责任清单”既成为党政干部环保追责的重要凭证，也成为各级党组织提拔任用干部的参考依据。

### 2. 继续实施中央环保督察，压实不同层级政府责任

地方环保责任的落实是生态环境质量改善的重要因素。建议进一步开展中央环保督察，优化环保督察方式，压实不同层级地方政府的环境保护责任。

### 3. 加强政府对企业的环境监管，提高企业达标排放水平

完善环保标准体系，建立环保标准实施效果的评价体系。继续推行排污企业自行监测，扩大排污企业在线监控范围，提高排污企业自行监测数据质量。继续推行环保信用评价体系，加强企业自行守法的监管。

**4. 推进环境信息公开，为公众参与提供基础保障**

按照《中华人民共和国环境保护法》和《中华人民共和国政府信息公开条例》的要求，依法依规推进政府部门、重点排污单位、建设单位有关环境质量、污染物排放，以及建设项目环境影响评价等信息的全面、真实、及时、主动公开，为公众参与监督环境保护提供信息支撑条件。兼顾环境信息的专业性以及公众的理解接受能力，注重以更加友好、更加易懂、更加直观的方式公开环境信息，加强环境信息的权威解读，避免公众对环境信息的误读和误解。

执笔人：王海芹

# 第二十二章

# 农业农村发展逻辑及展望

细察古今中外农业农村转型发展实践，基本上是围绕缓解和解决人地矛盾、小农户大市场矛盾和城乡资源要素争夺矛盾这三大矛盾进行的。有效缓解或解决了这些矛盾，农业农村加快转型；反之，农业农村转型艰难。新时代推进农业农村发展，需要从化解矛盾入手，构建全面系统的发展战略。

## 一、三大矛盾制约农业农村转型发展

### （一）人地矛盾

人口与土地矛盾在亚洲尤其是东亚、南亚地区最为突出，欧洲、南美次之，北美最为缓和。早期，费正清（1982）就将美国和中国进行了对比：中国确有人居住的地区大约只有美国相应地区的一半，而供养的人口达美国的4倍。这只有让每平方英里可耕种的谷地和冲积平原挤住2000人左右（约769人/平方千米）才能实现。在美国一个农家所住的地方，连同他们的仓廪和畜棚，在中国却成为几百人居住的、点缀着一些树木的整个村社，它同邻村也相隔大约不到半英里。实际上，中国有些地区人地紧张关系远比费正清描述的更加严重，比如中国第一人口大县安徽临泉县县域面积仅1839平方千米，而人口为223万，相当于1234人/平方千米，因此，临泉县成为国家级贫困县也就可以理解了。

长期以来，人口与土地的紧张关系一直是困扰中国农业农村发展转型的主要因素之一。人口增长对土地的长期压力，形成了中国特色的大量投入劳动力的精耕细作模式。在南方地区，农民在人口压力下不断增加水稻种植过程中的劳动投入，以获得较高的产量。然而，劳动的超密集投入并未带来产出的成比例增长，单位劳动边际报酬反而递减，出现了“过密化”和“内卷化”现象（黄宗智，1992）。新中国成立至改革开放前，尽管集体所有制实现了以生产队为单位的更大经营规模，但是由于农村人口被禁锢于土地的局面没有改变，人口对土地的压力还在加重，人地比率还在进一步降低。据统计，人均土地规模从 1949 年的 4 亩下降到 1981 年的不足 2. 14 亩土地。改革开放之后，在严格的人口政策控制下，农村人地比率逐年上升，2009 年达到 2. 85[①]，2013 年提高到 3. 22[②]，人地紧张关系有所缓和。并且，农村劳动力转移对缓解人地紧张关系的作用更为显著。1978 ~2016 年，全国农业就业份额从 70. 5% 下降到 27. 7% 。按农业劳动力计算的劳均耕地面积从 2001 年的 5. 26 亩提高到 2013 年的 8. 39 亩。中国绝大部分农户经营规模更小。据农业部经管司统计，截至 2014 年，实施家庭承包经营的耕地面积为 13. 29 亿亩，占集体所有耕地面积的 92. 8% ；家庭承包经营农户 2. 3 亿户，户均只有 5. 78 亩。中国农户平均经营规模仍然不到欧盟的 1/40、美国的 1/400，规模还是太小。即便与日本相比，中国农业经营规模也小得多，据调研，日本北海道土地规模大，农业竞争力较强。我们调查的日本北海道长沼地区，2015 年该区有农户 700 户，共经营耕地面积 9734 公顷，户均耕地面积达 13. 9 公顷，是中国农户平均经营规模的 20 倍以上。

随着中国逐渐融入世界农业体系，人地矛盾成为推高中国农业生产成本、削弱农业竞争力的主要因素之一。加入 WTO 之后，中国农业国际化

① 按照当年全国耕地 203077 万亩，农村 71288 万人计算。

② 按照当年全国耕地 202617 万亩，农村 62961 万人计算。

进程不断加快，中国农业也越来越融入世界农业体系之中。与封闭的农业经济不同，在开放的农业经济体系中，中国农业产业必须和世界其他农业大国最具竞争力的产业竞争，比如大豆需要和美国、巴西竞争，棉花和澳大利亚、加拿大、美国竞争，玉米要和美国竞争，稻谷要和泰国竞争，小麦和加拿大竞争，等等。和世界其他农业大国相比，中国劳均耕地面积过小，土地要素价格偏高。张云华（2017）核算指出，中国玉米、稻谷、小麦、大豆、棉花亩均土地成本分别比美国高 29.86%、34.28%、194.77%、55.45%、200.51%。中国处于从传统农业向现代农业转型之中，受土地资源稀缺和土地细碎化约束，大部分地区仍然需要大量投入农村劳动力以获取更多产量，中国农业人工成本更高。张云华（2017）指出，2015 年中国玉米、稻谷、小麦、大豆、棉花人工成本分别是美国的 14.78 倍、4.11 倍、16.33 倍、8.5 倍、28.23 倍。

### （二）小农户与大市场的矛盾

小农户与大市场的矛盾主要体现在小生产难以适应大市场需求。从理论和实践看，主要通过提高农民组织化程度和完善农业支持政策等解决这个矛盾。

在提高农民组织化程度方面，苏联经济学家恰亚诺夫认为，家庭农场只有通过合作方式形成“垂直一体化生产”，才能实现与大市场的有效对接，从而保障农民的利益。这一点，对于东亚数量巨大的小农来说，尤为重要。当前，东亚的日本、韩国、中国台湾基本上解决了农民组织化问题。据高强等（2015）统计，至 2014 年 12 月，日本共有各种全国性农协联合会 18 个，都道府县农协联合会 207 个，基层综合农协 708 个，各类专门农协 2011 个，基本覆盖了日本农民，为农业提供了产前、产中和产后全过程、全方位的服务。据我们 2016 年调研，日本长野县某村 74 个芹菜生产农户，种植面积 150 公顷，以户均 2 公顷的芹菜种植面积，供应了全日本夏天消费的 90% 左右的芹菜，年销售额高达 50 亿日元，经济效益很好。

在这背后，农协在芹菜种子研发，芹菜生产技术指导和帮助农户进行市场销售方面发挥了巨大作用。

完善农业支持政策，目标之一就是让小农户能够对大市场信号作出正确及时的反应。最早各国普遍采取市场价格支持手段。比如，在1992年之前的30年里，市场价格支持一直是欧盟农业核心支持政策。1992年后，欧盟逐步取消对大宗农产品的价格干预，实行与产量和种植面积无关的脱钩补贴，有效减少政府价格干预，使得农民可以更好地应对市场信号。通过改革，欧盟生产者支持总额进一步减少，缓解了农产品库存压力，减少了贸易冲突，也减轻了财政压力。

美国农业市场价格支持政策改革较早，自2002年始，美国主要通过对部分农作物实施直接补贴、反周期补贴、市场贷款补助和平均作物收入选择计划（ACRE）来保障农民收入。为了减轻财政压力、顺应WTO对农业补贴政策的要求，2014年美国出台了农业法案，取消奶制品价格支持、实行差额（乳制品市场价格－成本）保护计划和政府捐赠计划；用价格损失保险计划（当市场价格低于固定参考价格时，向农户支付补贴）和农业风险保障计划（当农户实际收入小于每年的平均收入时可获得补贴）代替之前的直接补贴、反周期补贴、ACRE等（OECD，2015），减轻了农产品市场价格的扭曲程度。

发展至今，美国、欧盟的农业支持政策特色是政府直接精确补贴各个农户。主要因为美国、欧盟有一个巨大优势，那就是农业人口较少，比例极低，基础数据比较完善，政府与农户之间的交易成本较低。不难理解，直接精确补贴在中国实施起来难度不小，毕竟中国政府需要去和2亿多农户打交道，农业基础数据很不完善，交易成本很高。

当前，中国小农户与大市场的矛盾延缓了农业现代化步伐。一方面，过高的市场价格支持不仅导致农产品国内国际价格差距进一步拉大，农业竞争力下降等问题，而且使农户难以对市场信号作出正确及时的反应。根据OECD数据，2008～2015年中国市场价格支持占生产者支持的比例从

55. 56%快速提升到 81. 75%，占农业支持总额的 74%左右[①]，导致部分农产品国内国际价格差距进一步拉大，农产品大量进口。另一方面，中国农民合作社质量偏低、农民组织化实际水平不高。截至 2014 年年末，全国共成立农民专业合作社 113. 8 万个，全国实有社员 3444. 1 万户，带动非成员农户 6542. 2 万户，合计约 1 亿户，超过全国家庭承包经营农户的四成。但随着农民合作社发展出现的经营范围不断扩大、经营领域不断拓展，农民合作社管理不民主、经营不规范、财务制度不健全等问题难以解决，农民合作社质量较低，目前中国合作社约 120 万个，其中比较规范的，被农业主管部门认定为示范社的不到 10%。我们经常看到的一种现象就是，一边是农民卖菜难问题，很多农民一年辛辛苦苦种植的蔬菜、水果只能烂在地里，养殖的猪、羊卖不出去；一边是城市特色农产品价格持续走高，城市居民吃不上便宜放心的蔬菜。单个农民不组织起来，就难以实现与市场的有效对接。

### （三）城乡之间的资源争夺矛盾

农业与非农产业、农村与城镇之间资源争夺现象古今中外皆有。中国历代封建王朝中“重农抑商”是最基本的经济指导思想。战国时期商鞅变法就提出奖励耕织，以农业为“本业”，以商业为“末业”，限制商人经营的范围，重征商税。秦汉后“重农抑商”“崇本抑末”渐成国策，宋元“专卖”、明清“海禁”，均是“重农抑商”政策。从产业发展角度看，非农产业收益更高，要素资源具有天然流向非农产业的倾向。城镇的发展，需要人口高度聚集以及宝贵的土地和资金。“重农抑商”就是通过国家政策让劳动力、土地、资金等要素留在农业农村。

英国工业革命前夕的“羊吃人”运动也可以看作工业与城镇和农业与农村争夺资源的典型案例。贵族们将农民赶走，把土地圈占起来发展养羊

① 根据 OECD 数据，2015 年中国市场价格支持占生产者支持的比重为 81. 75%。中国生产者支持总额占农业支持总额的 90. 5%。

业，工业从农业夺走了土地。失去土地的农民不得不进入生产羊毛制品的手工工场，农业劳动力也大量流向工业。同时，大量失去土地的农民移居城市以及工业的发展，促进了人口聚集，加快了城镇化进程，英国的城镇数量大量增加。西方国家直到完成工业化城市化进程，矛盾才逐渐缓和。

中国正处于工业化中后期和城镇化快速发展期，城乡之间资金、劳动力、土地等关键资源要素争夺矛盾还很突出。从资金看，21 世纪以来中国农村通过金融和财政渠道外流资金规模年均超过 1.1 万亿元。其中，中国农村通过金融渠道外流资金规模年均超过5000 亿元，主要平台是农村信用社、农村商业银行或农村合作银行、中国农业银行和邮政储蓄银行等农村金融机构，而通过财政渠道外流资金规模年均约6000 亿元（伍振军，2017）。

从劳动力看，2000～2016 年，中国外出打工农民工从 7849 万人增加到 16934 万人（见表 1）。

**表 1　　中国农业转移人口现状（2000～2016）**

| 年　份 | 农业转移人口（万人） | 外出农业转移人口（万人） | 占农业转移人口的比重（%） | 本地农业转移人口（万人） |
|---|---|---|---|---|
| 2000 | 12891 | 7849 | 60. 9 | 5042 |
| 2001 | 12572 | 8399 | 66. 8 | 4173 |
| 2002 | 12090 | 10470 | 86. 6 | 1620 |
| 2003 | 12247 | 11390 | 93 | 857 |
| 2004 | 13455 | 11823 | 87. 9 | 1632 |
| 2005 | 14524 | 12578 | 86. 6 | 1946 |
| 2006 | 15529 | 13181 | 84. 9 | 2348 |
| 2007 | 16196 | 12600 | 77. 8 | 3596 |
| 2008 | 22542 | 14041 | 62. 3 | 8501 |
| 2009 | 22978 | 14533 | 63. 2 | 8445 |
| 2010 | 24223 | 15335 | 63. 3 | 8888 |
| 2011 | 25278 | 15863 | 62. 8 | 9415 |
| 2012 | 26261 | 16336 | 62. 2 | 9925 |
| 2013 | 26894 | 16610 | 61. 8 | 10284 |
| 2014 | 27395 | 16821 | 61. 4 | 10574 |

续表

| 年　份 | 农业转移人口（万人） | 外出农业转移人口（万人） | 占农业转移人口的比重（%） | 本地农业转移人口（万人） |
|---|---|---|---|---|
| 2015 | 27747 | 16884 | 60.8 | 10863 |
| 2016 | 28171 | 16934 | 60.1 | 11237 |

资料来源：根据《全国农民工监测调查报告》《农村住户调查年鉴数据》《农业普查数据》《农村固点调查数据》以及农业部抽样调查数据等整理计算而成。

从土地看，据刘守英等（2015）估计，中国1987～2013年共征占农民土地超过7100万亩（2002～2013年按照人均1.46亩计算），共有5900万以上的农民失去或减少土地承包经营权。按照《全国土地利用总体规划提要》，在未来20年，中国还将占用超过3000万亩耕地。

总之，中国人地矛盾最为突出，日韩次之，欧美比较缓和。日本、欧美基本解决了小农户与大市场的矛盾，中国小农户与大市场的矛盾仍然很严重。欧美、日本城乡之间资源争夺矛盾已经缓和，中国正处于工业化和城镇化快速发展阶段，矛盾仍然突出（见表2）。

**表2　　中日美欧三大矛盾化解情况**

| 矛盾 | 人地紧张 | 小农户大市场之间矛盾 | 城乡要素争夺 |
|---|---|---|---|
| 美国 | √ | √ | √ |
| 欧盟 | √ | √ | √ |
| 日本 | - | √ | √ |
| 中国 | - | - | - |

## 二、突出问题

多年来，中国在解决三大矛盾方面付出了巨大努力，但在人口、资源和发展阶段约束下，加上受粮食安全、农村稳定和农民增收等硬性条件限制，中国农业农村发展转型非常艰难。近年来，在多重矛盾共同作用下，农业农村发展面临的问题更为突出。

### （一）农产品价格严重倒挂，农产品受进口冲击的风险更大

国内国际农产品价格严重倒挂既有国内因素，也有国际因素。基于粮食安全和农民增收考虑，中国逐步完善农业支持保护政策，在粮食最低收购价和重要农产品临时收储政策的支撑下，国内农产品市场价格持续走高并高位运营。比如，2004～2016年中国早籼稻最低收购价从1.40元/公斤提高到2.66元/公斤，提高了90%。尤其是2012年之后，价格差距更大。据监测，2012～2016年国内食品消费价格指数、粮食价格指数、油脂价格指数等都在稳步上涨。与此同时，国际农产品价格反而在逐年下降。根据FAO数据，2012～2016年世界食品名义价格指数从229.9下滑到161.5，下滑29.8%。尽管大豆、棉花、玉米临时收储政策改革之后，价格倒挂程度已逐步缓解，但稻谷、小麦、食糖以及猪肉等农产品价格倒挂程度仍然十分严重。

稻谷价格倒挂。近几年，在最低收购价的支撑下，中国稻谷价格高位运行，国内国际价格差距很大，稻谷和大米进口持续增加。受进口关税配额限制，稻谷和大米进口增长比较缓慢，2016年中国稻谷和大米进口量增长到356万吨，占国内消费量的2.2%。乳品价格存在倒挂现象。近几年，国外奶粉进口量快速增长。据海关总署数据，2016年中国共进口奶粉60.42万吨，换算成生鲜乳约占国内消费量的11.4%。猪肉价格严重倒挂。近年来，中国猪肉价格保持在进口价格的2倍左右，猪肉进口剧增。2016年中国进口猪肉激增到162万吨，同比增长108.4%。国外猪肉价格将长期保持对国内猪肉价格的巨大压力，生猪产业发展面临严峻挑战。玉米价格倒挂程度有所缓和。随着中国玉米价格市场化改革、临时收储制度改革等，国内国际价差快速缩小，玉米及其替代品进口量持续下降，2016年中国玉米及其替代品进口占国内消费量大幅度下降到10%。但需要看到，随着玉米价格大幅度下跌，近几年玉米利润率下降速度惊人，2016年玉米净利润率已经下降到－39.1%，下降到－299.7元/亩。小麦国内国际价格差距较大。尽管近几年国内国际小麦价格差距很大，但受到进口关税配额保

护，中国小麦进口上升比较缓慢，2016 年中国小麦进口 341 万吨，占国内消费量的 3.1%。2016 年小麦净利润下降到 -82.157 元/亩。食糖价格倒挂严重。近几年，国内白糖价格一直远高于进口价格。2016 年中国食糖进口 310 万吨，虽然比前两年有所降低，但超出进口关税配额 115.5 万吨，占国内消费量的 21.2%。棉花价格差距有所缩小。随着国内棉花价格大幅度下降，国内国际棉花价格差距迅速缩小。尽管 2017 年比前两年情况略有好转，棉花进口减少，棉花生产净利润略有提高，但仍是负值，2016 年棉花净利润为 -488.30 元/亩。棉花产业长期处于大量进口、生产净利润长期为负值的状况，导致棉花产业积累极高的风险。大豆国内国际价格趋于一致。中国大豆进口已经放开，进口关税税率仅为 3%。中国大量进口大豆，大豆进口量占国内消费量的比重极高。根据海关总署数据，2017 年中国大豆进口量已经达到创纪录的 9554 万吨。国内大豆产业濒临崩溃边缘。大豆进口量越来越多的同时，中国大豆生产净利润越来越低。2016 年中国大豆利润率进一步下降到 -44.8%，比上年下降了 24.2 个百分点，2016 年大豆净利润下降到 -209.81 元/亩。产业风险极高，到了崩溃边缘。伍振军、张云华（2018）统计了中国主要农产品利润率及本国农产品市场占有率（见表 3）。

**表 3　中国主要农产品利润率及本国农产品市场占有率（2016 年）**　单位：%

| 区　间 | 品种 | 利润率 | 本国农产品市场占有率 | 进口农产品市场占有率 |
|---|---|---|---|---|
| 产业安全区间 | 稻谷 | 10.6 | 97.8 | 2.2 |
| | 乳品 | 20.7 | 88.6 | 11.4 |
| | 生猪 | 12.3 | 97.1 | 2.9 |
| 产业风险区间 | 玉米 | -39.1 | 90.0 | 10.0 |
| | 小麦 | -8.8 | 96.9 | 3.1 |
| | 食糖 | 15.4 | 78.8 | 21.2 |
| 产业高风险区间 | 棉花 | -26.9 | 61.3 | 38.7 |
| | 大豆 | -44.8 | 23.5 | 76.5 |

### （二）粮食库存压力还在加大

近年来，中国粮食库存大幅度增加，去库存压力巨大。粮食价格严重倒挂，玉米及其替代品大量进口给库存造成巨大压力。虽然近几年粮食去库存取得很好的成效，粮食年度供求结余量持续大幅度下降，但粮食总体库存还在增加，库存压力还在加大。从谷物总体供需看，近两年谷物产量、进口量都在下降，而谷物饲料消费、工业消费需求大幅度增加，谷物年度供求结余量在持续下降。国家粮油信息中心监测，2016/17 年度中国谷物结余量下降到7105.5 万吨，比上年度下降3273.7 万吨，预计2017/18 年度谷物结余量下降到4824.6 万吨，再减少2280.9 万吨，减幅达32.1%（见表4）。

**表4　　中国主要谷物供需平衡分析及预测　　单位：万吨**

| | 2014/15年度 | 2015/16年度 | 2016/17年度 | 2017/18年度 | 与上年同比变量 | 与上年同比变化 |
|---|---|---|---|---|---|---|
| 生产量 | 54836.2 | 56304.2 | 55533.7 | 54905.1 | -628.6 | -1.1% |
| 进口量 | 1135.9 | 1159.3 | 1125.2 | 850.0 | -275.2 | -24.5% |
| 新增供给 | 55972.1 | 57463.5 | 56658.9 | 55755.1 | -903.8 | -1.6% |
| 食用消费量 | 26753.2 | 26566.0 | 26380.0 | 26292.0 | -88.0 | -0.3% |
| 饲料消费量 | 12420.0 | 12170.0 | 13880.0 | 14450.0 | 570.0 | 4.1% |
| 工业消费量 | 7130.0 | 7556.0 | 8450.0 | 9350.0 | 900.0 | 10.7% |
| 种用量 | 748.0 | 745.0 | 739.9 | 735.0 | -4.9 | -0.7% |
| 年度国内消费量 | 47051.2 | 47037.0 | 49449.9 | 50827.0 | 1377.1 | 2.8% |
| 出口量 | 65.2 | 47.3 | 103.5 | 103.5 | 0.0 | 0.0% |
| 年度总需求量 | 47116.4 | 47084.3 | 49906.8 | 51380.5 | 1473.7 | 3.0% |
| 年度结余量 | 8855.7 | 10379.2 | 7105.5 | 4824.6 | -2280.9 | -32.1% |

注：表中结余量为当年新增供给量与年度需求总量间的差额，不包括上年库存。

资料来源：国家粮油信息中心。

接下来几年，若按照目前中国谷物结余量下降速度，到2018/19 年度，中国谷物年度结余量将下降到2000 万吨左右，到2019/20 年度，中国谷物年度结余量将下降到零以下，库存增量下降到临界值。可以合理预计，届时粮食总库存将达到峰值，去库存压力才会有所缓解。

**1. 玉米库存逐步下降，但超期玉米量越来越大**

一方面，玉米总体库存量逐步减少。在玉米产量和进口下降、替代品进口大幅度减少的同时，玉米饲用消费、工业消费等大幅度增加，玉米库存大幅度降低。根据 Wind 资讯数据，2017/18 年度玉米库存预计比上年度减少 1286. 2 万吨，下降到 2. 53 亿吨。据国家粮油信息中心预测，2017/18 年度中国玉米消费量为 21897 万吨，比上年度增加 1729 万吨，增幅为 8. 6%。其中饲料消费预计为 1. 26 亿吨，比上年度增加 800 万吨，增幅为 6. 8%。工业消费预计为 7300 万吨，比上年度增加 900 万吨，增幅 14. 1%。一增一减，玉米年度结余量大幅度减少。国家粮油信息中心估计，2017/18 年度中国玉米结余量将在近 7 年内首次转负，下降到 -600 万吨，比上年度减少 2584 万吨（见表 5）。尽管各个机构数据并不完全一样，但基本趋势是一致的，玉米库存下降幅度应在 1286. 2 万 ~ 2584 万吨。

**表 5　中国玉米供需平衡分析及预测**　单位：万吨

| 年　度 | 2014/15 | 2015/16 | 2016/17 | 2017/18 |
|---|---|---|---|---|
| 生产量 | 21564. 6 | 22463. 2 | 21955. 4 | 21150. 0 |
| 进口量 | 551. 6 | 317. 4 | 200. 0 | 150. 0 |
| 新增供给 | 22116. 2 | 22780. 6 | 22155. 4 | 21300. 0 |
| 食用消费 | 1800 | 1816 | 1830 | 1862 |
| 饲料消费 | 10000. 0 | 10300. 0 | 11800. 0 | 12600. 0 |
| 工业消费 | 5020. 0 | 5500. 0 | 6400. 0 | 7300. 0 |
| 种用消费 | 150. 0 | 144. 0 | 138. 0 | 135. 0 |
| 国内消费 | 16970 | 17760 | 20168 | 21897 |
| 出口量 | 1. 2 | 0. 4 | 3. 0 | 3. 0 |
| 总消费量 | 16971. 2 | 17760. 4 | 20171 | 21900 |
| 年度结余 | 5145. 0 | 5020. 2 | 1984. 4 | -600. 0 |

注：表中结余量为当年新增供给量与年度需求总量间的差额，不包括上年库存。

资料来源：国家粮油信息中心。

接下来几年，考虑到玉米种植面积调减带来的玉米产量降低，玉米、DDGS及玉米替代品进口继续减少，以及玉米饲料消费、工业消费的持续增加，参照中国前两年玉米结余量下降速度，可以合理预计，到2018/19年度，中国玉米年度结余量将再减少2000万吨左右，降到－2500万吨左右，开始大幅度消耗往年库存。再到2019/20年度，中国玉米年度结余量将再下降到－4500万吨左右，届时玉米库存将下降到1.8亿吨左右。

另一方面，中国超期玉米量将越来越大。尽管目前中国2012年及以前和席茓囤储存玉米、2013年“分贷分还”等超期玉米等已经基本消化。若参照以往政策，在新粮上市后到2018年5月之前停止拍卖临储玉米，那么2014年、2015年玉米也将成为超期玉米，到2018年，中国超期玉米库存量将接近惊人的2亿吨，形势非常严峻。

**2. 稻谷未来库存或超玉米，去库存问题需要引起高度重视**

一方面，随着多年的稻谷增产，稻谷和大米的大量进口，以及大米边境非法走私，中国稻谷供给不断攀高。另一方面，由于长期存在的“稻强米弱”状况，极大地压缩了加工企业的利润空间，用粮企业竞买积极性不高，稻谷销售成交率很低，大量稻谷憋在库里。据国家粮油信息中心数据，近两年中国稻谷年度结余量保持在2500万吨左右，库存增长速度很快（见表6）。据Wind资讯数据，2017/18年度中国稻谷库存将达到1.43亿吨，库存消费比高达86.63%，库存积压严重。与小麦、玉米相比，稻谷储存期限较短，正常储存年限只有3年。超期储存品质下降较快、容易变质。尤其是南方高温潮湿地区储存时间更短，品质下降速度更快。据调研，目前中国仍有2012年、2013年库存稻谷，且相当部分粮食储存在简易储粮设施中，发生霉变坏粮的风险极高。这些因素导致中国稻谷库存越来越高，稻谷面临严峻的去库存问题。

据地方反映，一方面，根据目前稻谷生产利润相对较高，最低收购价小幅下调，对稻谷产量影响不大；另一方面，普通农户种植水稻以满足口粮为主，不是主要收入来源，收购价格调低对普通农户种植积极性影响不

表 6　中国稻谷供需平衡分析及预测　单位：万吨

| 年　度 | 2014/15 | 2015/16 | 2016/17 | 2017/18 |
|---|---|---|---|---|
| 生产量 | 20650.7 | 20822.5 | 20707.5 | 20685.0 |
| 进口量 | 434.9 | 511.4 | 564.3 | 400.0 |
| 新增供给 | 21085.6 | 21333.9 | 21271.8 | 21085.0 |
| 制粉消费 | 15753.2 | 15750.0 | 15700.0 | 15680.0 |
| 饲料消费 | 1120.0 | 1220.0 | 1380.0 | 1350.0 |
| 工业消费 | 1160.0 | 1200.0 | 1300.0 | 1400.0 |
| 种用消费 | 128.0 | 130.0 | 131.0 | 130.0 |
| 年度国内消费 | 18161.2 | 18300.0 | 18511.0 | 18560.0 |
| 出口量 | 63.6 | 45.6 | 149.2 | 100.0 |
| 总消费量 | 18224.8 | 18345.6 | 18660.2 | 18660.0 |
| 年度结余 | 2860.8 | 2988.3 | 2611.6 | 2425.0 |

注：表中结余量为当年新增供给量与年度需求总量间的差额，不包括上年库存。
资料来源：国家粮油信息中心。

大。接下来几年，若稻谷政策不做太大调整，按照目前中国稻谷结余量增长速度，可以合理预计，到 2018/19 年度、2019/20 年度，中国谷物年度结余量将仍然在 2500 万吨左右，今后两个年度，稻谷库存增量可能增加 5000 万吨左右，到 2019/20 年度，稻谷总体库存将达到 1.9 亿吨左右，或将超过玉米，成为库存最大的谷物，给粮食库存、财政支出、农民收入等带来巨大压力。

**3. 小麦去库存问题凸显**

近年来，在小麦消费需求增长有限的情况下，小麦供给增长较快，库存量快速攀升。据国家粮油信息中心数据，近两年中国小麦年度结余量保持在 2500 万～3000 万吨，库存增长速度很快（见表 7）。据 Wind 资讯预测，2017/18 年度小麦库存量将攀高至 7391.9 万吨，小麦库存消费比将提高到 73.36%。小麦产业链条相对较短，产品种类也相对较少，短期内消费渠道难以拓展，消费数量难以快速提高，将来去库存难度很大。

**表 7　　中国小麦供需平衡分析及预测　　单位：万吨**

| 年度 | 2014/15 | 2015/16 | 2016/17 | 2017/18 |
|---|---|---|---|---|
| 生产量 | 12620.8 | 13018.5 | 12884.5 | 13020.0 |
| 进口量 | 149.5 | 330.5 | 425.2 | 350.0 |
| 新增供给 | 12770.3 | 13349.0 | 13309.7 | 13370.0 |
| 制粉消费 | 9200.0 | 9000.0 | 8850.0 | 8800.0 |
| 饲料消费 | 1300.0 | 650.0 | 700.0 | 500.0 |
| 工业消费 | 950.0 | 856.0 | 750.0 | 650.0 |
| 种用消费 | 470.0 | 471.0 | 471.0 | 470.0 |
| 年度国内消费 | 11920.0 | 10977.0 | 10771.0 | 10420.0 |
| 出口量 | 0.4 | 1.3 | 0.0 | 0.5 |
| 总消费量 | 11920.4 | 10978.3 | 10771.0 | 10420.5 |
| 年度结余 | 849.9 | 2370.7 | 2538.7 | 2949.5 |

注：表中结余量为当年新增供给量与年度需求总量间的差额，不包括上年库存。

资料来源：国家粮油信息中心。

接下来几年，若延续小麦最低收购价不做太大调整，在国际上小麦供给充裕、国际小麦价格可能小幅度下调的情况下，小麦国内国际价差还会进一步扩大。若国内小麦产量小幅度上涨，小麦进口量仍保持较大规模，国内小麦消费增幅较小的状况，中国小麦年度结余量仍会保持 2500 万吨/年的水平。若小麦政策不做较大调整，按照目前中国小麦结余量增长速度，可以合理预计，到 2019/2020 年度，中国小麦库存增量也可能增加 5000 万吨左右，届时小麦总体库存将达到 1.2 亿吨左右，并且还会继续增长，给库存、财政支出、农民收入等带来很大压力。

### （三）农民增收更加困难

受经营净收入拖累，近两年农民收入增长速度有所下降。2017 年，农民经营净收入增长率只有 6.05%，远低于工资性收入（9.48%），财产性收入（11.40%），转移性净收入（11.81%）的增长率（见表 8）。

随着近几年大豆、棉花、玉米等收储政策改革，农产品价格大幅度下

表 8　　农民收入结构及增长情况

| 年　月 | 转移净收入：累计值（元） | 转移净收入年增长率（%） | 财产净收入：累计值（元） | 财产净收入年增长率（%） | 经营净收入：累计值（元） | 经营净收入年增长率（%） | 工资性收入：累计值（元） | 工资性收入年增长率（%） | 年收入（元） | 年收入年增长率（%） |
|---|---|---|---|---|---|---|---|---|---|---|
| 2013－12 | 1647. 53 | | 194. 71 | | 3934. 83 | | 3652. 50 | | 9429. 57 | |
| 2014－03 | 547. 70 | | 83. 07 | | 1100. 35 | | 1249. 12 | | | |
| 2014－06 | 994. 51 | | 127. 19 | | 1724. 81 | | 2226. 95 | | | |
| 2014－09 | 1445. 68 | | 175. 53 | | 2647. 37 | | 3305. 75 | | | |
| 2014－12 | 1877. 22 | 13. 94 | 222. 07 | 14. 05 | 4237. 39 | 7. 69 | 4152. 20 | 13. 68 | 10489. 24 | 11. 24 |
| 2015－03 | 614. 41 | | 89. 66 | | 1174. 32 | | 1400. 73 | | | |
| 2015－06 | 1087. 59 | | 145. 14 | | 1833. 59 | | 287. 47 | | | |
| 2015－09 | 1601. 57 | | 194. 32 | | 2837. 09 | | 3664. 21 | | | |
| 2015－12 | 2066. 30 | 10. 07 | 251. 53 | 13. 27 | 4503. 58 | 6. 28 | 4600. 31 | 10. 79 | 11422. 00 | 8. 89 |
| 2016－03 | 667. 56 | | 95. 70 | | 1282. 29 | | 1532. 59 | | | |
| 2016－06 | 1171. 00 | | 157. 00 | | 1990. 00 | | 2732. 00 | | | |
| 2016－09 | 1755. 34 | | 212. 04 | | 3035. 46 | | 3994. 77 | | | |
| 2016－12 | 2328. 00 | 12. 67 | 272. 00 | 8. 14 | 4741. 00 | 5. 27 | 5022. 00 | 9. 17 | 12363. 26 | 8. 24 |
| 2017－03 | 746. 00 | | 104. 00 | | 1361. 00 | | 1670. 00 | | | |
| 2017－06 | 1329. 43 | | 173. 06 | | 2079. 63 | | 2979. 72 | | | |
| 2017－09 | 1969. 34 | | 234. 23 | | 3194. 11 | | 4380. 06 | | | |
| 2017－12 | 2603. 00 | 11. 81 | 303. 00 | 11. 40 | 5028. 00 | 6. 05 | 5498. 00 | 9. 48 | 13432. 29 | 8. 65 |

降，农民经营净收入降低幅度很大。2014 年，中国大豆取消临时收储政策之后，价格大幅度下滑，大豆大量进口，国内大豆生产净利润越来越低。棉花临时收储政策改革之后，棉花种植利润大幅度下降，2015 年中国棉花净利润甚至下降到 -921.55 元/亩。玉米继下调临时收储价格一年后取消临时收储政策，价格大幅度下滑，2016 年玉米利润率已经下降到 -39.1%，为 -299.7 元/亩。据估算，玉米收储制度改革后，2016 年农民收入将减少 1317.3 亿元。国家支持玉米生产者补贴仅 390 亿元，农民收入仍将减少 927.3 亿元。近几年稻谷、小麦库存较高，压低了口粮价格，农民种粮收益不高。2016 年，中国稻谷利润率下降到 10.6%，小麦利润率跌至 -8.8%。粮食生产利润偏低，拖累农民增收。据调研，农村贫困人口更加依赖种粮收入，受影响程度更深。

从工资性收入看，尽管统计数据显示，农民工工资性收入增速仍然较快。但根据部分发达地区的监测数据，农民工就业并不乐观。比如，监测显示，2017 年第三季度，广东省就业基本面的综合指数为 68.00，较上季度下降 0.06，其中中山市、东莞市两个农民工就业大市就业综合指数分别仅为 77.12 和 76.12。与 2015 年第三季度相比，广东省就业基本面的综合指数下降了 11.93，下降幅度很大。根据广东省尤其是农民工就业较多的岗位，岗位减少幅度较大。这两年广东省就业形势持续变差，农民工就业首当其冲。

### （四）乡村“空心化”严重

工业化城镇化快速发展，加大了和农业农村资源要素的争夺力度，乡村衰落、凋敝、“空心化”问题严重。大量农村高素质青壮年劳动力流向城市，导致农村发展缺乏必需的人才。农村每年超过万亿元的资金外流，降低了农村内生投资规模。据测算，2000~2013 年，中国农村资金外流规模高达 15.26 万亿元，年均外流资金（2000~2013 年共 14 年）1.13 万亿元。农村耕地被大量征占，也造成大批失地人口。

## 三、政策建议及 2018 年展望

针对当前农业农村发展面临的突出问题，深挖问题背后的内在原因和逻辑，紧扣三大矛盾，贯彻落实党的十九大、中央农村工作会议精神，构建农业农村发展新战略。

### （一）发展农村产业，推动土地整合

一方面，要发展农村产业，拓展农民就业增收渠道。在城市就业吸纳能力有限的情况下，应充分挖掘涉农就业渠道，促进农民创业就业。同是东亚小农的日本，在发展农产品加工业，促进一、二、三产业融合方面成效显著。根据日本农林水产省数据，日本农业就业人口只有 200 万左右，而涉农就业人口，包括加工、销售、餐饮、休闲旅游等约是农业就业人口的 6 倍。可见，拓展涉农就业渠道，还有很大的空间。应贯彻落实党的十九大提出的产业兴旺要求，促进农村一、二、三产业融合发展，支持和鼓励农民在涉农领域就业创业。

另一方面，当大量农村劳动力脱离种植业和养殖业之后，加快土地整合、提高生产效率就很迫切。当前，农地细碎化已经成为制约中国农业提高效率、降低成本的关键瓶颈。一个广泛引用的数据是，中国农户家庭平均土地经营规模 7.5 亩，户均承包土地 5.7 块，平均每块仅 1.31 亩。部分地区土地细碎化更高，比如，广东省清远市阳山县升平村东风村村民小组水田面积 30.12 亩，共 42 块，最大的一块 2.62 亩，最小的一块只有 0.11 亩，平均面积只有 0.72 亩。农地细碎化程度很高，单位面积农田农业劳动时间很长、劳动效率很低。应加大对土地集中连片整理、农地互换的支持力度，推动农地规模经营和机械化作业，促进中国农业降成本提效率。

同时，适应农村人口和劳动力配置的巨大变化，农地产权改革也要稳步推进。非农就业人口的增多，必然带来农户土地承包权与经营权进一步

分离。党的十九大报告指出，巩固和完善农村基本经营制度，深化农村土地制度改革，完善承包地“三权分置”制度。应在坚持农村土地集体所有的前提下，形成所有权、承包权、经营权“三权分置”，经营权流转的格局。

### （二）改革农业支持政策，提高农民组织化质量

一是改革农业支持政策，让农民可以更好应对市场信号。逐步取消大豆、棉花目标价格补贴政策和玉米生产者补贴政策，通过发放直接补贴的方式，支持特定范围的农户。构建农产品价格损失保险和农民收入保险双重保险制度。第一步，监测农产品价格，当农产品市场价格低于设定的警戒线时，按照价格损失比例，向农民支付一定的补贴。第二步，监测农民收入，当农户实际收入低于平均收入的时候，向农民支付一定补贴。

二是提高农民专业合作社质量。党的十九大报告提出，健全农业社会化服务体系，实现小农户和现代农业发展有机衔接，可有效解决部分产前产中产后问题。而实现小农户和大市场对接，还需要大力提高农民组织化程度。当前，要防止地方片面追求专业合作社数量、忽视质量的倾向。落实专业合作社的“民办、民管、民受益”原则，帮助合作社建立健全管理制度、经营制度、财务制度和利益分配制度。明确支持专业合作社的金融、财税、用地政策，给予合作社更多支持。

### （三）建立适应农业农村发展的资源配置机制

党的十九大报告提出，建立健全城乡融合发展体制机制和政策体系，加快推进农业农村现代化。中央农村工作会议提出，必须重塑城乡关系，走城乡融合发展之路。城乡融合发展体制比之前的统筹城乡发展更进了一个层次。既要推动农村劳动力向城镇转移，缓解农村人地矛盾；也要鼓励和支持优秀人才下乡返乡就业创业，为农业农村发展提供人力资本。深化农村土地制度改革，加快修订《中华人民共和国土地管理法》，放宽对农民集体利用集体建设用地进行经营性开发的限制；加大对集体建设用地发

展租赁住房试点推广力度；消除集体经营性建设用地入市面临的政策障碍。以土地金融为抓手，合理推动资金要素流向农村。据估计，农村土地资产价值高达88.8万亿元，占农村净资产的70%左右，发展农村土地金融是解决农业农村发展亟须资金的可行途径（伍振军，2017）。应加快总结农村承包土地经营权抵押贷款试点和农民住房财产权抵押贷款试点经验，改善农村信用环境和社会氛围，推动相关法律的废改立释，提升金融服务乡村振兴能力和水平。

### （四）保障国家粮食安全

一是合理推进粮食去库存。今后几年的粮食库存仍将上升，将给财政支出、农民收入等带来前所未有的压力。应促进粮食流通和加工，科学安排粮食销售次序，适当发展超期粮食转化燃料乙醇，合理消化超期库存。科学确立粮食储备规模，设定国家粮食宏观调控支点。

二是推进口粮最低收购价改革。紧扣“谷物基本自给，口粮绝对安全”战略目标。利用WTO规则允许范围内有限的“黄箱”支持，突出重点，优先保住口粮，支持口粮生产。短期内，进一步完善口粮最低收购价政策，让最低收购价起到熨平粮食价格波动的作用。长期看，发挥市场力量的作用，坚定推进口粮价格市场化改革。采取一边补农民收入，一边取消最低收购价政策、放开市场价格的办法，在国家储备调节配额外关税保护下，通过储备收购、补贴休耕等措施调节市场价格和生产，最终实现口粮价格市场化。

三是充分利用国内国际两种资源两个市场，鼓励国有和民营粮油企业在全球范围内布点储粮，在主产国投资建立仓储物流设施，储备粮食，以降低储备成本，提高储备效率。

### （五）打好精准脱贫攻坚战

精准脱贫战略目标从2013年提出至今，特别是党的十八大以来，精准脱贫取得了决定性进展。5 年来，6600 万贫困人口稳定脱贫，年均减贫 1300 万人以上，贫困发生率从 10.2% 下降到 4% 以下，贫困人口还剩 3100 万。实现精准脱贫，巩固脱贫效果，关键要靠“造血”不能只靠“输血”。紧扣扶贫的“扶”字，构建三个层次的内生脱贫政策体系，确保到 2020 年中国现行标准下农村贫困人口实现脱贫。一是创造要素。加大财政投入和社会支持力度，加快创造出贫困人口贫困地区亟须的要素资源。二是激活要素。注重扶贫同扶志、扶智相结合，物质脱贫和精神脱贫相结合，激发贫困人口的脱贫志气，唤醒贫困人口已有的、“沉睡”的人力资本、农村土地等要素。三是消除限制。去除束缚贫困地区要素资源流动的藩篱，实现劳动力、土地等要素自由流动。

执笔人：伍振军

**参考文献**


[1] 费正清．美国与中国．北京：世界知识出版社，2008.

[2] 高强，彭超．日本农协改革的最新趋势及展望．农民日报，2015 - 01 - 24.

[3] 黄宗智．1368—1988 年间长江三角洲小农家庭与乡村发展．北京：中华书局，2000.

[4] 刘守英，李青，王瑞民．中国农村土地权属及其变化趋势．国务院发展研究中心调查研究报告，2015 年第 169 号.

[5] 伍振军，张云华．农业产业风险应对机制研究．国务院发展研究中心调查研究报告，2018 年第 26 号.

[6] 伍振军．农村地权的稳定与流动．上海：上海远东出版社，2017.

[7] 张云华．中美农业基础竞争力对比与建议．国务院发展研究中心调查研究报告，2017 年第 39 号.